明清國家檔案

那些影響歷史發展的重大案件

楊忠——編著

《蘇報》案

地方小報一朝翻身，滔天文字獄下的民主火苗

明宮女殺帝・未遂案

膽大包天，行刺皇帝，明朝宮女的逼不得已

壬寅宮變

明世宗朱厚熜是興獻王朱祐杬的長子。明武宗於西元一五二一年三月病死後，由於武宗沒有留下子嗣，又是單傳，因此皇太后和內閣首輔楊廷和決定，由最近支的皇室，武宗的堂弟朱厚熜繼承皇位，第二年改年號為嘉靖。嘉靖雖在位四十五年，但政績上卻沒有什麼建樹。他一生最關心的只有兩件事情，一是怎樣才能長壽無極、永享富貴；二是怎樣才能最大限度地縱慾淫樂。為了實現這兩個目標，他幾乎把整個帝國都押了上去。

朱厚熜在還沒有成為明世宗以前，就喜歡煉丹修仙，並將大半心思都花在鑽研如何成仙，他稱帝之後享受的富貴達到極點，更是一心追求長生不死。嘉靖皇帝迷信道教，因為道教主張的，正是長生不老，甚至肉體飛昇，而且「一人得道，雞犬升天」，據說道士能夠幫助自己實現「理想」，於是，他廣徵道士、方士之流。

嘉靖帝

嘉靖皇帝為求長生不老藥，命方士煉丹。當時術士所進獻的祕方和煉丹術五花八門，其中有一種「紅丸」煉法最為流行，「紅丸」又稱紅鉛丸，是宮廷中特製的一種春藥。紅鉛又是什麼呢？「紅鉛者，天癸水也。」什麼是天癸？《黃帝內經》中說：「二七而天癸至，任脈通，太衝脈盛，月事以時下，故有子。」原來「紅鉛」是指女子的經血，但不是一般的經血，而是處女的第一次月經。「經水甫出戶輒色變，獨首經之色不遽變者，全其陰陽之氣也。男子陽在外，陰在內；女子陰在外，陽在內。首經者，坎中之陽也。以坎中之陽補離中之陰，益乎不益乎？獨補男有益，補女有損。補男者，陽以濟陰也；補女者，陽以亢陽也。」「坎離」是《易經》提到的卦相，陰陽水火既濟。「首經」陽氣最足，從女人陰戶流出來之後保持鮮潤，不會馬上變色，對男人是大補。因此「紅丸」的製法很特別，須取童女首次月經盛在金或銀的器皿內，還須加上夜半的第一滴露水及秋石、烏梅等藥物，連煮七次，濃縮為漿。再加上乳香、沒藥、辰砂、松脂等拌勻，以火提煉，最後煉蜜成丸。「秋石」是用童男、童女的尿液製成。英國研究中國科學技術史的李約瑟先生說，明代道士所煉的「秋石」實際上是從大量的人尿中提取的性激素製劑。也就是說，加入秋石，紅鉛丸更具春藥的功能。服用紅鉛丸，皇帝精力更加充沛，可以與更多童女性交進行「採補」。此外還有一種「含真餅子」，就是取用小孩剛生下時含在嘴裡的血塊作為主要成分，也是嘉靖皇帝特別推崇的。

為了配製「紅丸」，據《明實錄》記載，僅嘉靖二十六年（一五四七年）至嘉靖四十三年（一五六四年）間的四次大選，就採選了一千零八十個八歲至十四歲的幼女進宮。嘉靖二十六年（一五四七年）的二月，從畿內挑選十一至十四歲少女三百人入宮，三十一年（一五五二年）

十二月又選三百人，三十四年（一五五五年）九月，選民間女子十歲以下者一百六十人，同年十一月，又選湖廣民間女子二十餘人，四十三年（一五六四年）正月選宮女三百人。採選這些宮女，一方面為煉製紅鉛丸提供原料，另一方面也是為嘉靖皇帝充當洩慾採補的工具。為了及時採到處女經血，道士還給這些年幼的宮女服用大量藥物來催逼月經，對宮女們的身心造成了極大的摧殘。不少女孩因此失血過多，有的甚至出現血崩而丟了性命。另外，為了保持宮女的潔淨，宮女們不得進食，而只能吃桑、飲露水。為了獲取煉丹所用的露水，嘉靖命令大批宮女在天未亮時就去御花園為他採集「甘露」，很多宮女因此累倒、病倒，所以，被徵召的宮女苦不堪言。

嘉靖皇帝還是個好色之徒，但求長生則需禁女色，兩者不可得兼。對嘉靖來說，求長生就是為了長盛不衰，永世作樂，女色怎可禁絕。道士深知，皇帝無求不遂，又宮中女色遍布，均屬帝王，令其戒色，簡直無異於痴人說夢。於是嘉靖寵信的道士邵元節、陶仲文之流便順水推舟，說養生是不必節慾的，如果掌握了房中祕術，多與童貞女相交不但沒有關係，而且還能發揮採陰補陽、延年益壽的作用。在道教的理論中，房中術是養生術的一種，只要掌握一定的技巧，服用祕製的丹藥，並且多與童貞的處女交配，就可以達到採陰補陽、延年益壽的效果。《辭海》中對房中術所下的定義是「古代方士所說房中節慾、養生保氣之術」。房中術的主要派別提倡「合氣」（男女性交）以修煉，而節慾只是其次要派別、次要方面；同時，房中術之後的發展與醫學相結合了，所以房中術的確切定義是古代與醫學相結合、通過對性生活的調節以養生保氣、益壽延年之術。

統治階級很重視性享樂，可是古書常常強調「縱慾必然戕身」，這使一些統治者不能不有所顧忌，而這時候一些道士便站出來蠱惑，說房中術可以把性與保健結合起來了，既不影響享樂，又可延年益壽，更好更多地享樂，這就完全符合了統治階級的需要。房中術一旦為統治階級所攫取，就脫離了它的原始含義和樸素的養生主旨，而成為統治者們糜爛腐朽、奢侈淫逸生活的工具。嘉靖皇帝也不例外，當他得知運用房中之術，縱慾和養生竟可以並行不悖、相得益彰時，當然心花怒放。於是嘉靖明令禮部派員在京城、南京、山東、河南等地挑選了民間女子千餘人進宮，以後又多次採選宮女，多達數千人，用以煉製「元性純紅丹」和供他淫樂縱慾。這些進宮的女子，只有少數有封號，絕大多數既被嘉靖淫樂，又被奴役，飽經摧殘。後來發生嘉靖皇帝被宮女謀害一事，就與這種荒淫無恥的行為有關。

此外，據歷史資料記載，嘉靖皇帝不但貪淫好色，而且性情暴虐，任意對待臣下，不但非打即罵，而且對待後宮的皇后和宮女也很刻薄，這也成為引發宮女暴動的誘因。

嘉靖皇帝前後有三個皇后，分別是陳氏、張氏與方氏，這三位皇后都有著同樣美麗的纖纖玉手，但也都有著同樣悲慘的命運。

第一位孝潔皇后陳氏，在嘉靖還沒有即位時就是王妃，因為是由正德皇帝的母親張太后所指定，再加上陳氏性情冷僻、不苟言笑，所以嘉靖一直不喜歡她，對她也很冷落。有一天陳氏與世宗同坐在一起（夫妻這樣坐在一起的機會並不多），陳氏已經懷孕多日，世宗也因此對她呵護有加。二人正在閒聊的時候，張、方二妃端茶進來，世宗見張妃的手如纖細的柔荑，白淨無瑕，當著陳后的面，輕狂難抑，竟情不自禁地伸手撫摸張妃的手，且失聲讚美：「好一雙柔美的手！」那眼睛也泛出異樣的光彩。陳后醋心大起，放下茶杯，轉身離去。嘉靖覺得淫興被擾，不顧陳氏已有身孕而大發雷霆，使陳皇后受到驚嚇而流產。後因失血過多，調治無效，含恨而死。世宗的餘怒不消，下令喪禮從簡，給了個惡諡叫「悼靈」，埋葬在襖兒峪。嘉靖十五年（一五三六年），禮部尚書夏言議請改個諡號，那時已經過了很久，世宗的恨意也消得差不多了，便將陳后的諡號改為「孝潔」。

第二位張皇后，就是那位有著一雙玉手的張妃，起初被封為順妃。嘉靖七年（一五二八年）陳皇后死後，張妃被立為皇后，嘉靖對她寵愛有加。因為《周禮．天官．內宰》曾有「中春，詔后率外內命婦，始蠶于北郊，以為祭服。」的句子，當時嘉靖心血來潮想追崇古禮，恢復古神農時候「皇后親蠶」之說，於是命令張皇后率領嬪妃親自去北郊養蠶，又率後宮的所有女子在宮裡聽講章聖皇太后編寫的《女訓》。後來張皇后紅顏漸衰，一雙曾讓嘉靖神魂顛倒的玉手不像年輕時那麼柔潤如玉了，嘉靖看著也厭煩了。之後嘉靖以張皇后幫張太后的弟弟辯護為藉口，將其打入冷宮，張皇后不久便悽慘地死去。

第三位繼立的方皇后是江寧人，與廢后張皇后一樣有著一雙令人驚豔的手。方氏在「壬寅宮變」（即宮女謀殺皇帝的案件）中對嘉靖皇帝有救命之恩，但因在宮女意圖謀殺嘉靖的案件中藉機殺掉了嘉靖所喜愛的曹端妃，事後嘉靖回憶起對端妃的情愛，對人說：「端妃，我所愛，應該沒有害我之心。」從此遷怒記恨方皇后，開始跟方皇后不和。清人對此詠道：「無端事變起宮闈，全仗長秋息禍根。豈料頓忘宗社恨，翻然病已憶端妃。」嘉靖二十六年（一五四七年），大內發生火災，嘉靖當時住在西內，聽到大內的火警，宦官們報稱火已經燒到方皇后的宮院，不料嘉靖沒有下令救火，反而仰天自語說：「真是報應不爽，那東西喜歡害人，今天是在劫難逃了。」等到大火被撲滅，方皇后雖然沒有被燒死，但受了重傷，嘉靖也不去看她，不久方皇后因傷重而死。嘉靖聽到方皇后死去的消息，眼前浮現出她生前的種種好處，不由得淚流滿面說：「你曾經救了我，我卻沒有救你，是我辜負你了。」於是親自給方皇后定謚號為孝烈，葬在了永陵。

嘉靖皇帝對皇后尚且如此，對待出身低微的宮女侍婢當然更加苛刻。據史料記載，朱厚熜雖然貪色，但宮人只要犯了一點小小的錯誤，就加以鞭笞杖責，從不寬恕。幾年中，受過鞭杖責罰的宮女達二百餘人，其中有數十人或死於大杖之下，或不堪凌辱而自盡。這種非人的待遇，使宮女們整日擔驚受怕，而正是因為這種原因，宮女們才發出了「咱們下手了罷，強如死在他手裡」的呼聲，並蓄謀刺殺嘉靖。

乾清宮外景

嘉靖有個寵妃曹氏，長得異常美麗，深受世宗寵愛，被封為端妃。「後宮佳麗三千人，三千寵愛在一身」，同時也受到了其他妃子甚至方皇后的嫉妒。嘉靖幾乎每日都要到端妃那裡，與端妃飲酒狎歡。端妃有一個叫楊金英的侍婢，嘉靖在端妃處尋歡時，一次因為一點小事侍奉不周，被嘉靖責罵，嘉靖要將她重杖打死，多虧端妃從中說情，才得以保全性命。楊金英在宮中也耳聞目睹了嘉靖皇帝用宮女身體做丹爐製取長生不老藥，讓宮女受害的慘狀，於是對世宗心懷怨恨。楊金英因險些喪命去向寧嬪王氏哭訴。寧嬪王氏也正因為嘉靖生子而未被封妃，以及被曹端妃奪寵，久遭世宗冷落而心存不滿，於是寧嬪王氏便挑唆楊金英殺死嘉靖。

寧嬪王氏生子而未被封妃是怎麼回事呢？原來世宗自嘉靖元年大婚後，因荒淫無度致使身體很虛弱，經常氣喘、咳嗽，直至嘉靖九年（一七三〇年）還沒有孩子。嘉靖十年（一七三一年），世宗在宮中欽安殿建壇求嗣，以求得一子。起初，以禮部尚書為監禮使，文武大臣輪流值班進香，一直沒有效果，直到嘉靖十五年（一七三六年），請道士邵元節等主持祈壇後，巧合便發生了，當年，後宮妃嬪就生了男孩，以後又生了好幾個孩子。寧嬪王氏也在這一年為嘉靖帝生了一個兒子，按慣例，她應該由嬪晉為妃，可是不知道為什麼，世宗沒有晉封她，因此對世宗懷怨。

楊金英深知單靠自己的力量很難成事，於是就找到也曾受到責罰的梅玉香、張金英、劉妙蓮等十餘名宮女商議，這些宮女也自知這種災難早晚會輪到自己，因而決定先發制人。她們明知事情無論成與不成，自己都必死無疑，但已身臨絕境，只能抱著必死的信念，與嘉靖展開同歸於盡的殊死一搏。

明朝皇帝住的寢宮是紫禁城內的乾清宮，除了皇帝和皇后外，其餘人都不可以在此居住。妃嬪們也只是按次序進御，除非皇帝允許久住，否則當夜就要離開。嘉靖年間的乾清宮，暖閣設在後面，共九間。每間分上下兩層，各有樓梯相通。每間設床三張，或在上，或在下，共有二十七個床位，皇上可以從中任選一張居住。因而，皇上睡在哪裡，誰也不知道。這種設置在一定程度上保護了皇上的安全，但對最貼身的宮女卻毫無防範作用。

嘉靖二十一年（一五四二年）十月二十日晚上，世宗在端妃宮中飲酒大醉，倒在榻上糊裡糊塗地睡著了，端妃不敢隨便驚擾，替他掖好被子後自己就悄悄退出，去了別的屋子，好安靜些，讓世宗睡得踏實。這時候早就在一邊窺伺時機的楊金英等十餘名宮女，就趁嘉靖皇帝熟睡之時，潛了進來。宮女們一齊按住世宗，先是楊玉香把一條粗繩遞給蘇川藥，這條粗繩是用從儀仗上取下來的絲花繩所搓成，川藥又將拴繩套遞給楊金英。邢翠蓮把黃綾抹布遞給姚淑皋，姚淑皋矇住嘉靖的臉，緊緊地掐住他的脖子。邢翠蓮按住他的前胸，王槐香按住他的上身，蘇川藥和關梅秀分把左右手。劉妙蓮、陳菊花分別按著兩腿。待楊金英拴上繩套，姚淑皋和關梅秀兩人便用力去拉繩套。眼看就要大功告成，但由於過於緊張，楊金英把平時很容易打的活結竟然繫成了死結，這樣繩套怎麼也收不緊。這時宮女當中有一個叫做張金蓮的竟然愚蠢地認為勒不死世宗是因為皇帝有神靈佑護，她又擔心禍及自己，於是感到害怕，就偷偷地跑出去告訴了方皇后。方皇后聽說後，鞋子也顧不上穿，忙帶著宮女跑去解救。前來解救的方皇后被姚淑皋打了一拳。王秀蘭叫陳菊花吹滅燈，後來又被總牌陳芙蓉點上，徐秋花、鄭金香又把燈撲滅。這時管事的被陳芙蓉叫來了，這些宮女才被捉住。嘉靖雖沒有被勒死，但由於驚嚇過度，一直昏迷不醒。

嘉靖雖然得救，但仍然不省人事，方皇后馬上召集御醫會診，御醫們面面相覷，誰也不敢冒這個風險。方皇后心急如焚，要御醫許紳務必設法救活皇帝。許紳無可推託，只好開了一副猛烈的藥方，嘉靖服下後終於坐了起來，但仍然說不出話來。許紳救活了嘉靖，但時隔不久他自己卻得了病，臨死之前對家人說：「我不行了。上次宮變，我自知若是救不活皇帝就會惹來殺身之禍，因此驚悸得病，所以這病是醫不好的。」沒幾天就病死了。

當嘉靖慢悠悠醒轉過來的時候，端妃才慌張地跑來，還不知道發生了什麼事。方氏將繩子擲在端妃的臉上厲聲罵她：「這樣大逆不道的事你也敢做嗎？」其實方皇后因為端妃得寵早已懷恨在心，此時不過是借題發揮罷了。當世宗甦醒後，方皇后命令將逮捕的宮女，一個個嚴刑拷問，首犯寧嬪王氏、楊金英等被招認了出來。寧嬪王氏嫉妒端妃受皇帝寵倖，心想自己橫豎是死，於是贓栽在奪寵的曹端妃身上，硬說她是和曹端妃合謀弒君的。司禮監將審訊結果向嘉靖稟報，嘉靖此時仍然驚魂未定，用手示意方皇后處置。於是方皇后立即下令將楊金英等十幾名宮女在西安門外四牌坊的西市凌遲處死，包括前來告密的張金蓮。早已對曹端妃妒火中燒的方皇后，明知曹氏冤枉，但正好趁此機會除掉情敵，於是將端妃也打進了「弒君」的名單中，並迅速處以凌遲極刑。端妃和寧嬪王氏因為是皇帝的妃子，不能當眾凌遲，所以只在宮中一個祕密地點被處以極刑。臨刑前，端妃大呼冤枉，罵寧嬪王氏血口噴人，王寧嬪冷然著說道：「當初妳在皇帝面前凌辱我，今天妳也得到了報應，我總算出了這口氣，讓妳也不得好死！」事後嘉靖皇帝聽說自己寵愛的曹端妃含冤慘遭凌遲而死，幾乎又昏死過去。他不敢想像端妃冤死時的萬般淒苦，端妃受刑時淒厲的呼號更成為他一生的夢魘。但是方皇后救駕有功，又是正宮皇后，「宗法」的大帽子可以壓死任何人，因此嘉靖即使身為皇帝，也不能把她怎麼樣，暗地裡恨得咬牙切齒，表面上還得重賞皇后、並寵倖於她，這也真難為這個一向為所欲為的傢伙。五年後方皇后住的坤寧宮突然起火（也有人說是嘉靖故意命人縱火），忍耐早已到了極限的嘉靖皇帝堅決不肯下令救火，方皇后最終被火燒成重傷而死。

這起由「紅丸」而起引發的宮女暴動，因發生在嘉靖壬寅年，所以被稱為「壬寅宮變」。

大禮議之爭

依正史所載，這次宮變因與一妃（端妃曹氏）一嬪（寧嬪王氏）有關，有人推測還可能與大禮議的政治鬥爭有關。

「大禮議之爭」是明朝最著名的政治事件。明武宗因荒淫無度、縱慾過度而死，沒有留下子嗣，也未留下遺囑，臨終時告訴身邊太監，由太后與朝臣商議酌定立嗣之事。於是，明武宗死後皇位繼承就成了一個棘手的問題。按照封建社會的禮法，父死子繼，兄終弟即。明武宗沒有兒子，他又是明孝宗的獨生子，所以只能在皇室的近支中加以挑選。明孝宗朱祐樘有個弟弟叫朱祐杬，封爵興獻王，可以說是皇室近支。但明武宗死的時候，這個興獻王也已經死了，所以興獻王長子朱厚熜就成了與明武宗血緣最近的皇室成員。經慈壽皇太后與朝臣商議，立十五歲的朱厚熜為新皇帝，也就是明世宗，年號嘉靖。嘉靖在做皇帝前，一直居住在湖北，因為這裡是興獻王的封地。當朝廷決定讓他做皇帝後，就派大臣去迎接他。在嘉靖從湖北進入北京時，與朝臣們在歡迎儀式的規格上發生了爭執。

在封建社會，皇帝家族的傳承脈絡必須特別清晰，嘉靖皇帝既然做了皇帝，就得要求他和前面的皇帝具有直系的親人關係，於是以首輔楊廷和、禮部尚書毛澄為首的群臣認為朱厚熜應該首先過繼給已故的明孝宗做兒子，然後再繼承皇位。因此他們便要在北京城外搞一個「皇子過繼和太子受封」的儀式，然後讓朱厚熜以太子身分走東安門入宮。但朱厚熜認為詔書上寫的是讓自己來當皇帝，不是來當太子的，而且朱厚熜為人特別孝順且不知變通，本來他親生父親已經死了，自己過繼給叔叔也沒什麼，不過他認為自己就是興獻王的兒子，不是弘治皇帝的兒子，怎麼也不肯變通。在朱厚熜的堅決反對下，張太后和大臣們讓步了，先繼位再說。於是，朱厚熜從大明門入宮，隨即登基做了皇帝。緊接著，嘉靖皇帝的生母進京，又發生了類似的事情，最後朝臣又做了讓步。這兩件事可以說是大禮議之爭的導火索。

乾清宮大殿

由於皇統的問題事先沒有講明，導致朱厚熜即位後朝廷爭論不休。論輩分世宗與武宗為堂兄弟，如按繼承皇位的要求，他應尊重皇家傳統，稱自己生父興獻王為叔父，而尊武宗之父明孝宗為父。從嘉靖皇帝的觀點來講，他從外藩即皇帝位，對朝廷的舊臣並不十分信任，而且他不希望以過繼給弘治皇帝當養子的身分來入繼大統，卻希望尊自己的生父為皇考，因此他要求追封自己的親生父親為皇帝。這一點以標榜尊崇先師孔子禮教的大臣們是無法同意的。楊廷和等認為，嘉靖既已過繼給弘治，就該稱弘治為「皇考」，興獻王只能稱為「皇叔父」，不可加尊號。在祭告生父時，還要署名稱「侄兒」。在封建禮法問題上，眾大臣表現得空前團結，反對的奏章壓得嘉靖喘不過氣來。就在嘉靖快要讓步的時候，一個叫張璁的人站了出來，幫了嘉靖皇帝一個忙。他寫了一篇文章，迎合嘉靖帝的私意，要求按照嘉靖的意思行事，並為嘉靖皇帝追封自己的父母找了許多理論依據，而且引經據典批駁了群臣的觀點。嘉靖皇帝看後深受鼓舞，給張璁加官晉爵。隨後，朝臣們就分為了兩派：一派以張璁為首支持加尊號，叫「議禮派」；另一派以內閣首輔楊廷和、禮部尚書毛澄為首的群臣反對，叫「護禮派」。於是明廷上下便圍繞著這一問題展開了一場史稱「大禮議」的激烈爭論。由於嘉靖皇帝的支持，議禮派的隊伍不斷擴大，雙方的鬥爭也日趨激烈，於是爆發了「血濺左順門」事件。

由於議禮派逐漸占據了上風，護禮派群臣決定集體向皇帝進諫。嘉靖三年（一五二四年），護禮派包括九卿二十三人，翰林二十人，給事中二十一人，御使三十人等共二百餘人的龐大隊伍，集體跪在左順門外，大哭大鬧，喊聲震天。嘉靖大怒，派人將為首的幾個大臣押入監獄，沒想到這下讓群臣情緒更加激憤，左順門前出現騷動。嘉靖頓時起了殺心，派出錦衣衛，將一百三十四人逮捕，八十六人待罪，官階小一點的遭到了廷杖，十多人被打死，還有幾個被充軍，左順門前頓時血跡斑斑。至此，左順門事件以嘉靖皇帝的勝利，護禮派諸臣的失敗告終。

一五二八年，嘉靖終於如願以償地追封了自己的生父為明睿宗，其牌位入主太廟，放在了明武宗之上，自己的生母也被封為皇太后。

通過這件事，許多朝臣因為「大禮議之爭」，或喪命，或下獄，或遭貶，嘉靖皇帝不僅實現了追封自己父親為皇帝的願望，還樹立了新皇的威信，開始了他的專制統治。這場鬥爭表面上是禮議之爭，但實質卻是朝臣與皇帝、朝臣各派系之間的激烈權力鬥爭。嘉靖借「大禮議之爭」，把有功的前朝輔臣清理出朝廷，以免出現日後他們恃功自傲的局面。

「大禮議之爭」剛剛以嘉靖帝的勝利宣告結束，過了不久，便發生了「壬寅宮變」。因此有人推測，說這是政治鬥爭失敗者試圖利用妃嬪除掉嘉靖帝的結果，也有其存在的可能性。

這件宮女謀殺皇帝的案件，不管是因為嘉靖皇帝大煉紅丸荒淫暴虐地對待宮女也好，還是因「大禮議之爭」導致的政治鬥爭也罷。在「壬寅宮變」之後，嘉靖皇帝更認為自己是鬼神護佑，越來越相信道教了，他將所有國家政事全部交給首輔嚴嵩，自己從此躲在西苑永壽宮（再也沒有回到紫禁城內的寢宮裡居住），修齋建醮（也叫齋醮，就是建立道壇，齋戒沐浴，向神仙祈福），自己戴著道士冠一心修道求長生去了。

嘉靖身邊的道士

嘉靖終其一生，痴心不改的最大興趣就是與其追求長生不老術相關連的建道觀（宮）、做道場、「真人仙術」，所以嘉靖的身邊是不能沒有道士的。在嘉靖的通道活動中，前後有兩個人對他影響很大，一個是邵元節，一個是陶仲文。世宗所寵倖的道士中，唯二人恩寵日隆，始終不替。

嘉靖篤信道教首先是受到他父親的影響，他父親興獻王朱祐杬是孝宗朱祐樘的弟弟，被封在湖北安陸（在今湖北鐘祥縣），朱祐杬與一個叫做純一的道士交遊，也信奉道教，這深深影響了少年的朱厚熜。

朱厚熜即位後，百無聊賴之時在暖閣殿太監崔文誘使下去看了看「打醮（道士做道場）」的熱鬧。同時，這年七月，嘉靖皇帝就開始興建道觀，用以崇奉道教。不久，嘉靖又在太監崔文的引誘下，在乾清宮等處舉辦齋醮，日夜不斷，命宦官十餘人學習經教。在四月分給事中張嵩的上疏中說：「太監崔文等於欽安殿修設醮供，請聖駕拜奏青詞，是以左道惑陛下，請火其書，斥其人。」當時嘉靖才十七歲，登基不過一年多，大內中的生活，如同軟禁，渴求瞭解世界萬事萬物的年輕天子有這麼一種充滿神祕感的「把戲」看，似乎也不是多大的壞事，據說當初只玩了一個多月就被恪守正統的給事中楊廷和勸諫住了。他勸嘉靖皇帝不要迷信道教：「齋醮祈禱必須預絕，其端不可輕信」，指出齋醮活動是道教之人假借來騙衣食的，虛誕誣罔。但是，嘉靖皇帝卻一律不予理睬。到了第二年，枯燥無聊中的嘉靖忍不住又開始跟在道士屁股後面玩開了，道士們見皇上感興趣，自然將道家方士仙術、仙丹吹得神乎其神，再加上這些道士大多都會些左道幻術氣功之類，這樣就把少年皇帝蒙得尤若痴呆。於是嘉靖就在即位之初，首先將道士舉薦的龍虎山道人邵元節請進了宮，並拜為國師。

邵元節是江西貴溪人，龍虎山上清宮的道士。邵元節在正德年間（一五〇六至一五二一年）的時候，寧王朱宸濠就曾經禮聘他去寧王府，但遭到拒絕。因此，正德十四年（一五三九年）寧王朱宸濠的叛亂被平定後，邵元節非但沒有受牽連，反而被道人們認為「有識」而受到尊崇。

據史料記載，邵元節是第一個得到嘉靖信任的方士。邵元節入宮後，嘉靖安排他居住在顯靈宮中，專門掌管禱祀之事。邵元節的法術，很快在一次求雨中應驗了。這讓嘉靖很高興，同時也增加了對邵元節的信任。邵元節也因此受封為「清微妙濟，守靜修真，凝元衍範，致辭一真人」統轄朝天宮，顯靈宮，靈濟宮「總領道教」。

在入宮以來的三年裡，邵元節又是獲賜紫衣玉帶，賞建「真人府」，撥校尉四十人，供真人灑掃，又是「加賜莊田三十頃，免租免稅，外給祿米每年一百石」。邵元節感恩圖報，自願為皇上打醮求子。於是在邵元節的安排下，嘉靖十年（一五三一年）十一月，世宗在欽安殿建立了「嗣醮」。皇帝的子嗣就是國本，因此這種建醮似乎名正言順，竟以禮部尚書夏言充任醮壇監禮使，侍郎湛若水、顧鼎臣充任迎嗣引導官，文武大臣每日進香，皇帝親自舉行開始和結束兩天的禮儀。設立了祈嗣齋醮後，一早一晚在祈壇上都有雲氣出現。果然到了嘉靖十五年

（一五三六年）以後，皇上一連得了幾個兒子。在幫助嘉靖皇帝求子當中，邵元節由於宗教偏見藉故慫恿嘉靖毀掉宮中前數代先帝所供奉的佛像、佛骨、佛牙、佛經等聖物。嘉靖皇帝對邵元節的話毫不懷疑，立刻下詔，把皇宮中所有的佛像、佛骨、佛牙等與佛有關的東西統統收繳，集中焚燬。嘉靖皇帝卻不知已造下了毀佛的極惡重罪！邵元節還教嘉靖如何煉丹畫符，「極稱聖意」。邵元節的地位也越來越高，被迅速提升到一品，領「禮部尚書」的虛銜。嘉靖到南郊祭天，就由邵元節擔任分獻風雷靈雨壇，邵元節可以出席在奉天殿舉行的宴會，與一品官員坐在同列。

嘉靖十八年（一七三九年）邵元節幫去世的皇太后祈福，為了使嘉靖皇帝更加相信，命人在天壇搭了十八層雲梯。但這邵真人怎麼也沒算到突起狂風，一陣狂風向雲梯襲來，那雲梯劈劈啪啪頃刻腰斷散架。雖然邵元節憑著幾十年潛心苦練的輕功，僥倖逃得此粉身碎骨的大難，暫時保住了性命，但他也不知得罪了哪位真神，從此竟驚嚇成疾氣若遊絲，不久就一命歸陰了！

接著第二個得到嘉靖崇信的道士是陶仲文。陶仲文是湖廣黃岡人，曾做過黃梅縣的縣吏、遼東庫大使。後來，他來到京城，就住在邵元節的邸舍中。宮中有一些事情因邵元節年老不能去的，就讓陶仲文代替去辦。邵元節死後，陶仲文取代了邵元節的位置。陶仲文畫符唸咒、除妖提鬼、治痘、預言火災這一套把戲都玩過且很在行，很快陶仲文就得到嘉靖的器重，封為「神霄保國高士」，接著又快速得到「神霄保國弘烈宣教，振法通真，忠孝秉一真人」的封號。陶仲文在兩年之中平步青雲，比他的前任邵真人還要風光。嘉靖二十年（一五四一年），陶仲文進少師，兼少傅、少保。在明代歷史中，兼領「三孤」的只有陶仲文一人，由此可以想像嘉靖對他的寵愛。陶仲文確實身懷絕技，他給嘉靖進獻房中密術，一下子就鉤住了嘉靖的心。嘉靖用過陶仲文進獻的媚藥——天丹鉛，大為受用。嘉靖每次吃過天丹鉛以後，反應異常強烈。吃藥以後的嘉靖不論白天夜間，立即進入興奮狀態，昂揚亢奮不已，可以長時間隨心所欲地臨御許多女人。嘉靖皇帝在這陶「真人」面前可以說到了言聽計從的地步。嘉靖皇帝將政務統統交給太子以「監國」的名義處理而自己卻躲起來靜居修煉，這就是陶「真人」出的鬼主意。太卿楊最上疏反對，被嘉靖重重地賞賜了一頓廷杖，丟了性命。據說，陶仲文其人雖然極受嘉靖寵愛，但行事卻小心謹慎，不敢恣肆。這也許是他長年能受寵於嘉靖的主要原因。嘉靖三十九年（一五六〇年）陶仲文去世，陶仲文死後，世宗痛悼不已，下旨賜祭九壇。

陶仲文死後，次輔徐階把藍道行推薦給嘉靖皇帝，說他「煉的丹好，有本事，能夠降紫姑扶乩預測吉凶」。據說這位紫姑就是主管廁所的女神，她的乩語是最靈驗的。但其實藍道行哪有什麼本事。他的本事就是和太監合夥作弊。有一次嘉靖派宮中一名宦官，將一封密封的信拿到神壇前焚燒，接著詢問神明的指示，藍道行答不出，就將責任全部推給宦官，說宦官身上不乾淨，所以不能感應神明。太監當然不願意背這個罪名，於是日後就在焚燒之前先偷看皇帝的問題，然後告訴藍道行。由於已經知道嘉靖信中所問的問題，所以藍道行都能一一回答，於是嘉靖皇帝稱讚藍道行是神人，允許他住在大內煉丹。藍道行在得寵後有點得意忘形，他假傳聖旨向各地徵收水銀，準備用水銀煉丹獻給皇帝服用，這下就犯了假傳聖旨的欺君死罪。這時徐階及時地站出來，誠懇地對皇上說：「水銀是劇毒之物，千萬服不得！」於是藍道行被處斬，水銀煉丹一事自然也就不敢有人再提了。

由上述可知嘉靖對道教的篤信和虔誠。那麼嘉靖崇奉道教到什麼程度呢？在給事中鄭一鵬的一封奏疏中可窺見一斑，奏疏說：「乾清、坤寧諸宮，各建齋醮，西天、西番、漢經諸廠，至於五花宮、西暖閣亦個有之。或連日夜，或間日一舉，或一日再舉。」嘉靖三十五年（一五五六年），嘉靖還給自己、他的父親興獻皇帝、母親興獻皇后、孝烈皇后方氏都起了很複雜的道號，大概凡是道士們喜歡使用的字詞，在嘉靖的道號中都容納進去了。他自號「靈霄上清統雷元陽妙一飛元真君」，後加號「九天弘教普濟生靈掌陰陽功過大道思仁紫極仙翁一陽真人元虛圓應開化伏魔忠孝帝君」，再號「太上大羅天仙紫極長生聖智昭靈統元證應玉虛總掌五雷大真人元都寶境萬壽帝君」，儼然以道教教主自居，成為繼北宋徽宗之後的另一位道教徒皇帝，使整個明王朝幾乎變成一個道教王國。

正是在統治者狂熱崇信的驅使下，道教在明代的前中期發展到了極點。不少教徒擔任著朝廷的重要官職，有的甚至位極人臣，聲勢顯赫——如邵元節、陶仲文之流——不僅恩渥終身，且蔭及子孫。當時道教的社會地位之高，影響之大，已達到登峰造極的地步。

所以，嘉靖皇帝可能是明代皇帝中墮落得最快的一個。在嘉靖在位的四十五年中，他對於道教的痴迷從來就沒有改變過。嘉靖朝的不少政治事件，也與道教有關。如嘉靖朝嚴嵩的垮臺，就是徐階借道士藍道行借扶乩之名指嚴嵩為奸臣而起。

青詞宰相

嘉靖搬到西苑永壽宮去住以後，潛心齋醮，建立道壇，齋戒沐浴，向神仙祈福。在這些看似神祕的儀式中，他經常需要撰寫一些焚化祭天的青詞。青詞是道士修齋建醮時向皇天上帝呈奉的奏章祝詞，由於是用硃砂筆寫在以青藤為主要成分、摻和有多種纖維和樹葉搗碎的祕製青色紙上，故名「青詞」或曰「綠章」。這是一種賦體文章，需要以極其華麗的文筆表達出皇帝對天帝的敬意和求仙的誠意。這事道士是外行，得靠詞臣，而最好的詞臣自然是內閣大學士。

內閣大學士實際上是從宰相演化而來的，「雖無相名，實有相職；雖有相職，實無相權；既無相權，卻又相責」，這樣看來，除了名字不是丞相外，其餘的一切和丞相都沒有什麼區別。那麼「內閣大學士」這麼個不倫不類的東西是怎麼搞出來的呢？這要從明太祖朱元璋說起。作為皇帝專制的封建社會，皇帝不會願意將自己的權利交出去，因為一旦將權力分給了別人，自己就有被制約的危險。但無限擴大的皇權與皇帝有限的精力矛盾，必然導致丞相制度的產生。

明太祖朱元璋為了加強個人專制統治，防止大權旁落，廢除了中國封建社會延續了一千多年的宰相制度，將一切政務統歸六部，六部尚書直接向皇帝負責，皇帝一人身兼國家元首和政府首腦，直接領導六部，實現了君權、相權合二為一，使封建君主集權專制制度發展到了最高峰。可是這樣一來，所有的大小庶務就要自己幹了。在明太祖朱元璋看來，把丞相趕回家，也不過是自己多幹點活，累點也沒什麼。但事實並非如此，雖然勞動階級出身的朱元璋精力充沛，能吃苦耐勞，但繁忙的政務也差點沒把他給累死。歷史學家吳晗先生統計過，從洪武十七年（一三八四年）九月十四日到二十一日，僅僅八天內，他收到了一千六百六十六件公文，合計三千三百九十一件事，平均每天要看兩百份，處理四百件事情。朱元璋終於有些堅持不住了，於是他不得不設立了內閣，從翰林院等文化部門選拔若干中級官吏，搞出了一批名叫內閣大學士的人，侍從皇帝左右，協助皇帝審閱奏章、草擬詔書聖旨，實際上也就是充當皇帝祕書之類的角色。

朱元璋是苦出身，當了皇帝還能保持勤勞肯幹的本色，可他的子孫們就沒有他這樣吃苦耐勞了，根本不願意為了親自處理政務而累得筋疲力盡，可又不敢違反朱元璋所定下不得設立宰相之規定，於是採取了一種變通的做法，不斷加重內閣的職責，提高內閣的地位和作用。到了明朝中期，政務權力幾乎又全部歸於內閣，所有的奏章先由內閣輔政大臣看過，拿出處理意見，寫在一張小紙條上，叫「票擬」。皇帝看了沒什麼意見，就用紅筆把這些意見抄一遍，叫「批紅」，皇帝批好了拿出去由下面執行，就成了正式的諭旨，不同意的發回內閣重擬。這樣的做法等於內閣擁有代替皇帝起草批示的權力，連六部尚書有事也必須請示內閣大學士，實際上成為內閣的下屬機構。久而久之，六部離皇帝越來越遠，內閣離皇帝越來越近。但有大事，皇帝往往向內閣垂詢，交六部執行，大學士就從制度上的祕書變成了實際上的「丞相」。

那些內閣大學士既然原本的身分是祕書，主要工作是替皇上披閱奏章草擬批示，那麼文字功夫肯定出類拔萃，替皇上撰寫青詞更是小事一樁。這些傢伙比誰都清楚，要想青雲直上，就得討好皇帝；要想榮華富貴，也得討好皇帝；要想永保平安，還得討好皇帝。於是像這樣非本職的工作，內閣大學士們幹得卻十分起勁。所以，嘉靖一朝的閣臣，不少都是寫青詞的好手，被人稱為「青詞宰相」，嚴嵩便是其中之一。

嚴嵩，字惟，號介，又號勉庵，江西袁州府分宜（今新余市分宜縣）人，是明代一個不可多得的奸臣。他是弘治十八年（一五〇五年）的進士。中進士後不久，就回到家鄉潛心讀書十年，練就了一手極好的古文、詩詞工夫。據說嚴嵩所作青詞無不合乎嘉靖之意，因而找到了一條陞官的捷徑。青詞、賀表、仙丹，是嚴嵩藉以陞官的一個階梯，也是他打擊政敵所憑藉的工具，他就是登著這一階梯由禮部進入內閣，成為明代歷史上有名的「青詞宰相」。嚴嵩成為「青詞宰相」後，更是結黨營私、賣官鬻爵、敲詐勒索、貪得無厭。作為嘉靖朝的內閣首輔，他前後專權達二十年之久，炙手可熱威震朝野。

然而有一個人卻用「以其人之道，還治以其人之身」的方法將嚴嵩拉下了馬，這個人就是徐階。徐階，字子升，松江華亭人，和嚴嵩一樣，也是因為會寫青詞（「所撰青詞獨稱旨」）而得寵，而且寫得比嚴嵩還要好。他在嘉靖三十一年（一五五二年）以禮部尚書的身分兼東閣大學士，成為「宰相」，排在嚴嵩（首輔）和李本（次輔）的後面。徐階的入閣，使嚴嵩本能地感到威脅，於是多次設計陷害徐階，徐階卻裝聾作啞，從不與嚴嵩爭執，甚至還把自己的孫女嫁給嚴嵩的孫子。雖然徐階表面上十分恭順，但暗地裡卻一直在尋找機會，心裡暗暗盤算怎樣才能徹底整倒嚴嵩，一出這多年來所受的窩囊氣，也為對自己有知遇之恩、又被嚴嵩害死的夏言報一箭之仇。不久，徐階終於等到了機會。

嘉靖入住西苑永壽宮後，不見任何妃子和宮女，將所有國家政事全部交給嚴嵩，從此君臣難得相見一次，也不和嚴嵩之外的任何官員接觸，更不上朝理事，這就給奸臣嚴嵩和得寵道士陶仲文提供了一個極大的擅權空間（在嘉靖朝的後半期，嚴嵩與陶仲文成為皇帝迷信道教上的左膀右臂）。嚴嵩賄賂陶仲文，陷害忠良，與他兒子嚴世蕃在朝廷狼狽為奸。當時嚴氏父子把持著朝中官吏的任選、陞遷。官無大小，皆有定價，不看官員的口碑、能力，一切都以官員的賄金為準。

嚴嵩揣摩聖意能夠百發百中，一半以上要歸功於他的寶貝兒子嚴世蕃。嚴嵩掌政時，朝野上下流傳著「大丞相」、「小丞相」的稱呼，「大丞相」指的是嚴嵩，「小丞相」指的就是嚴嵩的獨子嚴世蕃。嚴世蕃生得「短項肥體」，還瞎了一隻眼睛，是個「獨眼龍」。但這個「獨眼龍」卻天性聰穎，文才比其父猶有過之，而且通曉時務，熟悉國典，尤其擅長揣摩別人的心意。嘉靖的詔書向來語焉不詳，而嚴世蕃則能從隻言片語判斷出他的喜好，票擬多能迎合世宗的心意。但嚴世蕃後來耽於酒色，對於研究如何拍皇帝馬屁也不怎麼熱心了。當時的嚴嵩年老體衰，已經江郎才盡。原本一直靠兒子給聖上獻青詞，如今兒子不幹了，只好自己腆著臉寫，當然他那些乾巴巴的文章惹得嘉靖十分不滿，再加上嚴嵩自己胡亂揣摩上意，經常拍錯馬屁，嘉靖因此慢慢對他疏遠。於是徐階抓住機會主動出擊，借神仙幫忙，搞垮了嚴嵩。

徐階針對嘉靖皇帝信奉道教的特點，設法表明罷黜嚴氏，乃是神仙玉帝的旨意。當時嘉靖寵信的道士邵元節和陶仲文都已「仙逝」。於是徐階將藍道行推薦給嘉靖，為嘉靖預決吉凶禍福。由於藍道行串通嘉靖心腹太監，所以言事每每奇中，使嘉靖深信不疑。藍道行的乩語一靈，徐階就可以做手腳。比方說，嚴嵩有密札要進呈，徐階就事先通告藍道行。藍道行於是進行扶乩活動，預告說：「今日有奸臣奏事。」一會兒，嚴嵩的密札就送到了。這樣，通過仙語道術，在嘉靖心中嚴嵩就有了奸臣之嫌。嘉靖四十一年（一五六二年），道士藍道行為嘉靖扶乩。沙盤上出現了一行字：「賢不競用，不肖不退耳！」嘉靖問：「賢者為誰？不肖又是哪個？」。藍道行回答說：「賢者輔臣（徐）階、尚書（楊）博；不肖者嚴嵩父子。」嘉靖又問：「我也知道嚴嵩父子貪，上帝何不震而殛之？」藍道行機敏地回答說：「上帝殛之，則益用之者咎，故弗殛也，而以屬汝。」這番話，對崇信道教的嘉靖產生了動搖。接著，徐階又令御史鄒應龍趁熱打鐵，上疏彈劾嚴嵩。鄒應龍很快寫成《貪橫陰臣欺君蠹國疏》，彈劾嚴嵩縱容其子嚴世蕃「念汙誤國」諸罪，洋洋灑灑有數千言之多。世宗讀著鄒應龍的奏疏，思考著藍道行扶乩之語，終於下令逮捕嚴世蕃，勒令嚴嵩致仕。

嚴嵩倒臺後，徐階榮升首輔，開始了一代名相的執政。嘉靖迷信道教，所謂「上有好，下必有效」。《萬曆野獲編》中就記載了這樣一件荒唐的事。遼廢王朱憲節也喜好方術，而且極為淫虐。當時為了討好嘉靖，他也假裝崇奉道教，得到了「清微忠孝真人」的賜號，並賜給他金印及法衣、法冠等東西。朱憲節每次出門都穿所賜的道士衣冠，前面僕人扛著諸神免迎牌以及拷鬼的械具，十分可笑。他往往不請自來地闖入民家，說是為他們齋醮，齋醮後就要求酬謝，十足是一個無賴。他又胡說什麼符咒妖術，必須得到一個活人的頭，正好街上有一個叫顧長保的醉漢被朱憲節看見，一刀割去了頭顱，使得一城驚怪。

嘉靖長期沉迷於道士們的齋醮、丹藥、房中術，但這些非但沒能強健他那本就孱弱的身體，使他長生不老，羽化登仙，反而由於過度縱慾與濫服藥物，加速了他生命的逝去。嘉靖在六十歲的時候已經重病不起，太醫多次診治無效。嘉靖四十五年（一五六六年）十二月，他在乾清宮去世，死的時候肚子鼓脹得很，估計是許多藥丸還沒有消化。

明宮三案

禍從後宮起，牽連三代皇帝，
動搖大明國本

明朝萬曆末期至天啟初年，接連發生了轟動朝野的三大案，即梃擊案、紅丸案與移宮案，三大案與神宗、光宗、熹宗祖孫三人密切相關，也和朝廷派系鬥爭緊緊糾纏在一起。三案成為明末政壇關鍵，各種勢力紛紛介入，案件無法正常審理，因此變得撲朔迷離。

梃擊案

萬曆帝於十歲時即位，到萬曆四十八年（一六二〇年）去世，在位四十九年，是明朝歷史上在位時間最長的皇帝。萬曆帝死後約十天，太子朱常洛在文官的安排下，經過一番虛情假意的推辭後，終於在八月初一正式登基即位，年號泰昌。

泰昌帝的正式即位，令天下臣民大大鬆了一口氣，因為在萬曆帝嚥氣前的最後一刻，他們仍擔心這位太子能否順利即位。

既然是太子，又何以要擔心他能否順利即位呢？

原來，這位生於萬曆十年（一五八二年）的朱常洛，其母親王氏本來在太后身邊做宮女，地位低賤。有一天，年輕的萬曆帝來到慈寧宮向母親請安，剛好太后不在，萬曆帝正要離開時，發現了清秀可人的王氏，於是私下臨幸。按照宮中規矩，皇帝臨幸宮女，應該賜一物件給對方，作為臨幸的憑證。但萬曆帝認為王氏是母親宮中的宮女，私下臨幸是一件不光彩的事情，所以沒有給王氏任何信物，自顧自地離去。誰知道這片刻風流後，王氏竟然懷上了龍種。慈安太后本人也是宮女出身，知道此事後不但沒有為難王氏，還十分高興地召來萬曆帝詢問究竟，沒想到萬曆帝不承認。太后命太監取出文書房內侍記錄的《內起居注》，對萬曆帝語重心長地說：「吾老矣，猶未有孫。果男者，宗社福也！」就是說我已經老了，現在還沒有孫子呢。如果這個宮女將來生個男孩的話，那是宗廟和社稷的福啊。話說得語重心長，萬曆帝只好承認了。

當時明朝皇位的繼承，一般遵照三個原則，一是父死子繼，就是說父親死了皇位由兒子繼承。二是有嫡立嫡，無嫡立長。「嫡」就是皇帝的正妻皇后生的兒子，在有嫡子的情況下，要立嫡子，沒有嫡子，才可以立其他妃子生的兒子，原則是選擇其中最年長的。三是帝無子嗣，兄終弟及。皇帝沒有兒子，只好由他弟弟來繼承。

萬曆帝

萬曆帝沒有嫡子，按照當時明朝皇位的繼承原則（有嫡立嫡，無嫡立長）理應立恭妃王氏所生長子朱常洛為太子。但萬曆帝寵愛的是鄭貴妃和她的兒子朱常洵，想立寵愛的鄭貴妃之子為皇太子，當時萬曆帝皇后還在世，為了能夠名正言順地立鄭貴妃之子朱常洵為太子，唯一的辦法就是等到原配皇后死了，扶鄭貴妃為皇后，這樣朱常洵的身分就變成了「嫡子」，名分超越了朱常洛的「長子」。基於這樣的考慮，所以萬曆帝一直拖延著，遲遲不冊立太子，但朝廷的絕大多數文官們擔心將來定有廢長立幼的事情，於是上疏請冊立東宮，有「祖宗朝立皇太子，英宗以二歲，孝宗以六歲，武宗以一歲，成憲具在」之語。但明神宗在鄭貴妃的慫恿下，總想藉機立朱常洵為太子，於是就想出了種種辦法拖延，遭到大臣們的極力反對。他們認為，既然皇帝的正宮皇后沒有嫡出，那麼就應該在庶出諸子中立長。朱常洛雖是宮女所生，但他是皇長子，就理應被立為太子。而種種跡象表明，皇帝似乎沒有這樣的意思。這可是了不得的事情！在大臣們看來，常洛不立為太子，就是違背了朝廷得以立國的根本基礎——祖宗之制。因此，保證常洛的法定權利，也就是捍衛朝廷的立國之本，絕對不能讓步。皇帝與大臣間的這次鬥爭又稱為「國本之爭」。

到了萬曆二十九年，萬曆帝到慈聖太后那裡問安，這位老太后不滿意地問他為什麼遲遲不立太子。可能是老太后威風猶在的緣故，也可能萬曆帝對太后的問題事先沒有準備，驚惶之下竟然說了一句關鍵的錯話：「他（指兒子朱常洛）是都人（明朝皇宮內稱呼宮人為都人）之子。」意思是說朱常洛出身卑賤。但明神宗顯然是鬼迷心竅，他忘記了他母親也是都人出身。當慈聖太后怒氣衝衝地指著他說「你也是都人的兒子」時，萬曆帝這才醒悟過來，然後驚恐地「伏地不敢起」。

這件事過後，八月份內閣大學士沈一貫上了一疏，竟然立竿見影地收到了奇效。奏疏中用

「多子多孫」勸明神宗早立太子，終於打動了皇帝，下詔即日舉行冊立太子禮。朝野上下，聞訊而歡聲雷動，但鄭貴妃卻坐不住了，為此與明神宗大鬧了一場，萬曆帝又開始動搖，以「典禮未備」為由，要改期冊立太子。在關鍵時刻，沈一貫發揮了相當關鍵的作用，他將萬曆帝的手詔封還，堅決不同意改期。在這樣的情況下，萬曆帝總算下了決心，到了萬曆二十九年（一六〇一年）十月，在拖延了十九年之後，萬曆帝終於立朱常洛為太子，同時冊封朱常洵為福王。

鬧了十幾年的「國本之爭」終於畫上了句號。

朱常洛雖然當上了太子，但其實日子並不好過，明神宗不喜歡他，鄭貴妃也對太子位虎視眈眈，隨時想「易儲」，於是就在此期間又發生了震驚朝野的「妖書案」。

《閨範圖說》

萬曆十八年（一五九〇年），著名大儒呂坤擔任山西按察使，在職期間，他採輯了歷史上賢婦烈女的事蹟，著成《閨範圖說》一書。宦官陳矩（後來執掌東廠，參與審理第二次「妖書案」）出宮時看到了這本書，買了一本帶回宮中。鄭

鄭貴妃

貴妃看到之後，想借此書來抬高自己的地位，於是命人增補了十二人，以漢明德皇后開篇，鄭貴妃本人終篇，並親自加作了一篇序文。之後，鄭貴妃指使伯父鄭承恩及兄弟鄭國泰重新刊刻了新版的《閨範圖說》。

鄭貴妃改編、外戚出版發行的《閨範圖說》，流傳比呂坤的原著更廣。由於當時為爭國本，君臣猜疑、朝局紛亂，有人認為鄭貴妃如此做，是為了讓自己的兒子當上太子，而自己晉為皇后所大造輿論。和呂坤素來不和的給事中戴士衡這下抓住了把柄，上疏彈劾呂坤，說他先寫了一本《閨範圖說》，然後又上《憂危疏》，是「機深志險，包藏禍心」，「潛進《閨範圖說》，結納宮闈」，逢迎鄭貴妃。

這下已經致仕在家的呂坤當然明白事態的嚴重性，捲入天下第一大是非可不是鬧著玩的，連忙向萬曆帝上疏辯誣，因為整個事情牽涉到鄭貴妃，明神宗裝聾作啞，沒有理睬。

但是不久有一個自稱「燕山朱東吉」的人專門為《閨範圖說》寫了一篇跋文，名字叫《憂危竑議》，以傳單的形式在京師廣為流傳。「朱東吉」的意思是朱家天子的東宮太子一定大吉。「憂危竑議」四字的意思是，在呂坤所上《憂危疏》的基礎上竑大其說，因為《憂危疏》中沒有提到立太子的問題。文中採用問答體形式，專門議論歷代嫡庶廢立事件，影射「國本」問題。又說呂坤疏言天下憂危，無事不言，唯獨不及立皇太子事，用意不言自明。又稱呂坤與外戚鄭承恩、戶部侍郎張養蒙，山西巡撫魏允貞等九人結黨，依附鄭貴妃。

此文（即所謂的「妖書」）一出，立即引起了軒然大波。人們不明所以，紛紛責怪書的原作者呂坤。呂坤憂懼不堪，藉口有病致仕回家了。

萬曆帝看到《憂危竑議》後，大為惱怒，可又不好大張旗鼓地追查作者。鄭貴妃伯父鄭承恩因為在《憂危竑議》中被指名道姓，也大為緊張，便懷疑《憂危竑議》為戴士衡和全椒知縣樊玉衡所寫。在戴士衡上疏之前，全椒知縣樊玉衡曾上疏請立皇長子為皇太子，並指斥鄭貴妃。

萬曆帝也不想把事情鬧大，便親下諭旨，說明《閨範》一書是他賜給鄭貴妃的，因為書中大略與《女鑑》一書主旨相彷彿，以備朝夕閱覽。又下令逮捕樊玉衡和戴士衡，經過嚴刑拷掠後，以「結黨造書，妄指宮禁，干擾大典，惑世誣人」的罪名分別謫戍廣東雷州和廉州。而呂坤因為已經患病致仕，所以置之不問。

可到了萬曆三十一年（一六〇三年）十一月，已經消停的「妖書」風波又沉渣泛起，而且鬧出一樁驚天的冤案。

萬曆三十一年（一六〇三年）十一月十一日清早，內閣大學士朱賡在家門口發現了一份題為《續憂危竑議》的揭帖。《續憂危竑議》抓住皇太子岌岌可危的處境大做文章，指責鄭貴妃企圖廢太子，冊立自己的兒子為太子。一則說，「夫東宮（指太子）有東宮之宮，一宮未備，何以稱安乎？皇上迫於沈相公（內閣首輔沈一貫）之請，不得已而立之，而從官不備，正所以寓他日改立之意也」；再則說，「曰：改立其誰當之？曰：福王（即朱常洵）矣。大率母愛者子貴，以鄭貴妃之專擅，回天轉日何難哉」。三則說，「夫在朝在野，固不乏人，而必相朱者，蓋朱名賡，賡者更也，所以寓他日更立之意也」。接下來，列舉了附和朱賡的九個文武大臣，「而又有鄭貴妃主之於內，此之謂十亂」。整體大意是說，皇帝不得已冊立朱常洛為皇太子，但太子居住的東宮及其規制都不具備，因此儲位未妥，國本未固，在「十亂」的活動之下，不知什麼時候太子就會被廢掉，而改立鄭貴妃之子朱常洵為太子。

指責鄭貴妃意圖廢太子，冊立自己的兒子為太子。不僅朱賡收到了這份傳單似的東西，之前一夜，已經在京師廣為散布，上至宮門，下至街巷，到處都有。《續憂危竑議》假託一個叫「鄭福成」的人接受採訪時的問答。「鄭福成」者，寓意「鄭貴妃讓福王成為東宮太子」。言之鑿鑿地分析，鄭貴妃正在醞釀一場「易儲」的陰謀，好讓自己的兒子繼承皇位，皇帝也有此意。但國家有的是人才，為什麼是新進的內閣大學士朱賡呢？這是因為「賡」者與「更」諧音，這是在暗示朱家的皇位繼承人將要更換。

真佩服中國人文字上的聯想功夫，否則「文字獄」哪能代代相傳。

此書大概只有三百來字，但內容卻如同重磅炸彈，在京城中掀起了軒然大波。時人以此書

「詞極詭妄」，故皆稱其為「妖書」。

萬曆帝生氣了，真是樹欲靜而風不止，他要求錦衣衛和東廠加快偵緝工作，並且懸賞老百姓提供破案線索，發誓要找出那個製造謠言影響社會穩定的罪魁禍首。一時間，廠衛四出，大肆搜索，京師人人自危，籠罩在恐怖氣氛中。

《續憂危竑議》中指名道姓地攻擊了內閣大學士朱賡和首輔沈一貫，說二人是鄭貴妃的幫兇。這二人大驚失色，除了立即上疏為自己辯護外，為了避嫌，不得不戴罪在家。沈一貫老謀深算，想利用這件皇帝督辦的大案，來陷害自己的政敵。沈一貫與沈鯉本來就有嫌隙，於是沈一貫化被動為主動，毫無根據的懷疑「妖書」出於沈鯉的門生、禮部右侍郎郭正域，指使給事中錢夢皋上疏誣陷郭正域、沈鯉與妖書有牽連，主張嚴查到底。由於「妖書」宣揚的基調是「東宮之立非上意，終必易之」，使萬曆皇帝十分惱怒，使他很容易接受沈一貫的主張，於是授權沈一貫大肆搜索。

郭正域正要離開京師時被捕，巡城御史康丕揚在搜查沈鯉住宅時，又牽扯出名僧達觀（即著名的紫柏大師）和醫生沈令譽。達觀和沈令譽都受到了嚴刑拷打，達觀更是被拷打致死，但二人都未能如沈一貫所願，牽扯出郭正域等人。

因為郭正域曾經當過太子朱常洛的講官（老師），朱常洛聽說此事後，對近侍說：「何為欲殺我好講官？」這話相當有深意，諸人聞之皆懼。為了營救老師，朱常洛還特意派人帶話給東廠提督陳矩，讓他手下留情。陳矩為人精明，儘管太子地位不穩，但也決不會輕易開罪太子。加上沒有任何證據證明郭正域跟「妖書案」有關，顯而易見地是場大冤獄。後來正是由於陳矩的鼎力相助，郭正域才免遭陷害。

針對郭正域的審訊一連進行了五天，始終不能定案。萬曆帝震怒，下詔責問會審眾官，眾官惶惶不安。東廠、錦衣衛，包括京營巡捕，壓力都相當大，京師人人自危，如此一來，必須要儘快找到一隻代罪羔羊。

萬曆三十一年（一六〇三年）十一月二十一日，妖書發現後整整十日，東廠捕獲了一名形跡可疑的男子皦生彩，皦生彩揭發兄長皦生光與「妖書案」有關。

皦生光本是順天府生員（明朝的生員不僅是官學生，還是一種「科名」），生性狡詐，專門以「刊刻打詐」為生。皦生光還膽大包天地借「國本之爭」訛詐過鄭貴妃的兄弟鄭國泰。當時有個叫包繼志的富商為了附庸風雅，曾經委託皦生光代纂詩集。皦生光故意在詩集中放了一首五律，其中有「鄭主乘黃屋」一句，暗示鄭貴妃為自己的兒子奪取皇位。包繼志根本不懂，便刊刻了詩集。皦生光立即託人訛詐包繼志，說他詩集中有悖逆語。包繼志情知上當，卻也無可奈何，只好出錢了事。皦生光又拿著詩集去訛詐鄭國泰，鄭國泰膽小，加上朝野上下輿論都對鄭貴妃不利，也只能出錢了事。

皦生彩揭發聲名不佳的兄長後，皦生光之前的事蹟全部曝光，錦衣衛如獲至寶，立即逮捕了皦生光，將其屈打成招。獲得了以下口供：本人被革去秀才功名，懷疑是皇親鄭家（鄭貴妃家屬）指使，意圖報復。在刻了「妖詩」及《岸遊稿》以後，再刻《國本有關》，命其子連夜散發，以為皇親鄭家「定有不測之禍，可報大冤」。

皦生光的「自誣服」是逼供得到的虛假供詞，但參加會審的官員卻認為「生光前作妖詩，繼播妖書，眾證甚確，自認無詞」。皇帝也以為此案可以了結，要三法司儘快定罪。

事情到了這個地步，本來就可以結案了，主審的刑部尚書蕭大亨為了討好萬曆帝，還想把「妖書案」往郭正域身上引。但皦生光卻表現出最後的骨氣，在酷刑下始終沒有牽連他人。他的妻妾和年僅十歲的兒子都受到了拷打，卻都沒有按蕭大亨的意思招供。

儘管所有人都明白「妖書案」其實與皦生光無關，就連急於結案的沈一貫、朱賡都不相信，他們認為《續憂危竑議》一文論述深刻，非熟悉朝廷之大臣不能為，皦生光這樣的落魄秀才絕對沒有這樣的能耐。但急於平息事端的萬曆帝還是匆匆結案，皦生光被凌遲處死，家屬發配邊疆充軍。

皦生光死後，離奇的「妖書案」就此而平。「妖書案」雖平，但其影響所及，卻已遠逾宮廷，遍及朝野，險惡的宮廷鬥爭也並沒有就此平息。

上述事件反映出宮廷內外圍繞皇太子的激烈爭鬥，處處閃現出陰森的刀光劍影，「梃擊案」就是在這樣一種背景下發生的。

萬曆三十九年（一六一一年）九月十三日，王恭妃病逝。死去的王貴妃之境遇，折射出活著的太子朱常洛的景況。王貴妃安葬一年之後，朱常洛遭到心懷叵測者的暗中詛咒，說明他的地位直到此時依然岌岌可危。萬曆四十一年（一六一三年）六月初二日，一個名叫王曰乾的武弁（錦衣衛百戶）告發奸人孔學等人，受鄭貴妃指使，糾集妖人，擺設香紙桌案及黑瓷攝魂瓶，由妖人披髮仗劍，唸咒燒符，又剪紙人三個（皇太后、皇上、皇太子），用新鐵釘四十九枚，釘在紙人眼上，七天後焚化。

萬曆皇帝獲悉後，憤怒不堪，責怪內閣首輔為何事先沒有報告。內侍太監聽到皇上問話，便把早已遞進的內閣首輔葉向高的奏疏交給皇上。其實葉向高已經知道此事，他的奏疏建議：為皇太子考慮，皇上應該冷靜處理此事。如果大張旗鼓，朝野上下議論紛紛，反而使事態惡化，

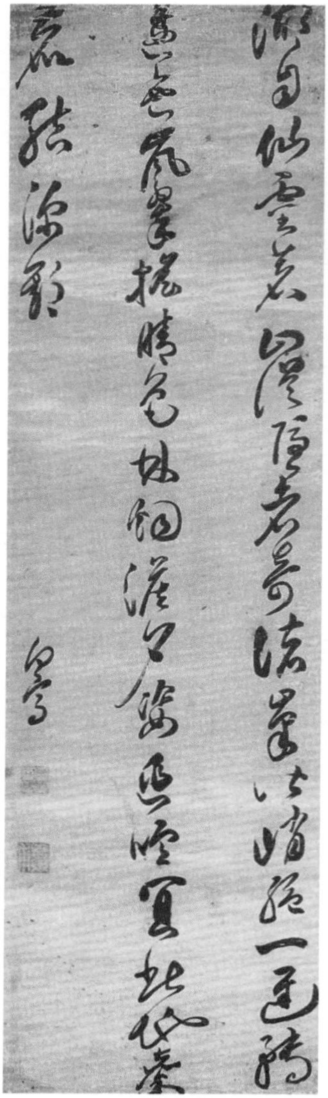

葉向高書法

那麼「其禍將不可言」。萬曆接受了這個建議，因為只有大事化小，小事化無，才是唯一的上策，如果張揚出去，勢必像「妖書案」那樣鬧得滿城風雨。

第二天，葉向高指示三法司嚴刑拷打王曰乾，把這個危險人物打死在獄中。他所告發的案情太嚴重，又真假難辨，只有以不加追查、不事張揚、消滅活口的方式了結，才能化險為夷，化有為無。葉向高不愧老謀深算，顧全了皇室的根本利益。

這種事態反映了皇帝對皇太子的冷漠態度，正是由於這種緣故，朱常洛身邊的警衛人員寥寥無幾，慈慶宮一派冷清景象。

在這種情況下，萬曆四十三年（一六一五年）五月初四日，有一個名叫張差的男子，手持棗木棍（即木梃），不由分說地闖入太子朱常洛居住的慈慶宮，逢人便打，擊傷守門官員多人，一直打到殿前的房簷下。被打中之人的呼喝聲、號救聲，連成一片。多虧內官（宮中小臣）朝本用反應比較快，眼疾手快地將持棍男子抓獲，宮內才平靜下來。這時的東宮警備不嚴，內廷的太監們往往託病離去，侍衛人員也只有幾個，所以就發生了梃擊事件，也就是「梃擊之案」。

張差被捆縛到東華門守衛處，收禁起來。巡視皇城御史劉廷元立即對案犯進行初審，案犯供稱本名張差，薊州井兒峪人。此人言語顛三倒四，好像瘋子。再三嚴刑審訊，他的供詞仍語無倫次，只是說些「吃齋討封」、「效勞難為我」之類不著邊際的話。問答了數小時，也沒有將實情供出，惹得審判官不耐煩，只好退堂，把他交給了刑部定論。

交到刑部後，由刑部郎中胡士相、嶽駿聲等奉旨審理此案。張差又供稱被人燒燬供差柴草，氣憤之餘，從薊州來到京城，要向朝廷伸冤，便在五月初四日手持棗木棍，從東華門直闖慈慶宮云云。

胡、嶽二人依照「宮殿前射箭放彈投磚石傷人律」，擬將張差判處死刑。這是一種簡單化的處理方式，僅僅以「瘋癲闖宮」論處，不追究是否有幕後主使人，迎合朝廷希望大事化小小事化無的原則。

刑部主事王之寀認為其中必有隱情，五月十一日輪到王之寀提牢，在獄中仔細察看案犯的動態。王之寀見張差年輕力壯，並無瘋癲跡象，便對他突擊審訊，對他說：「實招與飯，不招當餓死！」張差望著邊上的飯菜，低頭不語，少頃，答道：「不敢說。」王之寀要隨從人員退去，張差這才供出了內中隱情。

原來張差是紅封教的成員（當時，祕密結社盛行，紅封教是北京附近地區白蓮教的一支，馬三道、李守才為教主，都住在薊州地方的井兒峪）。一天，他的舅舅馬三道、外祖父李守才帶來一個不知名的老太監，對他說：「事成，與你幾畝地種，夠你受用。」然後就跟隨老太監來到京城，住在一個大宅子裡，另一個老太監說：「你先撞一遭，撞著一個，打殺一個，打殺了，我們救得你。」隨即給張差一根棗木棍，領他到厚載門進入內宮，來到慈慶宮，結果就發生了上述事件，後經查證這兩個太監是鄭貴妃宮中的龐保和劉成。

從張差的供詞可知，他並非「瘋癲闖宮」，而是受宮中太監收買，闖宮梃擊的。這是重大線索。王之寀立即報告皇上：「太子之勢，危如累卵」，「臣看此犯，不顛不瘋」，「中多疑似情節，臣不敢信，亦不敢言」。所謂「不敢信」、「不敢言」的，居然是宮中太監策劃的陰謀。

消息傳開後，朝野內外開始議論紛紛，人們不約而同地把懷疑的目光投向鄭貴妃及其兄弟鄭國泰身上。都懷疑鄭貴妃想要謀殺太子，以便扶立福王，但是沒有充分的證據。這種局面很快被敢於披逆鱗的陸大受、何士晉打破了。

戶部官員陸大受對於此案審理中的疑點提出疑問：張差已招供有太監策應，為什麼不把他們的姓名公布於眾？那個作為聯絡點的大宅院，為什麼不指明坐落何處？他還含沙射影地暗示「戚畹凶鋒」，暗指外戚鄭國泰（鄭貴妃的兄弟），意在引而不發。果然，鄭國泰按捺不住，跳了出來，寫了一個揭帖給皇上，極力為自己洗刷：「傾儲何謀？主使何事？陰養死士何為？」陸大受根本沒有提到「傾儲」、「主使」，他不打自招，欲蓋彌彰。

機敏的工科給事中何士晉抓住鄭國泰辯詞中的破綻，質問鄭國泰：陸大受並沒有直指鄭國泰「主謀」，何故「心虛膽顫」？既然如此心虛，人們便不能不懷疑鄭國泰了。他步步緊逼，質問鄭國泰：「誰謂其傾陷？誰謂其主使？誰謂其陰養死士？誰謂其滅門絕戶？又誰無蹤影？誰系鬼妖？種種不祥之語，自捏自造，若辯若供，不幾於欲蓋彌彰耶？」何士晉這種邏輯嚴密的推理，把鄭國泰「若辯若供」的醜態暴露無遺。何士晉雖然沒有確鑿的證據，但條分縷析，層層剝離，字字句句直逼鄭國泰，使他無地容身，不由人們不信鄭國泰與此案有千絲萬縷的牽連。

正如《明史》所說：「東宮（皇太子）雖久定，帝待之薄，中外疑鄭貴妃與其弟國泰謀危太子，顧未得事端……，（張）差被執，舉朝驚駭。」

事情發生後，太子和鄭貴妃先後趕來見明神宗。太子常洛氣憤地說：「張差做的事，一定有人主使！」鄭貴妃光著腳走來，對天發誓，向萬曆帝哭訴冤情。萬曆帝說：「外延語不易解，若須自求太子。」於是，鄭貴妃就找到了皇太子朱常洛。

史書記載，鄭貴妃向太子號訴，就是鄭貴妃找皇太子朱常洛，嚎啕大哭，訴說事情的原委，請求太子寬恕。朱常洛既不願意得罪他父皇，也不願意得罪鄭貴妃，不敢深究此事，也想大事化小，小事化無，息事寧人。於是懇請父皇召見群臣，當眾判明是非曲直，迅速了結此案。

萬曆帝破例在慈寧宮中召見有關大臣，萬曆帝在此以前，已有二十五年不見群臣。許多大臣，雖為官多年，也不知皇帝是什麼樣子。這次萬曆帝竟然為「梃擊案」破例，也說明當時朝廷為太子的事鬧得有多凶。

萬曆帝讓太子常洛與他的三個兒子出見大臣，並嚴責大臣們的所作所為是離間他們父子親情。他拉著太子的手，對大臣們說，此兒極孝，朕極愛惜。如果朕有別意，何不早作打算，廢立更置，又何必要等到現在，況且朕的諸孫（指太子常洛的三子）現已長成！接著，萬曆帝要太子說話表態。太子也因事涉貴妃，不願多惹是非。他要求群臣速速處理張差，並嚴厲指責群臣道：「我父子是何等親愛，而你們在外廷卻議論紛云。你們這些無君之臣，是想讓我成為不孝之子麼？」話說到這分上，群臣們誰也不敢再說三道四。結果是張差被凌遲處死，鄭貴妃宮中的兩位太監也被祕密打死，「梃擊案」至此總算草草了結。

據《先撥志始》記載，張差臨刑前，頗感冤屈，用頭撞地，大喊：「同謀做事，事敗，獨推我死，而多官竟付之不問。」他當然不會瞭解宮闈鬥爭的複雜性。為了不使事態擴大，「借瘋癲為調護兩宮計」，便是內朝與外延的良苦用心。只要不牽連到內宮，不牽連到鄭貴妃，不使皇室蒙羞，一切供詞、法理，都可以拋到九霄雲外。在權大於法的時代，這樣的事情是屢見不鮮的。

輿論普遍認為，梃擊案不是一個孤立事件，它與先前一系列圍繞皇太子的陰謀，若即若離，或許就是諸多環節中的一環，亦未可知。

然而宮闈爭鬥並未真正結束，反而在泰昌、天啟年間更為劇烈地展開，「紅丸案」、「移宮案」接踵發生。

紅丸案

萬曆四十八年（一六二〇年）七月二十一日，萬曆皇帝駕崩了。死訊傳出，天下縞素，舉國盡哀。臣民們個個都顯出悲痛欲絕的樣子，然而，不少人心裡想的並不像他們臉上裝的那樣。

萬曆帝逝世前，囑託內閣首輔方從哲及司禮監太監要齊心協力輔佐皇太子朱常洛，實際上已經著手帝位的交接，一切顯得十分平靜。

萬曆帝賓天後，皇太子朱常洛已於八月初一即了皇位，史稱明光宗，改年號為泰昌，所以習慣把他叫做泰昌帝。為了這位太子，幾十年來，朝廷不知鬧出了多少風波，也不知有多少大臣，挨了棍子，丟了官職。現在終於等到了登基的這一天，天下臣民此時的心境，就不難想像了。因為萬曆帝的時代畢竟結束了，他們寄厚望於新的君主，希望新皇帝能給王朝帶來一些新氣象，甚至扭轉乾坤，擺脫危機。

泰昌帝即位後，迅速做了些順應民心的事。泰昌帝在萬曆四十八年七月二十二日和二十四日，各發銀一百萬兩犒勞遼東等處邊防將士。同時，泰昌帝命令撤回萬曆末年引起官怨民憤的礦監和稅監，召回在萬曆一朝因為上疏言事而遭處罰的大臣，補用空缺的官職。像鄒元標、王德完等一些正直敢言的大臣，先後被下詔召回。

這一切都是用遺詔的名義進行的，是先帝臨終前的既定方針。其實，遺詔往往只不過是一個藉口，是借死人之口，說出活人想做的事情。萬曆帝臨終前，曾召見英國公張惟賢，大學士方從哲，各部尚書周嘉謨、李汝華、黃嘉善、張問達、黃克纘等人。萬曆帝當時還能不能說話，到底交待了些什麼，只有這些人知道。在這些人起草公布的遺詔中，到底有多少是萬曆帝本人生前的意思，也只有這些人心中明白。但無論如何，遺詔確實給當時的朝廷提供了一個清除舊朝弊政的機會。

泰昌帝即位後，朝廷上下似乎看到了希望，指望泰昌帝能一改其父之風，與朝廷同舟共濟，渡過難關。但天有不測風雲，就在登極大典後僅十天，也就是八月初十，泰昌帝卻一病不起。新登基的皇帝突然病倒了，而且病勢來得兇猛。太醫院幾位醫術高明的御醫共同會診後，連開了四服重藥都沒有扭轉病情。

泰昌帝在登極大典上，「玉履安和」，「沖粹無病容」，就是行走、儀態正常，沒有疾病的症象，怎麼會突然病倒呢？「冰凍三尺，非一日之寒」，泰昌帝的突然病倒與他的縱慾過度有關。

朱常洛自從做了太子之後，由於離開了母親的約束，加上父親萬曆帝朱翊鈞對自己的冷淡，生活失意，精神苦悶。所以，大部分的時間，他都是縱情於酒色。萬曆四十一年（一六一三年）皇太子妃郭氏去世以後，朱常洛就沒有再立妃子。因為冊封皇太子妃需要得到皇帝的批准，而神宗對朱常洛基本上是不聞不問的。因此，在慈慶宮中，雖然有很多的女人，但卻沒有皇太子妃。也許，沒有皇太子妃，對於朱常洛來說更加自由。然而朱常洛也為這種自由付出了慘重的代價。

另外，泰昌帝的突然病倒與鄭貴妃也有著直接的關係。朱常洛雖然如願以償當上了皇帝，但鄭貴妃似乎仍是朱常洛無法擺脫的陰影。他非但沒有膽量去追查當年鄭貴妃對自己的迫害，反而處處以先皇為藉口，優待鄭貴妃。萬曆帝在彌留之時，曾遺言於朱常洛，要朱常洛封鄭貴妃為皇后。萬曆帝離世次日，朱常洛傳諭內閣：「父皇遺言：『爾母皇貴妃鄭氏，侍朕有年，勤勞茂著，進封皇后。』卿可傳示禮部，查例來行。」

此時，萬曆帝原來的王皇后以及朱常洛的生母王氏都已經去世，鄭貴妃一旦變成皇后，在接下來的泰昌朝中，這就意味著，她將成為皇太后，可以垂簾聽政。這種做法顯然不符合典章制度。

禮部右侍郎孫如游上疏給朱常洛說：「臣詳考歷朝典故，並無此例。」既然朱常洛另有生母，鄭貴妃怎麼能封為皇后呢？朱常洛對此感到十分為難，於是將奏疏留中不發。

然而鄭貴妃卻並不甘心，面對既成事實她採取了兩方面的措施：一方面勾結朱常洛所寵倖的李選侍，請求朱常洛立李選侍為皇后，李選侍則投桃報李，請朱常洛封鄭貴妃為皇太后。李選侍企圖通過為鄭貴妃請封皇太后，來抬高自己的地位。這使朱常洛感到左右為難。後來還是內閣首輔方從哲想出了一個兩全之策，把進封鄭貴妃為皇后的聖旨藏於內閣，暫時祕而不宣，巧妙地解決了這個難題。

對於鄭貴妃而言，這不啻是一個信號。她一向要為自己的兒子朱常洵爭奪太子的地位，處處排擠打擊朱常洛，如今朱常洛已經成了當朝皇帝，而先帝進封她為皇后的聖旨又遭廷臣扣押，形勢對她極為不利，迫使她不得不改變策略，力圖使朱常洛捐棄前嫌，又要不失時機地控制住朱常洛。

於是鄭貴妃又採取了另一個措施，向朱常洛進獻美女，以取悅於朱常洛。朱常洛對於鄭貴妃送來的美女，照單全收。據《明史》的說法，鄭貴妃送來的美女數目是八名；《明史紀事本末》說是四名。但無論如何，喜愛美色的朱常洛面對美女，自然是夜夜縱樂。正如文秉《先撥志始》所說：「光廟（指光宗朱常洛）御體羸弱，雖正位東宮，未嘗得志。登極後，日親萬機，精神勞瘁。鄭貴妃欲邀歡心，復飾美女以時。一日退朝內宴，以女樂承應。是夜，一生二旦，俱御幸焉。病體由是大劇。」李遜之《泰昌朝記事》也有類似的說法：「上體素弱，雖正位東宮，供奉淡薄。登極後，日親萬機，精神勞瘁。鄭貴妃復飾美女以進。一日退朝，升座內宴，以女樂承應。是夜，連幸數人，聖容頓減。」足見此事已引起人們的關注，成為朱常洛一蹶不振的一個轉捩點。

八月十四日，泰昌帝病重，召內官崔文升治病。崔文升本是鄭貴妃宮中的親信太監。朱常洛即位以後，升崔文升為司禮監秉筆太監，兼掌御藥房。泰昌帝服用崔文升開的「通利藥」（即大黃，大黃的藥性是攻積導滯，瀉火解毒，相當於瀉藥）後，就開始腹瀉，一晝夜瀉好多次，有的說一晝夜瀉三四十次。此時的泰昌帝身體極度虛弱，處於衰竭狀態。

泰昌帝服用鄭貴妃親信太監崔文升進奉的藥，病情加劇的消息傳出，外廷輿論洶湧，紛紛指責崔文升受鄭貴妃指使，有加害皇上的異謀。由此暴露出鄭貴妃從送美女到進藥，是預先策劃的陰謀。《明史・崔文升傳》說：「外廷洶洶，皆言文升受貴妃指，有異謀」；《明史・楊漣傳》說：「鄭貴妃進美姬八人，又使中官崔文升投以利劑，帝一晝夜三四十起。」當時鄭貴妃還住在乾清宮，與李選侍一起「照管」朱常洛的長子朱由校。泰昌帝的外戚王、郭二家發覺鄭、李有異謀，向朝中大臣哭訴：「崔文升進藥是故意，並非失誤。皇長子（朱由校）常常私下裡哭泣：『父皇身體健康，何以一下子病成這樣？』鄭、李謀得照管皇長子，包藏禍心。」大臣們莫不憂心忡忡，擔心一旦皇上駕崩，鄭、李控制皇長子，實現垂簾聽政陰謀。給事中楊漣、御史左光斗向大臣們倡議：鄭貴妃應當離開乾清宮。楊漣還上了一道奏摺，對於崔文升進藥的資格和所進藥物是否符合醫學原理兩點，對崔文升進行猛烈的抨擊：「賊臣崔文升不知醫……妄為嘗試；如其知醫，則醫家有餘者洩之，不足者補之。皇上哀毀之餘，一日萬幾，於法正宜清補，文升反投相伐之劑。」楊漣認為，朱常洛本來身體就虛弱，應當進補，而崔文升反而進以瀉藥，其心叵測。主張將崔文升拘押審訊，查個水落石出；並且建議皇帝收回進封皇太后的成命。鄭貴妃迫於外廷強大的壓力，不得不離開乾清宮，搬往她自己的住所慈寧宮。

八月二十二日，朱常洛召見首輔方從哲等大臣，六品的給事中楊漣也在召見之列。泰昌帝看了楊漣很久，說：「國家事重，卿等盡心。朕自加意調理。」之後，泰昌帝下令，將崔文升逐出皇宮。

八月二十三日，時為鴻臚寺丞的李可灼自稱有仙丹妙藥可治帝疾，此藥為紅色，以鉛為主，以參茸為副，俗稱「紅丸」。鴻臚寺是掌管朝會、賓客、禮儀等事的一個機構，鴻臚寺的正卿叫鴻臚寺卿，四品。他的副手是鴻臚寺少卿，五品。鴻臚寺丞又低一級，六品，大致相當於現在的處級幹部。內閣首輔方從哲鑑於崔文升的先例，以為向皇上進藥要十分慎重，便命李可灼離去。李可灼不肯就此甘休，二十九日一早，他進宮向太監送藥，太監不敢自作主張，便向內閣報告：皇上病情加劇，鴻臚寺官員李可灼來思善門進藥。朱常洛問：「有鴻臚寺官進藥，何在？」方從哲說：「鴻臚寺丞李可灼自雲仙丹，臣等未敢輕信。」朱常洛自知命在旦夕，於是抱著試一試的想法，命李可灼入宮獻藥。到中午時分，李可灼調製好一顆紅色藥丸，讓皇帝服用。自吃了李可灼的「仙丹」後，朱常洛的病好似一下子被驅走了一半。兩天來，他除了時常坐在龍案前養神外，居然還有兩次走出了殿門。於是稱讚李可灼為「忠臣」。讓內侍傳話說：「聖體用藥後，暖潤舒暢，思進飲膳。」傍晚，朱常洛命李可灼再進一粒紅丸。

三天前在皇上的催逼下，方從哲引李可灼進宮獻藥，雖然當時就收到了效果，但憑他多年的閱歷，總覺得這似乎是心理作用所致，並不一定是藥的神效。回到府中後，就有幾位心腹幕僚前來打聽情況，他們都勸方從哲不要再引李可灼進宮。尤其是太醫院的幾位太醫異口同聲否定「仙丹」的作用，他們表示，如果首輔再引人送什麼「仙丹」，他們就集體辭職。但皇帝派人催仙藥，方從哲是一壓再壓，企圖拖延，午時以後，皇帝催促更緊，並發下聖諭，如果內閣阻攔進藥，就以抗旨欺君論處。方從哲無可奈何地將李可灼召到內閣，再三叮問，李可灼力保仙丹有神效，方從哲這才拉上韓爌一同陪李可灼進宮。

進得宮來，見皇帝居然穩坐在龍案前，氣色確比前天好多了，方從哲總算略微踏實了一點。今天這粒紅丸比前次的略大一點，色澤也更加光豔。朱常洛接過後仔細端詳了好一陣，臉上露出了一種難言的喜悅。宮女捧上淡人參湯，朱常洛很快地就著參湯把藥服下了。服後，朱常洛感覺安適如前，沒有什麼不良反應。然而，次日（九月初一）卯刻，泰昌帝駕崩。於是，廷臣紛紛議論，指定李可灼的紅丸是致皇帝暴斃的罪魁禍首，而且還牽涉到方從哲。

這起因「紅丸」引發的宮廷案件，史稱「紅丸案」。

在中國古代帝王中，喜食仙丹的皇帝很多，所謂仙丹紅丸，是用道家方法煉出來的一種紅汞化合物，一般呈紅色，有微毒。這種藥物在當時是一種可治百病但實際上什麼病也治不好的東西，服多了會引起慢性中毒。因為服用「仙丹」而中毒死亡的事例也有很多。如三國時期吳國皇帝孫休，史學界便疑其服食仙丹中毒而死。據西晉人虞溥撰寫的以孫吳為主要內容的史書《江表傳》所記，孫休臨死前話都不能說，「休寢疾，口不能言，乃手書呼丞相濮陽興入……。」可見其中毒之深。最值得注意的現象是堂堂大唐王朝的帝王們對「仙丹」的特別嗜好，其中多位皇帝，如唐憲宗李純、唐穆宗李恆、唐武宗李炎、唐宣宗李忱，都因為服用所謂的仙丹把命給丟了。一個朝代接連四位皇帝死於丹藥中毒，堪稱中國帝王史上的一大奇觀，大唐王朝衰敗也因之成為必然。除了這四位，唐懿宗李漼、唐僖宗李儇也都被懷疑是服食丹藥中毒而死亡。

泰昌帝死後，天啟帝即位。天啟帝即位後面臨的一個難題，就是年號問題。萬曆去世，泰昌即位，改明年為泰昌元年。泰昌去世，天啟即位，又改明年為天啟元年。這樣，泰昌和天啟兩個年號就重疊了。後來想出一個辦法，萬曆四十八年七月以前為萬曆四十八年，八月到十二月為泰昌元年，第二年為天啟元年。

對於泰昌帝暴斃這突如其來的變故，滿朝輿論譁然。明末宮廷內黨派鬥爭激烈，「紅丸」一案，引起了黨派更加尖銳的矛盾。有人認為，李可灼進的「紅丸」，就是紅鉛丸，是普普通通的春藥。春藥屬於熱藥，皇帝陰寒大洩，以火制水，是對症下藥。李可灼把春藥當補藥進上，只是想步陶仲文的後塵而已，只不過他時運不佳。有人認為，那紅色丸藥是道家所煉金丹。用救命金丹來對付垂危病人，治活了則名利雙收，死了算是病重難救。李可灼很可能是這樣想這樣做的。還有人認為，拿春藥給危重病人吃，有悖常理。李可灼明知自己不是御醫，病人又是皇帝，治出了問題，腦袋都保不住，為什麼還這樣大膽進藥？況且，泰昌帝縱慾傷身，急需靜養，怎麼還用這虎狼之藥？對此，御史王安舜彈劾李可灼的奏疏分析得很清楚：「先帝（朱常洛）之脈雄壯浮大，此三焦火動，面唇紫赤，滿面升火，食粥煩躁。此滿腹火結，宜清不宜助明矣。紅鉛乃婦人經水，陰中之陽，純火之精也，而以投於虛火燥熱之疹，幾何不速亡逝乎！」由此推斷，李可灼必是受人指使，有意謀殺皇上。而且崔文升曾是鄭貴妃屬下之人，人們聯想到新皇帝登基一個月來的遭遇，不約而同地都把疑點轉到了鄭貴妃身上。鄭貴妃先給朱常洛獻美女，之後又指使崔文升進藥，大家有目共睹，但李可灼是否受她指使，卻沒有實據，鄭貴妃的疑點由於後來的「移宮案」，而愈發明朗化。

此外，李可灼是首輔方從哲帶進宮來的，也要追查方從哲。方從哲已預料到會有無數指劾他的奏本飛進來，弄不好很可能被扣上一頂「弒君」的帽子。按明朝舊例，皇帝駕崩，遺詔需由內閣首輔代擬。方從哲想來想去，覺得只有利用擬遺詔的機會，申明服用紅丸是皇帝自己的意見，把責任一股腦推到大行皇帝身上才算上策。果不出方從哲所料，皇帝的暴卒引起了整個朝廷的注意，要追查皇帝死因的奏摺兩天之內就達數百件。其中有的奏本已經公開指出，給皇帝服瀉藥的內侍崔文升，最初曾在鄭貴妃屬下任職，後來才由鄭貴妃轉薦給朱常洛。崔文升竟敢用瀉藥摧殘先皇，其背後必有人指使。這使方從哲感到吃驚，因為他明白自己與鄭貴妃也有著極其密切的聯繫。如果有人說紅丸是由自己引進的，再把它和崔文升聯繫在一起，很自然地會形成一個有計劃的弒君陰謀。朝議一起來就很難平息，自己將成為眾矢之的。於是方從哲迫不及待地徵得了閣臣同意，頒布了由他親筆起草的遺詔。遺詔中以大行皇帝的口吻誇獎李可灼，並詔賜銀幣。方從哲以為這對堵住各言官的嘴可能會起極大作用。但他絕不會想到自己走了一步最愚蠢的棋。遺詔一下，群情鼎沸，朝臣們都知道遺詔出自首輔之手，無形中更把方從哲與進紅丸緊密聯繫在一起了。許多言官直言不諱地把方從哲也列入弒君者的行列，請求懲辦崔文升、李可灼，並嚴查幕後主使。

十月中旬，追查「紅丸案」的呼聲達到最高潮，禮部尚書孫慎行和左都御史鄒元標上了兩道令人矚目的奏疏，孫慎行指出：「從哲縱無弒君之心，卻有弒君之罪。欲辭弒之名，難免弒之實。」這給追查「紅丸案」元兇定了基調。捧著這兩道奏本，方從哲雙手不斷地顫抖。

方從哲感到再也無力抵擋這些嚴厲的切責了，想不到居官一世處處仔細，苦心經營，竟落了個「弒君」的罪名。思來想去，他寫了一道很長的奏本仔細為自己辯解，奏疏寫得很懇切：「……自己年老愚昧，未能阻止庸官進藥，罪不容誅。為表示謝罪，願乞削去官階，以老耄之身遠流邊疆，以平朝臣之怨。」

當時的天啟帝只有十六歲，但已飽經了世事的滄桑。還在幼年時節，自己的生母就因被人毆打而病死，而父親一直得不到萬曆皇祖的信任，幾次差點被廢掉皇太子的稱號。好不容易登上了皇帝的寶座，卻又大病纏身，如今父親又突然不明不白地死去，這使他心中蘊蓄著一股報仇的情感。方從哲恰好成了他發洩仇恨的對象。所以當方從哲乞歸的奏本上來後，他一點也不留戀地准了本。十一月初，這位執政八年的老臣，在蕭瑟的秋風中淒然離開了京城。但是悲劇並沒有到此結束。

這天上午，天啟皇帝正在群臣的奏摺中尋找指控方從哲的本子，忽然發現一個非常熟悉的字跡，仔細看來，是方從哲從致仕的老家發來的。看罷奏摺天啟又有點同情這位老臣了，就把原疏發內閣度議。

在處理紅丸案的過程中，方從哲是走一步錯一步，只有這最後一道奏疏算是走對了。他上這道奏疏的目的一是以懇切的言辭、嚴厲的自責來平息公憤；二是希望喚起一些朝臣的同情，能站出來替他說上幾句話。結果兩個目的都達到了。已有人為他鳴不平，刑部尚書黃克纘、給事中汪慶百等紛紛上書，要求立即剎住追查大行皇帝暴卒之謎的輿論。他們的主要理由就是如果糾纏下去，朝廷不寧，且陷先帝於非善終之地，皇家名聲也不好聽。

但天啟帝認為這種辯解並沒有搞清紅丸案的真相，一時難以決斷。這時，一直緘默無言的閣臣韓爌終於站出來說話了。韓爌上了一個奏疏，他把當時他目睹的一切事實都詳細地說清楚了。特別是方從哲當時左右為難的情景，被描繪得十分具體。與聞其事的張問達（新任吏部尚書）、汪應蛟（新任戶部尚書）證實了韓爌的說法。最後，韓爌提出，「紅丸」一案糾纏了一年多，但真正置先皇於死地的崔文升和李可灼到現在也沒有處置，這兩人雖然亂用藥物，但也確實是奉旨進藥，可以適當懲處，紅丸一案則不宜繼續深究。

韓爌在萬曆年間就是個有名的老成之臣，居官十餘年處事公正，很受群臣景仰，入閣後又一直陪伴方從哲料理進紅丸之事，說出的話是可信的。所以他的奏摺報上後，很快地使一場風波平息了下來。不久天啟皇帝聖旨頒下：「將李可灼削官流戍邊疆，崔文升逐出北京，發往南京安置。」

「紅丸」案算了結了，可是，「紅丸」案還有餘波。天啟年間，宦官魏忠賢當權，他要為「紅丸案」翻案。於是，聲討方從哲的禮部尚書孫慎行被開除了官籍，奪去所有官階封號，定了流戍。抨擊崔文升的東林黨人也受了追罰，高攀龍投池而死。崇禎年間，懲辦了魏忠賢，又將此案翻了回來。崇禎死後，南明王朝又一次以此為題材挑起黨爭，直到明王朝徹底滅亡。

移宮案

泰昌帝朱常洛在登上帝位僅僅一個月，就一命嗚呼。鄭貴妃原先一直希望由她的兒子福王朱常洵登上皇帝寶座，沒有成功；這次又想乘朱常洛之死再一次為朱常洵謀求機會，依然沒有成功，朱常洛把他的帝位傳給了長子朱由校。

天啟皇帝朱由校由於其父泰昌帝朱常洛不得萬曆皇帝的寵愛，他自幼也備受冷落，直到萬曆帝臨死前才留下遺囑，冊立其為皇太孫。泰昌帝朱常洛生前的原太子妃郭氏死於萬曆四十一年（一六一三年），此後並未再冊封太子妃，只有兩個姓李的選侍，宮中稱為東李、西李。朱由校的生母王才人雖位尊於西李之上，但因西李受寵，她備受西李選侍凌辱而致死，臨終前遺言：「我與西李（即李選侍）有仇，負恨難伸」。王才人死後，萬曆帝疼愛長孫，命西李撫養。而朱由校從小因受西李的「侮慢凌虐」，終日涕泣，形成了懼怕西李選侍的軟弱性格。

西李選侍與鄭貴妃關係密切，鄭貴妃力圖為西李請封皇后，西李則為鄭貴妃請封皇太后。此事還未辦成，泰昌帝駕崩，冊封企圖落空。照例西李應該從乾清宮搬出，但是她倣法鄭貴妃的榜樣，賴在乾清宮不走。其意圖很明顯，是想迫使朱由校在即位後，冊封她為皇太后，鄭貴妃為太皇太后，然後由她們兩個人實行雙重的垂簾聽政。據許熙重《憲章外史續編》記載，朱由校即位後說，西李選侍命太監李進忠（後來改名為魏忠賢）傳話：「每日章奏，必先奏看過，方與朕覽，即要垂簾聽政處分。」

司禮監掌印太監王安把這一密謀寫成揭帖，告知外延大臣，揭發西李「欲擁立東朝（皇長子朱由校），仿前朝垂簾故事」。外廷大臣議論紛紛，有人主張把皇長子託付給西李，楊漣奮起反對，認為萬不可，他以先帝（即泰昌帝）為例，四十歲成為皇帝，尚且擺脫不了鄭貴妃之流的毒手，何況年少的「今上」？一旦落入李、鄭之手，我等恐無見「今上」之日。許多大臣表示贊同。

泰昌帝駕崩當日，楊漣、劉一燝等朝臣即直奔乾清宮，要求哭臨泰昌帝，請見皇長子朱由校，商談即位之事。但乾清宮門關著，大臣們排闥而進，閹宦揮梃亂打。諸臣強入，最終還是進入了乾清宮。哭臨之後，卻發現皇長子朱由校不見蹤影，皇長子被西李選侍阻於暖閣。大學士劉一燝追問皇長子下落，乾清宮上下無人應答。劉一燝情急之下，聲色俱厲，高聲呼喊：「誰敢匿新天子者！」這話當然是說給裡面的西李聽的。

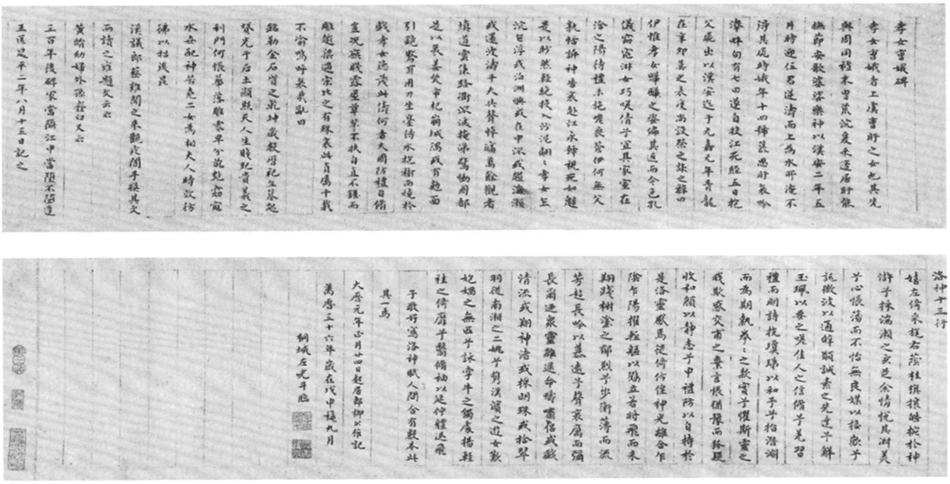

左光斗書法

這時太監王安想了一計，打破了僵局。他是泰昌帝做太子時的伴讀，歷來與外廷關係不錯。他見此情形，便走到裡面去見李選侍，說服李選侍同意讓朱由校出來見群臣，履行一個擁戴新天子的手續。李選侍剛一鬆手，就反悔了，急忙又拉住由校的衣襟不放。王安哪裡容得她變卦，一把抱起皇長子朱由校，拔腿就向乾清宮門外跑去，出了暖閣，群臣一見新天子終於露面，立刻伏地高呼「萬歲」。而後，由王安開路，劉一燝抓住朱由校左手，英國公張惟賢抓住右手，把他扶上了御輦。慌忙中等不及轎伕了，就由大臣們自己抬起轎子就跑，直奔文華殿。

這一路，堪稱驚心之途！不斷有宦官從乾清宮裡追出來，有的大喊：「拉少主何往？主年少畏人（主子年紀小怕外人啊）！」有的上去就拉住朱由校的衣服。這裡面出力最甚的就是魏進忠（後來的魏忠賢）。楊漣大聲呵斥，與宦官周旋。史載，此時劉一燝「傍輦疾行」，把靠近的宦官不斷趕走，如是者三。那些奴才，也真夠可憐的，一直有人跟在後面跑，淒聲喊道：「哥兒卻還！」（《明史・劉一燝傳》）一直追到文華殿前，此處有聽命於廷臣的錦衣衛戒備森嚴，宦官們才悵然而歸。

文華殿內，群臣都在急等消息，見皇長子駕到，一片跪倒，口呼萬歲，行君臣大禮。禮畢，群臣們就為新天子即位問題展開了激烈爭論。有人認為此日午時就可即位，有人提出等到初三即位。而護駕出宮出力最多的楊漣，則不同意倉促即位。他說：「今海宇清晏，宮內也無嫡庶爭奪之嫌。老皇帝才死，尚未入葬，喪服臨朝也不合禮制。」針對有人提出新天子登基則天下人心安定的說法，楊漣反駁說：「天下安與不安，不在於新天子即位的早晚。只要處之得宜，問題也不大。」最後，楊漣的意見占了上風，群臣們決定，另擇吉日登基。但為防止皇長子落入李選侍手中，諸大臣暫將他安排在太子宮居住，由太監王安負責保護。

楊漣自以為此事處置得當，沒想到被太僕少卿徐養量、御史左光斗劈頭蓋臉臭罵了一頓。他們連聲嚴責楊漣不速立新君，是誤了大事。他們指著他的鼻子罵道：「如果事情出了什麼差錯，你死後的一百多斤夠天下人吃嗎？」楊漣這才意識到事態嚴重。

其實，楊漣與左光斗，同是東林黨人，後來也同列為「東林前六君子」，慘遭魏忠賢的毒手。左光斗之所以要如此嚴責楊漣，正是害怕夜長夢多，新君即位遇到麻煩。

到了九月初二，群臣怕夜長夢多，周嘉謨、楊漣、還有更為激進的御史左光斗等紛紛具疏，請西李「移宮」，理由很充分，對於「今上」而言，選侍李氏既非嫡母，又非生母，儼居正宮，而即將即位的皇長子卻偏居慈慶宮，不得守幾筵行大禮，典制乖舛，名分倒置。朝臣們要求西李移出乾清宮，遷居噦鸞宮，遭西李拒絕，要求先封自己為皇太后，然後令朱由校即位，亦遭大臣們的拒絕，矛盾日漸激化。

性格剛烈的御史左光斗更是忍無可忍，他上了一個措辭激烈、言語刻薄的奏疏，要求西李立即移出乾清宮，到她該去的噦鸞宮去。《明史．左光斗傳》中記載，其疏云：「及今不早決斷，將借撫養之名，行專制之實，武氏之禍，再見於今，將來有不忍言者！」何為「武氏之禍」？就是武則天當國，改了天下的名號。左光斗這是把事情的危害說到了極致，頓時引起朝野震驚！西李見左光斗把她比作武則天，勃然大怒，多次派內侍宣召左光斗，都被左光斗嚴詞拒絕。西李選侍企圖邀朱由校到乾清宮議處左光斗，楊漣嚴詞警告內侍：「殿下在東宮為太子，今則為皇帝，選侍安得隨意召見！」鑑於西李遲遲不肯移宮，楊漣憤然上疏指責西李，「外托保護之名，陰懷專擅之實」，並且在朝房、掖門、殿廷等處反覆宣傳他的觀點。有的太監為西李求情，楊漣斷然拒絕：「選侍能於九廟前殺我則已，今日若不移宮，至死不去。」劉一燝、周嘉謨等大臣在一旁支持楊漣，聲色俱厲。

至初五，西李尚未有移宮之意，並傳聞還要繼續延期移出乾清宮。內閣諸大臣站在乾清宮門外，迫促李選侍移出。朱由校的東宮伴讀太監王安在乾清宮內力驅，西李萬般無奈，懷抱所生八公主，倉促離開乾清宮，移居仁壽宮內的噦鸞宮。至此，西李爭當皇太后、把持朝政的企圖終成泡影。

九月初六，朱由校御奉天門，如期即皇帝位，改明年為天啟元年，廟號熹宗，後人又稱他天啟皇帝。這位新皇帝堂而皇之回到乾清宮後，「宮禁肅然，內外寧謐」，亂像一掃而空。

西李雖已「移宮」，但鬥爭並未結束。「移宮」數日，噦鸞宮失火，經奮力搶救，才將西李母女救出。反對移宮的官員散發謠言：選侍投繯，其女投井，並說「皇八妹入井誰憐，未亡人雉經莫訴」，指責天啟帝朱由校違背孝悌之道。天啟帝在楊漣等人的支持下批駁了這些謠傳，指出「朕令停選侍封號，以慰聖母在天之靈。厚養選侍及皇八妹，以遵皇考之意。爾諸臣可以仰體朕心矣」。至此，「移宮」風波才算暫告結束。

在這場複雜的鬥爭中，有一個頗為引人注目的角色，就是日後不可一世的太監魏忠賢（魏進忠）。移宮案的主角雖然是西李，但為了給自己爭權、爭名分，她幾乎是獨自一人與廷臣展開了儲君爭奪戰。當時廷臣方面，有劉一燝、周嘉謨、楊漣、左光斗等一干死硬的衛道者，勇與謀兼而有之，再加上內廷有王安與之呼應，勢力甚為了得。可見西李當時面臨的壓力之大，幾乎不是她一個婦人能承受的。她除了內廷有幾個太監可供驅策之外，無人可給予支持。在幾次爭奪中，她又只顧耍蠻，屢屢失誤，錯失了不少良機，看起來好像氣勢很壯，實際上內心惶恐得很。李進忠（魏進忠）就是在此時，成為西李的重要智囊的。他不僅受命出面奔走，而且在關鍵時刻還能為西李指點迷津。他出的招，往往非常老辣，曾在不利之中為西李扳回了幾分。實際上嚴格來說，明史上之所以有這個移宮案，始作俑者，乃李進忠也。

李進忠為何要支持西李呢？這個問題，不應繞開不談。泰昌帝生前，西李有所依恃，既權勢顯赫，政治發展空間也很大。那個時候甘願為她奔走，可說是利益驅動。可是當情況出現逆轉，新皇帝就要即位，西李既不是儲君的生母，又不是儲君的嫡母，等於什麼名分也沒有。僅僅想以先帝遺孀的身分在未來政治格局中繼續發威，可能性非常小。她身邊的一夥內侍，受她的指使，拚命阻攔廷臣搶回儲君，大多是出於習慣。主子一時還沒倒，權力幻覺仍在，再加上太監集團天然對外廷的敵視，所以還想不到那麼多，都在死力捍衛李選侍。

「移宮案」大幕就此拉下，然而，仍有餘波未盡。接著發生了移宮案的一個附案——盜寶案。移宮之時，李進忠見西李大勢已去，便趁機策劃和指揮了深夜盜寶。

據李遜之《三朝野記》卷二《天啟朝紀事》記載：「（楊漣）聲徹大內……王安等從中恐嚇，選侍遂不及待侍從，手抱八公主（皇八妹）徒步以行，凡簪珥衾裯之屬，俱為群閹掠奪。踉蹌奔至噦鸞宮，選侍泣下。內侍李進忠、劉朝、田詔等乘機竊取內帑，王安發其事，命立行追究。」

據說，九月初四晚，李進忠弄熄了幾個路口的路燈，帶人開搬，趁黑也給自己藏了幾件。有的人因懷揣的贓物太多，走路不便，匆忙之中跌倒，撒了一地。因行動不密，被宮中警衛發覺，宮內外立刻傳開，朝議沸沸揚揚。

還有一個說法更為流行，是說李進忠和李選侍的心腹內侍劉遜、劉朝、田詔等人，見西李倉促移宮，便樹倒猢猻散，昔日的卑躬屈膝一掃而空，根本不顧主子如何，把西李的首飾衣服劫掠一空，又趁機盜竊內府財寶。有人因為太貪心了，衣服裡裝得太多，路過乾清門時一個跟鬥絆倒，被門衛發現。可巧，在這批人裡，還有一個叫「李進忠」的，與後來改名的魏進忠同名。

這可惹了大麻煩。新即位的朱由校得報大怒，吩咐王安追究，最後是將一干人都抓起來交到法司去了。唯獨李進忠脫逃，他見勢不好，躲到了魏朝那裡。

黃克纘時任刑部尚書，負責處理「盜寶案」。黃克纘雖然支持外廷迫使李選侍移宮，以保證皇位的順利交接，但不希望再生事端。因此，建議只要李選侍移宮，對其應加以優待，以顧全泰昌帝名譽，維持政局穩定。所以，在處置盜寶太監時，主張區別對待，主犯處死，其餘人犯從輕發落。

當時，盜寶太監自知罪責難逃，也寄望天啟顧及西李，能網開一面，力主移宮的楊漣也上疏：「移宮自移宮，隆禮自隆禮，必兩者相濟而後二祖列宗之大寶始安，先帝在天之靈始安。即本日緝獲罪璫，只宜殲厥一魁，無滋蔓引。大抵宸居未定，先帝之社稷附托為重，平日之寵愛為輕。及宸居既安，既盡臣子防危之忠，即當體皇帝如天之度」。（李遜之《三朝野記》卷二《天啟朝紀事》）天啟本意是借嚴厲處置「盜寶案」一干人犯的氣勢，警告西李不要圖謀干政，但又不肯留下「薄待先朝嬪妃」的口實，更不希望引起內宮、外延的紛爭。

抓起來的那一批人，在法司裡使了錢，倒還沒受太大苦，他們異口同聲說李進忠是主謀。據此，首輔方從哲等人上奏，要求將李進忠正法。

李進忠先是痛哭流涕，表示追悔莫及，求魏朝趕緊到王安那裡說情。

魏朝此時還沒識破他的陰險嘴臉，馬上行動。虧得魏朝在宮裡資歷長，腦袋還靈活，編了一套瞎話，說參與盜寶的是西李名下的另一個「李進忠」，不是此「魏進忠」。王安本就生性疏闊，視魏朝為心腹，這話也就把他矇騙過去了。加之前一段時間李進忠常給王安送人參，好印象還沒消失，王安也就高抬了一次手。

暫時喘口氣後，李進忠又找到平時關係很不錯的工科給事中李春燁、御史賈繼春、刑部尚書黃克纘等人，哭啼不止，大呼冤枉，求他們幫忙上奏申明。其中李春燁為他用的勁兒最大。如此一來，李進忠終獲解脫。劉朝等人系獄一段時間後，也都花錢打點，大多被赦免了。

李進忠就這樣躲過了一劫，但饒是如此，他的情況也很不妙。

由於在移宮事件中表現惡劣，李進忠遭到人們的譴責，對他的人品表示懷疑。大學士方從哲、劉一燝等上奏說：內官李進忠等輾轉相攀，株連無已。御史左光斗等則希望皇上將李進忠等「止法」。後來天啟帝本人在回顧移宮事件始末時，對李進忠的所作所為也頗為厭惡。在上諭裡起碼有三次提到這個「魏忠賢」（魏進忠），分別提到了：他為李選侍傳話說奏章要選侍看過才給嗣君看；先帝賓天日受選侍之命「牽朕衣」；以及最要命的「盜庫首犯」一事，隨時可能被重新提起。

這麼看來，魏進忠的上進之路，等於完全堵死了。移宮案，是魏進忠第一次登上政治舞臺的演出，不過，這一腳，登上的卻是賊船。上去容易，下來難啊！但使人難以理解的是，一年之後，天啟帝居然對魏進忠信任有加，並為他賜名「魏忠賢」，放手讓他專擅朝政，令人感慨系之。

移宮案與萬曆朝的梃擊案、泰昌朝的紅丸案一直是天啟朝爭論的問題，史稱晚明三大疑案。這三大案牽涉到萬曆、泰昌、天啟三代皇帝，但是以朱常洛為軸心人物。「梃擊案」梃擊的就是太子朱常洛，「紅丸案」吃了紅丸的也是朱常洛，「移宮案」則是朱常洛的寵妃西李選侍居占乾清宮。這三個案子雖說是皇帝家裡頭的事，但「三案」將朝廷注意力吸引到宮廷鬥爭，使朝廷不能將注意力集中到國家大政、要政上；而且加速了明末宦官魏忠賢專權，使本來腐敗、黑暗的明末統治更加腐敗、更加黑暗；更為重要的是「三案」成為黨爭題目。這樣以來，三樁案子的意義早已超越了「宮案」本身。

熊廷弼牽連案件

政治黑暗，忠良被害，大明江山岌岌可危

熊廷弼字飛百（亦作非白），號芝岡，湖廣江夏（今湖北武漢）人，出生於隆慶三年（一五六九年），死於天啟五年（一六二五年），享年五十六歲，是明末傑出的軍事統帥，有膽略，懂兵法和作戰方略，且善射，是個文武雙全的人物，為明末「遼東三傑」（熊廷弼、孫承宗、袁崇煥）之一。

熊廷弼少時家境貧寒，放牛讀書，刻苦強記。萬曆二十五年（一五九七年），熊廷弼獲得鄉試第一名的成績，第二年考中進士，「授保定推官，擢御史。」，盡釋被稅監王虎冤枉入獄者多人，並上撤礦疏，以能擢為監察御史。熊廷弼非常關心國事，對待下屬也極其熱情。然而熊廷弼「性剛負氣，好謾罵，不為人下，物情以故不甚附」，即性格暴躁，心胸狹窄，好意氣用事，盛氣凌人，不願為人下，因而在朝廷之中得罪了不少大臣。

遼東以北，明時稱「遼左」，古來為各遊牧民族部落的勢力範圍。明朝後期，生活在中國東北地區，牡丹江、松花江流域的女真族建州部崛起，並不斷發展壯大。其首領努爾哈赤逐漸統一女真各部，建立了後金（滿清前身）汗國。萬曆四十六年（一六一八年），後金侵占明遼東重鎮撫順，次年明四路出師討伐後金，在撫順附近的薩爾滸遭到慘敗，明遼東形勢發生危機，這時期熊廷弼坐鎮山海關，經略遼東，使遼東局勢轉危為安，於此做出了巨大貢獻。然而他卻被牽連進東林黨與閹黨的黨爭，為閹黨所害，未得善終。

經略遼東

在講述東林黨和閹黨的黨爭之前，有必要介紹一下當時遼東的局面，以及熊廷弼三赴遼東的情況，因為遼東之戰的慘敗，讓經略遼東的熊廷弼被逮治，直接成為閹黨陷害東林黨的入罪引子。

熊廷弼經略遼東可說經歷了三起三落。

萬曆三十六年（一六〇八年），熊廷弼第一次赴遼，是以御史巡按遼東。御史是正七品的官職，別看這個官職不大，但它的作用可不小，它的具體作用是代替天子整頓吏治。

努爾哈赤

到遼東之後，熊廷弼一反當時的官場積習，實地調查巡撫趙楫與總兵李成梁放棄寬甸新墾的八百里土地，徙居民六萬戶於內地，不應論功受賞，而是罪不容誅。同時還揭發了前任巡按何爾健、康丕揚的包庇行為。

在遼東諸多撫按當中，熊廷弼較早看出努爾哈赤對全遼的威脅。當時駐守遼東的將士經常襲劫女真的屯寨以邀功，往往引起戰端，熊廷弼為杜絕戰端的發生，主張「防邊以守為上」，也就是對女真以防守為上策，多修築城堡，建立鞏固的防線，與女真維持和平友好的局面。他還向朝廷建議，遼東有空曠的土地，「應使遼東八萬額軍的三分之一進行屯種」，就是利用軍隊屯田，受到萬曆皇帝的稱讚，並下令在遼東諸部推行。在遼數年，熊廷弼杜絕餽贈，整飭軍紀，核實軍費，按劾將吏，將遼東各地的大小貪官全部緝拿歸案，經過審理以後，悉數依律懲辦，致使當時的遼東官場風氣大為改變。

熊廷弼在遼東不僅為遼東的吏治問題盡心盡力，而且還通過瞭解民風，宣導民俗，為遼東百姓做了很多事情。《明史・熊廷弼傳》中記載了這樣一個傳說，熊廷弼到遼東正趕上遼東百年不遇的旱災，赤地千里，草木皆枯，田間顆粒無收，百姓流離失所。於是，熊廷弼就親自到一座城隍廟為老百姓求雨。他對城隍廟裡的城隍爺說，我限你七天之內必須下雨，你要不下雨，我就把你的廟宇毀了。說完，他就走了。七天過後，還不下雨，熊廷弼吩咐自己的親兵帶著工具和他一同去毀掉那座城隍廟。可是就在去往城隍廟的途中，突然天上下起了瓢潑大雨。

這個傳說，雖然把熊廷弼神話了，但也反映出熊廷弼敢於鬥爭、不畏強權的英雄氣概。後來，熊廷弼因為杖死諸生的事件，遭到朝臣們的彈劾而被免官調回。

萬曆四十四年（一六一六年），建州女真首領努爾哈赤在赫圖阿拉（今遼寧新賓附近）即位稱帝，建國後金。一個新的民族共同體——滿族——從此崛起，成為一支不可遏止的政治力量，並逐漸走向更廣闊的天地。萬曆四十六年（一六一八年）四月，努爾哈赤一舉攻陷遼東重鎮撫順，明廷震驚，方意識到「遼左覆軍隕將，虜勢益張，邊事危急。」

明廷對遼東的形勢缺乏正確判斷，高估自己的力量，小看了後金的力量，以為努爾哈赤像萬曆朝早期的蒙古部落勃拜、雲貴土司楊應龍一樣，只要明軍大兵壓境，勢必土崩瓦解。於是萬曆四十六年（一六一八年），明朝任命兵部左侍郎楊鎬為遼東經略，調集軍隊，籌措兵餉，準備進軍赫圖阿拉，消滅努爾哈赤。萬曆四十七年（一六一九年）正月，經過數月的籌劃，明朝動員了全國的人力、物力、兵力和財力，遼東經略楊鎬統帥號稱四十七萬大軍坐鎮瀋陽。二月，楊鎬命兵分四路圍剿後金，進行薩爾滸大戰。戰爭從三月初一至初五，歷時五天，努爾哈赤取得了決定性的勝利。明軍四路出師，三路覆滅，文武將吏死三百一十餘人，軍士四萬五千八百餘人，名將杜松、劉鋌均力戰身亡。

薩爾滸大戰後，動搖了明朝在遼東的統治，軍事力量一蹶不振，對後金只有招架之功，再無還兵之力。軍隊「堅甲利刃、長槍火器喪失俱盡」，將士「一聞警報，無不心驚膽喪」，「裝死扮活不肯出戰」，「各營逃者，日以千百計」。河東一帶，「赤地千里，芻粟一空，人馬倒臥，道路枕藉」。京師上下驚恐萬狀，「人心惟怯，談虎生變」，「大小臣工，無不駭愕」，「官吏士民以及商賈向寓京師者，卒多攜家避難而去」，「其間惶惶之狀，不能以旦夕待」。

萬曆皇帝將楊鎬正法，為挽回遼東敗局，朝廷以為熊廷弼熟悉遼東事務，起用他為大理寺丞，兼河南道御史宣慰遼東，不久又提升為兵部侍郎兼右都御史，取代楊鎬。據《明史》記載：

「四十七年，楊鎬既喪師，廷議以廷弼熟邊事，起大理寺丞兼河南道御史，宣慰遼東。旋擢兵部右侍郎兼右僉都御史，代鎬經略。」

當時方從哲為內閣首輔，朝政為浙黨掌控，而熊廷弼主守的策略與浙黨主張背道而馳，與浙黨是敵非友。楊鎬兵敗後，浙黨大受攻擊，起用熊廷弼實非其所願，屬不得已之舉。

於是熊廷弼第二次赴遼。熊廷弼接受任命之後，還沒來得及出京，開原（今遼寧開原縣）便淪陷了，他立即上書朝廷，指出「河東遼鎮腹心，開原又河東根本，欲保遼東則開原必不可棄。」他建議朝廷趕快派遣將士，備芻糧、修器械，收復失地。朝廷對他表示支持，並賜他尚方劍加重他的許可權。走到山海關，鐵嶺又淪陷了。

當熊廷弼來到遼東之後，遼東地區的情況真可謂是一派糟糕、悽慘異常：開原、鐵嶺「人逃之盡矣」；瀋陽、遼陽「民逃軍逃，將哭道哭，大小將吏，無不私蓄馬匹為逃走計者」；軍隊渙散，畏敵如虎，錢糧短缺，兵士逃亡。人們都認為遼東必不可保。

熊廷弼在這緊急關頭，頂風冒雪，兼程前進，他一路考察邊情，召集流亡，修繕戰具，嚴肅軍令，斬逃將劉遇節、王捷、王文鼎等人，用他們的首級祭祀死難烈士；誅殺貪將陳倫，罷免貽誤戰機的總兵官李如禎等。他利用暫時休戰的機會，督勵將士造戰車，治火器，疏通戰壕，修繕城池，做好禦敵的準備，數月之間遼東局勢有了轉機。

當時熊廷弼在進行這些工作的時候，是很困難的，這裡可以舉一個例子來說明。熊廷弼初到遼東，命令僉事韓原善撫慰瀋陽，他嚇得不敢去。接著又命閻鳴泰去瀋陽，而閻鳴泰只到達瀋陽附近的虎皮驛（瀋陽西南四十里），便慟哭而返。熊廷弼說，你們這麼懦弱，我去。於是熊廷弼親自前往巡視撫順，撫順被努爾哈赤打下後，毀城以後又撤了。總兵賀世賢認為距敵人太近有危險勸他不要去，熊廷弼說：「冰雪滿地，敵人估計我是不會來的」。果然，他在雪夜迎著月光，到撫順巡視，並安全返回。這件事情反映了熊廷弼有驚人的戰略眼光。

熊廷弼的作為，使努爾哈赤躊躇不前，「按兵不攻者歲餘」。但熊廷弼在遼東一直主張以「防守」為上策，這一政策也引起一些人的反對，他們認為在遼東趨於穩定的形勢下，應主動對後金進攻。明泰昌元年（一六二〇年）八月，後金進攻蒲河（撫順西五十六里）明軍損失七百餘人，朝中有人借此機會對熊廷弼進行攻擊，上奏他軍馬不訓練，將領不部署，人心不歸附，濫用刑罰……。接著又彈劾他出關一年多，漫無規劃，以致蒲河失守，隱瞞軍情不報。當時天啟皇帝剛剛即位，朝中派系複雜，黨爭加劇，反對熊廷弼的人蜂擁而出。御史馮三元羅列熊廷弼「無謀者八，欺君者三」，並且聲言「不撤掉熊廷弼，遼必不保。」熊廷弼面對這些攻擊非常氣憤，「遂繳還尚方劍，力求罷斥。」即繳還尚方劍，要求辭職。朝議商定之後，同意讓熊廷弼辭職，以袁應泰為兵部右侍郎兼前職，代為經略。

袁應泰也為浙黨，是文人出身，此人志大才疏，能說大話，「即刑白馬祭神，誓以身委遼」，擺出一副「不斬樓蘭誓不還」的架勢。但他是書生本色，水利方面十分在行，兵法武備卻非內行，指揮、治理軍隊對他來說實在是勉為其難。

袁應泰到了遼東，因視野所限，未能另創宏觀規劃，又鑑於熊廷弼治遼之規雖有成效，卻為主政黨人所不喜而得咎，故為自家前途計力圖迎合浙黨，將熊廷弼的策略更張。熊廷弼任經略時，執法嚴厲，軍隊整肅。袁應泰上任以後，以寬鬆政策待下，一改熊廷弼的嚴厲之風。他大肆收編對方的叛將、叛卒，以為拼湊起一支看起來龐大的隊伍，安插於遼、沈，「進謀進取」，其他在遼東的重要官員張銓、何廷魁、崔儒秀無論怎樣勸告他，他都充耳不聽。

經過休養生息後的努爾哈赤得知熊廷弼去職，覺得時機已到，於是於天啟元年（一六二一年）二月，傾後金之兵，分八路攻克奉集堡，揭開了遼瀋大戰的序幕。努爾哈赤靠內應協助攻陷瀋陽。袁應泰撤奉集、威寧諸軍力守遼陽，布陣城外迎擊，雙方激戰了五日，明軍敗退，遼陽城又告陷落。努爾哈赤取瀋陽為都城，野心已經不限於東北之一隅了，隨時可能揮師入關問鼎中原。袁應泰自知誤國，在城破前留下遺書，自刎殉國。

遼瀋一失，「河西軍民盡奔，自塔山至閭陽二百餘里，煙火斷絕，京師大震。」遼、沈西南二百餘裡，人民紛紛外逃，民宅一空，經月不見煙火，而其間七十餘城，亦不戰而下，遼東僅剩錦州一道屏障，遼東局勢更加危急。

遼、沈失陷的消息傳到北京，朝廷大為震恐，廷臣劉一燝憤慨地說：「設使熊廷弼在遼，局面決不至此。」熊廷弼守疆的功勞重新開始被人提起。東林黨人劉一燝、江秉謙等主張非熊

天啟帝

廷弼重出鎮遼，不能令遼局有轉機。天啟帝這時對熊廷弼的去職也深感悔恨，又想重新起用被罷官的熊廷弼。天啟帝於是下諭推許熊廷弼經略遼東一年，以「威懾夷虜，力保危城」，並親為洗冤，將攻擊熊廷弼的言官盡行貶斥，「帝乃治前劾廷弼者，貶三元、修德、應嘉、鞏三秩，除宗文名。」熊廷弼有前次的教訓，並不情願，幾番推辭。但天啟帝下詔勸慰，並曉以君臣大義。熊廷弼沒法，只得接受任命。

此為熊廷弼第三次赴遼，出征時，兵部尚書張鶴鳴設宴於北京城郊三十里外為他餞行，席間想對他有所囑託。若換作別人可能要裝出一副虛心接受的樣子請兵部尚書指示，但熊廷弼此次被召出關憋了一肚子氣，他心想，如果我一直在遼東按既定方針辦，不至於丟掉瀋陽、遼陽。於是熊廷弼對兵部尚書張鶴鳴沒好臉子，拍案大叫，今日不要談戰場上的事。一句話，把兵部尚書得罪透了，便想方設法報復熊廷弼。

明朝天啟元年（一六二一年）七月，熊廷弼趕赴遼東。熊廷弼力主防守，也善於策劃防守，但這回皇帝和朝廷對他的希望可不是守疆，而是收復遼瀋失地。於是熊廷弼提出了一個比較穩妥的「三方布置策」。

其一，「集馬步兵於廣寧，綴敵全力」，在廣寧用步兵及騎兵駐守，在遼河沿岸建立城堡，形成堅固的防線，用以牽制敵人；其二，「天津、登萊各置舟師，乘虛入南衛，動搖其人心」，在天津、登、萊設置水師，乘虛而入，從南面向敵人進攻，以分散敵人的兵力，動搖敵人的後方，敵人為保住巢穴必然撤兵回救，這樣遼陽可以收復；其三，借用朝鮮兵力。

這一策略，是積極的戰略防禦，朝廷雖急於收復遼瀋失地，但在遼東岌岌可危的情況下朝廷也只得同意了熊廷弼的主張。

但後來事實證明，熊廷弼這個三方布置策不切實際。第一，廣寧防後金，實際上沒有實行；第二，用水師來策應，策應不上，只能望梅止渴；第三，借用朝鮮兵力，純屬於一廂情願，所以他這三方布置策沒用上。

當時，熊廷弼還面臨最棘手的難題，那就是權力掣肘。袁應泰自殺後，明廷曾任命薛國用經略遼東，但他病不任事，一切權力都委託王化貞代為執行。王化貞，明山東諸城人，字肖乾。萬曆進士。由戶部主事曆右參議，分守廣寧（今遼寧北鎮）。王化貞守廣寧已有多年，頗有成績，「蒙古炒花諸部長乘機窺塞下，化貞撫之，皆不敢動。」

此次，天啟帝提升王化貞為遼東巡撫。巡撫是地方最高軍政長官，而經略，是戰事開始後才增設的，二者的統屬關係並無制度上的明確。熊廷弼上一次守遼東時，正好巡撫周永春被「言官追論開原失陷罪，遣戍。」所以算是身兼二職，尚無掣肘。這回問題來了，尤其對熊廷弼這樣的不知變通的性格，問題就更嚴重了。

此時王化貞擁兵十三萬鎮守廣寧，正與後金大軍對峙。王化貞利用職權，在遼河沿岸設置六營，每營設參將一人，守備二人，劃規地盤，置兵分守西平（遼寧台安縣南）、鎮武（今黑山縣東）、柳河（今新民縣西南）、盤山（今盤山縣）等城堡。熊廷弼到任後對其戍守策略多有指責，並企圖改變王化貞的軍事部署，遭到王化貞的抵制。於是熊廷弼上奏朝廷，朝廷命王化貞按熊廷弼的部署執行。

王化貞接到命令心有不滿，他便將一切軍務都委託給了熊廷弼，自己只管領兵。每年援軍到來，王化貞便給予這些軍隊以「平遼」的番號。熊廷弼不滿意：「遼人未叛，乞改為『平東』或『征東』，以慰其心。」熊廷弼認為「平遼」二字會引起遼人的不滿，以致傷害遼人的感情，要將平遼改為「平東」或「征東」，王化貞雖然遵命改正，但內心不服。熊廷弼一心實施他的「三方布陣」，名為復地，其實還是以守為主的穩健策略，但王化貞激進得多，他更熱衷於支持毛文龍，扶持蒙古勢力對抗後金。熊、王之間矛盾日益激化。

王化貞是很有背景的人，當時新任兵部尚書張鶴鳴，堅決支持王化貞。此年十月上任的內閣首輔葉向高與王化貞兩人有師生之誼，自然也偏向王化貞。或許是朝廷太需要遼東的勝利了，因此當時朝廷上下幾乎是一致支持王化貞的進攻。

王化貞認為只要明軍一渡河，遼河以東的人民必然紛紛響應，依靠蒙古虎墩兔四十萬大軍，並有明朝投降後金的叛將李永芳做內應，可以一舉蕩平後金。熊廷弼再三警告朝廷，遼人不可用、西部（指蒙古虎墩兔部）不可恃、李永芳不可信、廣寧多間諜，但沒引起朝廷的注意。

同時，兵部尚書張鶴鳴將遼東十餘萬大軍交給了王化貞統御，名譽上熊廷弼的職權在王化貞之上，實際上由他直接指揮的軍隊只有四千。這實在是個諷刺，熊廷弼被委以重任，其三方布陣的構思也曾經被認同，而實際上根本無法實施。王化貞急功近利的冒險戰略更為朝廷看重，經略成了傀儡指揮官。

王化貞在朝廷的支持下，率廣寧的官軍四萬，合毛文龍的兩萬餘人，先後五次出擊，卻都是無功而還。熊廷弼也被迫由山海關移鎮廣寧前線，但已被架空。他多次要求朝廷節制王化貞，但朝廷絕大多數官員根本聽不進去，反而要求王化貞不要受熊廷弼節制，而王化貞也上書朝廷，願請兵六萬，一舉蕩平遼東。

天啟二年（一六二二年）正月，努爾哈赤的部隊突然反攻，二十日西渡遼河，包圍西平堡，守將羅一貫城破被殺。王化貞聽信叛將孫得功的誘騙，貿然出擊決戰，結果導致一場慘敗。孫得功原想生擒王化貞邀功，幸虧王化貞在部將的保護下，棄廣寧倉皇而逃。至大凌河畔，王化貞遇到了熊廷弼，痛哭流涕，熊廷弼則微笑著說：「六萬大軍，一舉蕩平，何至如此？」

此時熊廷弼也無回天之力。他把自己的五千兵馬交王化貞帶領，殿後掩護，焚燒積儲後全線撤入山海關，將廣寧白白地拱手讓人。廣寧之戰使後金得以鞏固其在遼瀋地區的統治，而明朝實際上是喪失了整個遼東。

失敗的消息傳到北京，京師大震。廣寧城的失陷不僅是大明王朝的軍事悲劇，而且還是遼東經略熊廷弼的個人歷史悲劇。

王化貞全然不知軍事，想利用敵人，反而為敵人所利用，依靠間諜制敵，反而被間諜所利用，渡河決戰失利之後，敵人尚百里之外而倉皇放棄廣寧而逃。因廣寧失守，天啟二年（一六二二年）二月，遼東巡撫王化貞下獄待審，經略熊廷弼也被革職，打回原籍聽候處理。兵部尚書張鶴鳴不久也被罷免。

之後，朝廷馬上召開六部九卿科道會議，研究對遼東經略熊廷弼和廣寧巡撫王化貞的處理。當時比較主流的看法是王化貞功罪相等，熊廷弼有罪無功。熊廷弼本人則不以為然，甚至主動要求入獄受審。四月，刑部尚書王紀、左都御史鄒元標、大理寺卿周應秋三部共同審理此案，審理期間，熊廷弼堅持己見，態度也非常傲慢。倒是王化貞十分痛苦，痛悔自己的過失。三堂審理之後，將二人定罪入獄。

熊廷弼這樣的結局，多少有點代人受過。不過，連他自己也沒想到的是，他還成為了閹黨魏忠賢打擊楊漣、左光斗等東林黨人的工具。當時民間有一本名為《遼東傳》的書在市面悄悄流傳，多有稱頌熊廷弼的言論。於是閹黨向天啟帝進言：「此廷弼所作，希脫罪耳。」天啟帝大怒，下令將熊廷弼立斬，傳首九邊。傳首九邊就是將熊廷弼的頭顱割下來，然後從京師開始，依次傳到明朝的遼東、宣府、大同、延綏、寧夏、甘肅、薊州、山西、固原九個邊城。廣寧巡撫王化貞則被朝廷關進了牢獄，直至崇禎五年（一六三二年）才被處死。

遼東經略熊廷弼的遇害是明朝末年黨爭的一個縮影，而熊廷弼則成為了明末黨爭的犧牲品。

東林黨與閹黨之爭

提起明末黨爭，人們自然會想到東林黨；提起東林黨，人們就會想到東林書院。

東林書院創建於北宋政和元年（一一一一年），為當時著名學者楊時長期講學之所。楊時，字中立，南劍州將樂（今屬福建省）人。他在學術思想上以程頤、程顥為師，是二程學說的積極傳播者，號稱「龜山先生」。南宋初年，他被東南學者推為「程氏正宗」。楊時晚年，優遊林泉，以著書講學為事。因為楊時非常喜愛廬山「東林」景色，所以把他講學的地方取名為東林書院。又因楊時號「龜山」，故時人亦稱東林書院為「龜山書院」。楊時在東林書院講學達十八年之久，他離開後，後繼乏人，書院因年久失修而荒廢。

萬曆二十二年（一五九四年），吏部郎中顧憲成獲罪罷官，從北京回到家鄉無錫，與其弟顧允成、高攀龍等人同倡捐資在原址重興修復東林書院，並相繼主持其間，聚眾講學。顧憲成與顧允成、高攀龍、安希范、薛敷教、錢一本等八人發起東林大會，制定《東林會約》。他們服膺程朱理學，講學必求務實，標榜氣節，號召人們關心時事，為國盡力。顧憲成還親手撰寫了「風聲雨聲讀書聲聲聲入耳，家事國事天下事事事關心」的對聯，表達了把讀書、講學同關心國事緊緊地聯繫在一起，為學治世的積極態度。一時間，四方讀書尚學之人雲集，東林書院聲名遠播。

東林書院

東林講學之際，正值明末社會矛盾日趨激化之時。東林書院諸人目睹朝政日益腐壞，神宗貪婪麻木、不理朝政，於是顧憲成等人在「講習之餘，往往諷議朝政，裁量人物」。要求振興吏治，開放言路，革除朝野積弊，反對權貴貪贓枉法，主張重視農工商，要求減輕賦稅，墾荒屯田，興修水利，體恤百姓，加強在遼東的軍事力量，積極防禦後金的進攻。東林人士這些做法，既有鮮明的學術思想見解，又有積極的政治主張，在社會上引起了強烈的反響，吸引了許多關注時政的有識之士。被貶斥的正直官吏也紛至遝來，同時還贏得了朝中一些正直官員的欽佩。因此，東林書院復興以後不久，不僅成了一個著名的講學中心，而且也成了一個很有影響的政治輿論中心，為世人所矚目。而顧憲成的許多學生也走入官場，這樣就形成了一股較大的政治勢力。

那些反對東林書院講學活動的當朝權貴們，則將東林書院及與之有關係或支持同情講學的朝野人士籠統稱之為「東林黨」，加以攻擊詆毀。同時，一些與他們政治主張不同的在京官員也按地域形成了宣黨、昆黨、齊黨、浙黨、楚黨等。其中尤以宣、昆、浙黨為盛。那時所謂的「黨」，不同於今天的政黨，而是指政治見解大致相同、在政治活動中經常結合在一起的一批人。浙黨首領沈一貫、方從哲先後出任過內閣首輔；宣黨首領湯賓尹、昆黨首領顧天峻、齊黨首領亓詩教等均占據要津。他們為鞏固本派系的地位，爭論吵嚷，不以國事民生為重，一意結交皇室宦官國戚，結黨營私，排斥打擊異黨分子，尤其是聲勢日益浩大的東林黨。東林黨人也不善罷甘休，與朝廷中的腐朽勢力展開了殊死的鬥爭，最終演變形成明末激烈的黨爭。東林書院的主講顧憲成則以其卓越的思想氣度成為東林黨的精神領袖。

在泰昌帝的紅丸案中，東林黨人大獲全勝，並以其耿直剛硬、無所畏懼的品行贏得了不少大臣的尊重。隨著幾乎與紅丸案同時發生的移宮案進展，東林黨人以扶立天啟帝即位有功，受到重用。東林黨人紛紛登臺，布列滿朝，分據內閣、吏部、都察院及科（六科）、道（十三道）各部門。一些反對黨被迫引退，東林幾乎遍布朝廷，東林黨隊伍益加龐大，勢力大盛。

與此同時閹黨魏忠賢的羽翼也漸豐滿。

魏忠賢原名魏四，出身於河北肅寧（今河北河間）的一個貧寒農家，原為一市井無賴，大字不識，卻善於鑽營，由於繼父姓李，他淨身進宮後，改名李進忠，但因與太監魏朝認了同宗，又名魏進忠，後來很快攀上了大太監王安的關係，並結識了當時還是皇太孫的天啟帝朱由校。朱由校即位後，賜魏進忠世蔭，不久又晉陞他為司禮監秉筆太監，兼掌東廠，改名魏忠賢。

東林書院

天啟帝在位期間縱容客氏、魏忠賢，任他二人胡作非為。客氏是天啟帝朱由校的乳母，原名客印月，是保定府定義縣民侯二之妻，十八歲被選入宮中作朱由校的奶媽，朱由校對她的感情勝過自己的生母王貴妃。泰昌元年（一六二〇年）冬，朱由校即位不久就封客氏為「奉聖夫人」，給其許多特權，享受比生母、皇后還優厚的待遇。客氏見魏忠賢身材魁梧，與之開始了對食的關係。所謂「對食」，是宮中太監和宮女相好，結成名義上的夫妻關係。客氏原來與魏朝是對食關係，現在又改戀魏忠賢。

客氏與魏忠賢很快結成同盟，成為一黨，成為了後宮不可一世的力量，後人稱為「客魏」。王安等太監在後宮逐漸被排擠，客魏的權力覆蓋了整個後宮。但魏忠賢並不滿足，決心成為權傾朝野，名副其實的大太監。

天啟帝朱由校在明代帝王中是頗具特色的一個皇帝，他對政事毫無興趣，只喜歡木匠活。據文獻記載，天啟帝「性至巧，多藝能，尤喜營造」，「雕鏤精絕，即巧工亦莫能及」。他心靈手巧，對製造木器有極濃厚的興趣，凡刀鋸斧鑿、丹青揉漆之類的木匠活，他都要親自操作，整天與斧子、鋸子、鉋子打交道，而對於朝廷政務，不管不顧，成了名副其實的「木匠皇帝」。

面對這樣的主子，魏忠賢當然不會錯過這個良機，他常趁天啟帝引繩削墨，興趣最濃時，拿上公文請天啟帝批示，這時天啟帝總是厭煩地說：「朕知道了，你去照章辦理就是了。」明朝舊例，凡廷臣奏本，必由皇帝御筆親批；若是例行文書，由司禮監代擬批問，也必須寫上遵閣票字樣，或奉旨更改，用硃筆批，號為批紅。天啟帝潛心於製作木器房屋，便把上述公務一概交給了魏忠賢。魏忠賢藉機以聖旨為名，大施刑罰，排斥異己，濫行賜賞，擴充勢力，與朝堂上的一些文臣相勾結，逐漸將勢擴展到內閣、六部和都察院。

在魏忠賢的「努力」下，其羽翼豐滿，黨羽林立。文臣方面有崔呈秀等五人出謀劃策，號稱「五虎」，武將方面有許顯純等五人負責捕殺異黨，稱「五彪」，此外又有所謂「十狗」、「十孩」、「四十孫」等等，勢焰熏天。

隨著東林、客魏兩個水火不容的敵對勢力形成，與東林一貫不合的浙、昆、宣等黨為抑制東林，也紛紛投靠魏忠賢。魏忠賢本無知識，更乏謀略，只是歹毒陰狠，而三黨人物都是科考出身，頗具才能，他們的加入讓魏忠賢如虎添翼。他們沆瀣一氣，排斥異己，尤其將東林黨人視作眼中釘，必欲除之而後快。在這種情況下，東林與客魏的對立形勢迅速發生變化。

天啟四年（一六二四年），東林黨人副都御史楊漣上疏痛斥魏忠賢的二十四大罪，正式向魏忠賢下了戰書。這二十四大罪每一罪都切中魏忠賢要害，激憤之情，盈蕩其間。此疏一出，朝野振奮，被廣為傳抄，一時洛陽紙貴。東林人士紛紛上疏聲援，包括葉向高、魏大中、黃尊素、袁化中等七十餘人都敦請天啟帝斥逐魏忠賢。這標誌這閹黨和東林黨之間的鬥爭，開始進入白熱化、公開化、激烈化。

魏忠賢看到奏疏感到很害怕，急忙召集其黨魏廣微、王體乾等商議。之後，又去找客氏。客氏拉了魏忠賢去見天啟帝，一見面，魏忠賢便大哭不止，痛訴東林黨離間他們君臣感情，為使自己與皇上分離，竟散出謠言說他參與朝政，還誘使皇上不務朝政，並乞請自行解去東廠職務，說完更是痛哭流涕、悲泣不已。客氏從旁為他辯解，王體乾也極力為他辯護。昏愚的天啟帝偏聽偏信，寬慰魏忠賢，下旨痛責楊漣。魏忠賢就這樣逃過一劫，逍遙法外。

魏忠賢遭受這番彈劾後，對東林黨人的怨恨火上澆油，決心趕盡殺絕。從這年六月中旬開始，他開始了瘋狂反撲。

工部郎中萬燝繼楊漣之後第一個上疏攻擊客魏，魏忠賢正怒火中燒無所發洩，就拿萬燝開刀祭旗。他矯旨將萬燝在午門前廷杖，致萬燝被抬回家中不久就因傷勢過重死去。中書舍人吳懷賢在家中私讀楊漣的奏疏，讀到激憤處，情不自禁地擊節稱嘆，被錦衣衛偵知，逮捕入獄，活活打死。

幾場報復得心應手，魏忠賢膽子越來越大，決定將身在廷臣最高位的首輔葉向高拉下馬。葉向高是東林黨的最主要依靠，他為人光明正大，老成持重，外圓內方，處事不像楊漣等人過於激烈。魏忠賢以葉向高的外甥、御史林汝翥鞭笞手下為名，準備逮捕林御史。林汝翥事先得知，逃到遵化，魏忠賢遂派人圍住首輔葉向高的宅院大肆搜捕。明朝二百多年來，從未出現宦官圍攻首輔之事。葉向高自覺受辱太甚，上疏請辭。天啟帝極力挽留，魏忠賢卻矯旨應允。葉向高的離職，給東林黨帶來重大損失，使得原本在東林和閹黨之間的力量平衡迅速被打破。

葉向高倒臺後，魏忠賢開始指使手下制定東林名單，準備按名單逐一捕殺。其養子崔呈秀為其作了《東林同志錄》，列陳宗器等詞林部院卿寺等大臣，登名造冊，以供閹黨抓人有依據。閹黨心腹王紹徽又獻《東林點將錄》，以水滸一百單八將為藍本，並將《水滸傳》中梁山好漢的諢號各自加到東林人物頭上。如其「首領」為「天罡星」三十六人，托塔天王李三才、及時雨葉向高、浪子錢謙益、聖手書生文震孟、大刀楊漣、智多星繆昌期等；又有「地煞星」七十二人，包括神機軍師顧大章、旱地忽律游大任等。這兩部名錄為魏忠賢株連東林人物提供了依據。

熊廷弼與六君子

天啟四年（一六二四年）十月，閹黨核心人物、御史崔呈秀在巡按淮揚時貪贓枉法，左都御史高攀龍發現其貪賄情狀，上疏彈劾，吏部尚書趙南星議處崔呈秀充軍戍邊。崔呈秀跑到魏忠賢那裡哭訴求情。魏忠賢遂下手報復，將東林中堅趙南星、高攀龍罷職。兩人的下臺，讓東林黨失去了對吏部、都察院的控制，形勢更加嚴峻。

十一月，魏忠賢又以楊漣、左光斗與吏部左侍郎陳於廷勾結，在推選官員時「恣肆欺瞞，

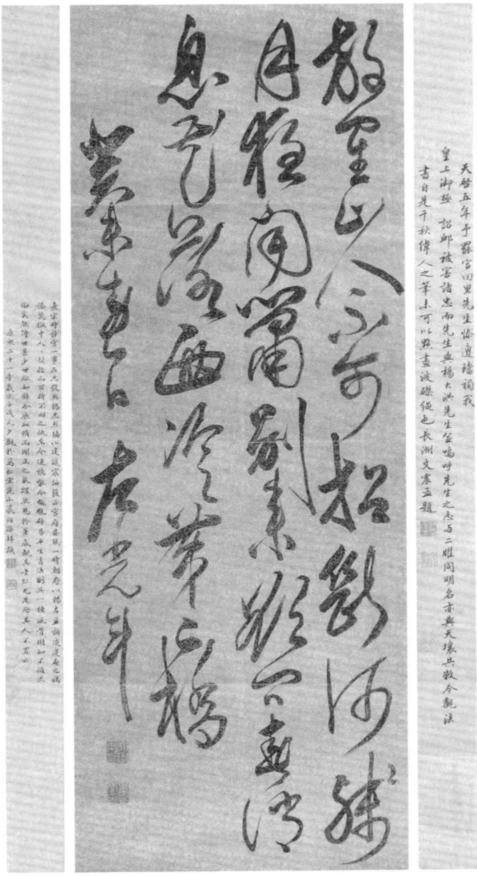

左光斗書法

大不敬，無人臣禮」為由，將楊漣、左光斗削籍。但僅僅削籍，根本不能解除魏忠賢的心頭之恨。他決定興起大獄，極力株連，將政敵東林黨派一網打盡。他物色到了一個不甚起眼的小人物，決定從他身上打開缺口，這個人就是汪文言，後面再來詳述。

我們回過頭來再說熊廷弼案，熊廷弼案當時又稱「遼案」、「封疆案」。熊廷弼經略遼東，因與遼東巡撫王化貞不和，造成明軍在與後金軍隊作戰中慘敗，結果丟了廣寧，使遼河以西大片土地被後金攻占。封疆失守，按照當時的律例要斬首。但是，因為熊廷弼和王化貞的問題，不是兩個人的問題，而是牽扯到朝廷裡面閹黨和東林黨的黨爭。

針對熊廷弼的處理過程，前後歷時三年半的時間，一開始是停職調查，接著革職回家，後來又下獄聽勘，然後論斬，最後傳首九邊。這個過程，恰恰是閹黨和東林黨之間鬥爭彼此消長的過程。

熊廷弼被下獄問斬，因為遼東失守不是他的主要的責任，所以想方設法找人暗地疏通關節，以求能保住性命，結果找到了時為內閣中書的汪文言。汪文言是個奇士，字士克，南直隸徽州府歙縣人。他本是一名布衣，沒有參加科舉，用銀子捐納了一個監生身分，做了縣令。他為人俠義，剛直聰慧，活動能力很強，有縱橫之才。他以監生身分入京後，結交了宮中的實力派人物王安、首輔葉向高等人。由於知道汪文言與王安關係非同一般，魏忠賢殺掉王安後就剝奪其當時監生的身分，並一度把他收監。汪文言打通關節出獄，憑藉昔日名聲廣游於朝官之間。汪文言曾用計破朝中齊、楚、浙三黨，深受葉向高的賞識，破格提拔他為內閣中書。就是這麼個小人物，誰也想不到魏忠賢會讓他承擔誣陷東林諸賢的大任。

汪文言為搭救熊廷弼，四處打通關節，最後七拐八繞，竟與魏忠賢搭上橋，並許以四萬兩黃金以換得熊廷弼不死。魏忠賢聽聞之下甚是高興，但熊廷弼為官清廉，「不取一文錢，不通一饋問」，就是不貪一分錢，不拿一文錢的賄賂，因此根本拿不出這麼多銀子。

這事如果放在別的貪官身上，拿人錢財與人消災，不見銀子不出手，也就罷了。但魏忠賢心胸狹隘，感覺被耍弄，心裡大為惱恨，便打定主意要將熊廷弼處死。並又由此想出一個毒招，反誣與他有仇的東林黨人接受了熊廷弼的賄賂，將他們從重治罪，以洩自己的私憤。

於是魏忠賢指使心腹梁夢懷上疏複劾汪文言，天啟五年（一六二五年）三月初五，汪文言被逮下鎮撫司獄。魏忠賢指使手下五虎之一的北鎮撫司許顯純嚴刑拷打汪文言，逼汪文言誣指楊漣受過熊廷弼的賄賂。

此前，天啟四年（一六二四年）四月，左光斗的老鄉阮大鋮想謀求吏科都給事中的職位。未想趙南星、楊漣、左光斗認為其性情浮躁，難當此任，改由本黨人物魏大中擔任，而讓阮大鋮擔任工科都給事中。阮大鋮惱羞成怒，唆使同事、浙黨人物傅櫆彈劾汪文言結納楊漣、左光斗，謀求官位。魏忠賢認為打擊東林時機已到，即刻將汪文言下詔獄，準備讓他誣攀東林黨人。

東林人士葉向高、左光斗、魏大中上疏反駁，認為證據不足。東林人物、御史黃尊素與掌管詔獄的鎮撫司指揮使劉僑相熟，囑咐其不要牽連他人。劉僑和東林黨人一向關係不錯，因而在審訊汪文言時，只將汪文言革職了事，沒有牽連楊漣等人。魏忠賢對劉僑感到很失望。這年冬，首輔葉向高致仕，趙南星被逐，楊漣、左光斗等削職，為完全控制鎮撫司，魏忠賢將劉僑撤職，改由心腹許顯純主持鎮撫司。

這次汪文言再次下獄，於是許顯純完全秉承魏忠賢意圖，嚴刑拷打，殘酷備至，欲讓汪文言以移宮罪牽連楊漣、左光斗，汙衊楊、左在處理李選侍移宮時「無人臣禮」。此前，魏忠賢為汙衊東林，指使手下大翻梃擊、紅丸、移宮三案，指斥東林挾私報復，逼迫宮廷，原先被東林否定的浙、宣黨人物和事件都被翻了過來。此時，魏忠賢又想以移宮罪處置楊、左。大理寺丞徐大化認為單以移宮罪牽涉東林黨，殺之難以服眾，就勸魏忠賢說：「但坐移宮罪，則無贓可指，若坐納楊鎬、熊廷弼賄，則封疆事重，殺之有名。」魏忠賢大喜，命許顯純以「封疆案」處置。魏忠賢將楊、左等人牽涉進封疆大案，誣陷他們收受封疆大吏的賄賂，為之開脫罪責，事關國家生死存亡，性質驟變，自然成為重案。

汪文言是條剛烈漢子，在獄中兩個多月受盡常人想像不到的刑訊，至死不攀誣諸大臣。許顯純力逼他指稱楊漣受熊廷弼之賄，汪文言仰天大呼：「哎！世上豈有貪贓的楊大洪（大洪是楊漣的別號）天下人誰信！」。許顯純又逼他誣指左光斗等人，汪文言憤然回答道：「你怎能用這種手段來陷害清廉之士！我死也不會承認的。」

汪文言不承認也不要緊，許顯純自己動手撰寫汪文言的「供詞」。汪文言從昏迷中醒了過來，睜開眼睛，緊盯著許顯純，說道：「就算你會要奸弄巧，我將來是要與你當面對質的！」許顯純為了弄假成真，當天就將汪文言拷打致死。然後抓住已經被打死的汪文言手指往案捲上「按手印」。

天啟五年（一六二五年）秋，按照許顯純所偽造的供詞，副都御史楊漣、金都御史左光斗，給事中魏大中、御史袁化中、太僕少卿周朝瑞、陝西副使顧大章等六人被捕入北鎮撫司獄，吏部尚書趙南星等十五人被撤職。

朝中群臣和民間百姓都知道這六個人的冤枉，逮捕楊漣時，幾萬人擁上道路為他送行。老百姓還用燒香拜佛、唸經祈禱的傳統方式，祝願楊漣能活著回來。逮捕左光斗時，桐城（左光斗的家鄉）的父老子弟攔住錦衣衛的馬匹，痛哭流涕，聲震原野。被派去執行逮捕任務的錦衣衛親兵也被感動得流下了眼淚。逮捕魏大中時，嘉善（魏大中是嘉善人）的幾千名鄉親哭著為他送行。

閹黨許顯純備極楚毒，嚴刑拷掠諸人。楊漣等人在獄中受到五毒（械、鐐、棍、拶、夾棍）備具的殘酷野蠻的刑訊。一開始，他們拒不承認強加給他們的罪名。其間，左光斗對同牢的人說：「閹黨殺我輩有兩法，乘我等不服罪，嚴刑致我們死地；其二，在獄中暗害我們，慢慢報稱我們是病死。不如我們現在先行認罪，執送法司，或可免於立死。」諸人覺得有理，就暫時忍辱招供，承認了受賄的罪名。魏忠賢早有準備，見他們已經屈打成招，就指使許顯純「追比」。所謂「追比」，又稱「杖比」，即犯人每次受杖刑，均定出下一次交出賄銀的日期，到時候交不出，又會再以大杖伺候。一般是每五日一比，犯人只能被迫說出下一次交銀日期。只要吐不出所承的受賄銀兩數目，就會五日一刑，無休止折磨下去。於是楊漣等人繼續遭受酷刑，根本沒有轉到司法部門處理，再求申冤昭雪的希望。

天啟五年（一六二五年）七月二十六日晚間，楊漣、左光斗、魏大中三人在詔獄中被牢頭葉文仲等人殺害。葉文仲等人將鐵釘從耳朵釘進他們的頭顱，在他們掙扎的時候，又把塞滿泥土的麻袋壓在他們身上直至身亡，其慘狀讓人不忍卒睹。為了向魏忠賢報功，許顯純用刀子剔出他們的喉骨，放在小盒子裡面，作為「驗明正身」的證據。不久，袁化中等人也相繼被殘殺。自此東林義士幾盡慘死，這便是歷史上有名的「東林六君子獄」。

魏忠賢一夥商議，人都死在詔獄裡，不好向天下百姓交代，不如移送法司定罪，用皇帝的名義公告於天下，才能使百姓無話可說。於是，刑部尚書李養正迎合魏忠賢的意旨，將六人判成死刑，魏忠賢則用「詔書」的形式公布了這一判決。

次年，魏忠賢又興大獄，要把已罷官歸鄉的七位東林黨人周起元、周順昌、高攀龍、繆昌期、周宗建、李應升、黃尊素害死。高攀龍聞訊後焚香沐浴，投池自盡，其他六人被捕至京。這六位東林黨人，也在獄中被殘害，史稱「東林後六君子」。

魏忠賢又命人編纂《三朝要典》，顛倒梃擊、紅丸、移宮三案是非，定東林黨人王之采、孫慎行、楊漣為三案罪首。至此，東林黨人被殺逐殆盡。魏忠賢總攬內外大權，自內閣、六部至四方總督、巡撫，莫不遍置死黨。

天啟五年（一六二五年）七月，閹黨以熊廷弼封疆失守和貪贓枉法等罪名將熊廷弼在北京西市斬首，並傳首九邊。其後，閹黨當廷杖死熊廷弼姻親、御史吳裕中。對於被害諸臣家屬，魏閹黨人仍不放過，繼續嚴刑求比。據史書記載，熊廷弼死後被抄家的時候，要他兒子兆珪交出貪汙的贓銀三十萬兩，結果拿不出來，被逼自殺了。熊廷弼八十多歲的老母，替他這個孫子辯護，當地江夏的知縣王爾玉為了討好閹黨，將其杖責四十，官員和百姓無不對王爾玉為之憤慨。

楊漣、左光斗等皆慘死於閹黨之手，而天啟帝絲毫不覺，甚至連高官楊漣被害多日，都不知道他已死。朝廷上正人君子殆盡，政治黑暗已極，大明江山岌岌可危，天啟帝就是將這樣一個爛攤子留給了繼位的弟弟崇禎。彌留之時，還不忘叮囑崇禎帝要重用魏忠賢。

崇禎元年（一六二八年），崇禎帝繼位後，除掉了客氏及魏忠賢，剷除了閹黨這個大害。崇禎帝還下詔免除對熊廷弼追贓的處罰。大學士韓爌、工部主事徐爾一等都上疏為熊廷弼申冤，崇禎帝才詔許其子將熊廷弼的屍體歸葬故里。但東林黨與閹黨的鬥爭仍未停止，直到明朝滅亡。

袁崇煥案

皇帝蒙受反間計，
愛國忠臣成了叛國賊

袁崇煥

袁崇煥，字元素，號自如，明末萬曆十二年（一五八四年）四月二十八日（六月六日）生於廣東省東莞縣水南鄉。袁崇煥是明末清初中國政治軍事舞臺上，一位偉大的愛國者、傑出的軍事統帥和著名的民族英雄。他在明末抵抗後金的戰爭中，成為當時叱吒一時的名將，然而這位偉大的人物卻有一個悲劇性的結局。

京城蒙冤

明崇禎三年（一六三〇年）八月十六日，時任兵部尚書、薊遼督師的袁崇煥橫遭不白之冤，被崇禎皇帝以「謀叛」大罪論死，慘遭磔刑。袁崇煥的兄弟妻子都被流放三千里，家產被抄。這是繼南宋高宗趙構冤殺岳飛之後，歷史上最令人扼腕嘆息的一起「自毀長城」冤獄，也可以說是中國古代史上的曠世悲劇。

明朝的刑法，《明史・刑法志一》記載有五種：一為笞刑，如鞭笞；二為杖刑，如廷杖；

三為徒刑，如監禁；四為流刑，就是流放；五為死刑，就是處死。死刑有兩種：一是絞死，二是斬首。凌遲、磔死都是五刑中死刑之外的酷刑。

磔刑是一種極端殘忍的刑罰，古代也叫寸磔，即割肉離骨，斷肢體，然後割斷咽喉的酷刑。俗稱剮刑。行刑方法，各代不同。具體做法是在法場立一根大木柱，綁縛犯人，劊子手用法刀，一片一片地剮受刑人的肉，先手足，次胸腹，後梟首。也有一寸一寸地將肉割盡，然後割生殖器，取出內臟，肢解屍體，剁碎骨頭。《六部成語》中說，磔刑是「碎磔之刑也，俗名剮罪也」，也就是民間所說的「千刀萬剮」。凌遲有割八刀、十六刀、三十二刀、六十四刀、一百二十八刀的，甚至還有割三千六百刀，袁崇煥所受的就是這種慘無人道的酷刑。

據張岱的《石匱書後集》中記載：「遂於鎮撫司綁發西市，寸寸臠割之。割肉一塊，京師百姓，從劊子手爭取生啖之。劊子亂撲，百姓以錢爭買其肉，頃刻立盡。開膛出其腸胃，百姓群起搶之。得其一節者，和燒酒生齧，血流齒頰間，猶唾地罵不已。拾得其骨者，以刀斧碎磔之。骨肉俱盡，只剩一首，傳視九邊。」就是說袁崇煥被凌遲的時候，從鎮撫司的監獄被捆綁著押到西市（西市就相當於今北京西四丁字街這一帶地方），然後由劊子手用刑，將袁崇煥身上的肉，一寸一寸地片割，鮮血淋漓，慘不忍睹。據《崇禎遺錄》載，當時哄傳袁崇煥謀反，由於一般的老百姓並不知道事情的真相，還以為真如詔磔所言，袁崇煥勾結後金軍，通敵賣國，故而當時是對袁崇煥恨之入骨。行刑的時候，有的人從劊子手手裡搶到一塊肉用嘴咬，有的人花錢買袁崇煥的肉，有的人爭搶剛開膛取出的腸胃就燒酒喝，鮮血從齒頰之間流下，還唾罵不已。還有的人沒有搶到或買到肉就把撿到的骨頭用刀或斧頭把它砍碎，最後只剩下了一顆頭顱。可見袁崇煥死時的慘烈。

按說袁崇煥絕對可以不受到如此殘酷的刑罰，他剛剛在京師保衛戰中擊退了皇太極的進攻，卻慘遭橫禍，被崇禎以「欺君通敵」的理由處死，這究竟是怎麼一回事呢？先讓我們從京師保衛戰說起，來一步一步地解開袁崇煥蒙冤被害的謎團。

崇禎二年（一六二九年）十月，後金大汗皇太極率精騎十萬，避開袁崇煥把守的錦遠防線，繞道察哈爾入長城，攻占遵化，直逼北京。

皇太極是努爾哈赤的第八子，在八大貝勒中排名第四，又被稱為四貝勒。這位四貝勒可不簡單，他二十歲帶兵打仗，三十五歲登極，是一位有著傑出政治才能和軍事才能的偉大人物，但這位四貝勒卻與袁崇煥有著難解的仇恨。

天啟六年（一六二六年）正月，皇太極的父親努爾哈赤親率十三萬大軍，西渡遼河進攻寧遠城。後金軍接連攻下右屯、大小凌河、杏山、塔山等八座城池，明軍遺留在右屯的糧食也被努爾哈赤掠獲，反而變成後金的軍糧。努爾哈赤一心要拿下寧遠，於是遣兵繞過寧遠，在距寧遠西面通往山海關的大路上五里處紮營。這樣，短短不到一個月間，後金軍隊就拿下寧遠周邊的城堡，使袁崇煥、滿桂駐守的寧遠城完全變成了一座孤城。此時寧遠城中的守軍不足兩萬。

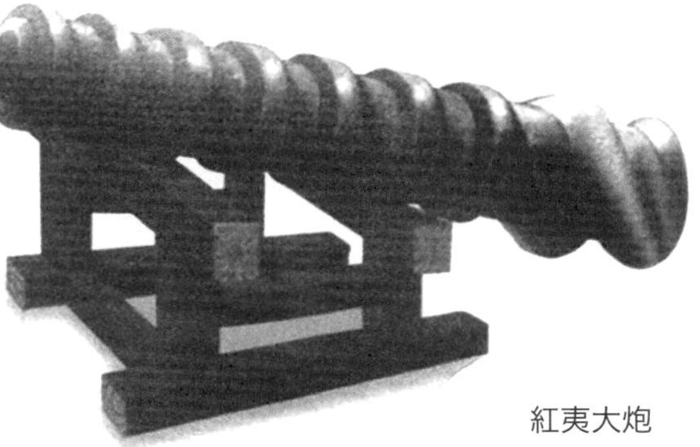
紅夷大炮

袁崇煥和大將滿桂、副將左輔、朱梅、參將祖大壽、守備何可剛等召集將士，發誓死守寧遠。袁崇煥寫了血書，用忠義來激勵將士，向他們下拜，將士們都誓師以死報效國家。於是明軍把城外的民房全部燒掉，把防守的器械帶入城中，堅壁清野，等待後金軍。袁崇煥還命人在城上架起紅夷大砲。紅夷大砲是明代後期傳入中國的，也稱為紅衣大砲。紅夷者紅毛荷蘭也，因此大部分人認為紅夷大砲是從荷蘭進口的，其實當時明朝將所有從西方進口的前裝滑膛加農炮都稱為紅夷大砲，明朝官員往往在這些巨炮上蓋以紅布，所以訛為「紅衣」。紅夷大砲威力巨大，據說，紅夷大砲一發，可傷數百人。在明軍猛烈的炮火下，努爾哈赤的軍隊攻城數日，俱被袁崇煥擊退。後金兵損失慘重，四員大將陣亡，據說努爾哈赤本人也被打成重傷。努爾哈赤對諸貝勒說：「我從二十五歲用兵以來，戰無不勝，攻無不克，何獨寧遠一城，不能下耶？」他見大勢已去，被迫下令解圍退兵。袁崇煥立即率領一部將士從城中殺出，乘勝追擊三十餘里。此役明軍大獲全勝，這次戰役，史稱「寧遠大捷」。努爾哈赤在寧遠敗回瀋陽後，當年八月，傷、病併發而死，時年六十八歲。袁崇煥則因孤城抗敵大勝受到朝廷的表彰，升為右僉都御史，而皇太極也因此事與袁崇煥結下了殺父之仇。

努爾哈赤死後，袁崇煥派手下都司等人攜禮物前去弔唁，以此試探後金虛實，並藉機與後金議和。此時後金軍正準備征討朝鮮，也想借議和來阻擋袁崇煥的軍隊，以便一心一意南下。天啟七年（一六二七年）正月，皇太極派使者答覆袁崇煥後，便大舉興兵渡過鴨綠江南下征討。

袁崇煥開始議和的時候，朝廷並不知道。及至奏報上呈，天啟帝用溫和的語句下聖旨准許了。後來又認為這做法不智，接連下旨禁止。袁崇煥想借議和收復故土，更加極力堅持。而朝鮮和毛文龍被攻打，科道官便說這是議和導致的。天啟七年四月，袁崇煥上疏奏明自己的真實意圖，明確說明了「和談」是利用緩兵之計，修築錦州等三城，鞏固關外的防禦。這個奏疏上去以後，雖然得到了明政府的肯定，天啟帝為此還下詔褒獎了他。但後來這和談一事，還是被閹黨殘餘用來作為攻擊陷害袁崇煥的一個口實。

到了天啟七年（一六二七年）五月，一心替父親報仇的皇太極發動了寧錦之戰。

五月十一日，皇太極率後金兵直抵錦州，把它四面包圍。袁崇煥在寧遠聽到錦州被攻的消息，立即派人通知平遼總兵趙率教堅守待援。趙率教和中官紀用環城守禦，並派遣使者議和，希望拖延敵軍等待援救。袁崇煥認為寧遠的兵不能動用，選派了四千精銳的騎兵，令尤世祿、祖大壽率領，繞到後金軍的背後作戰；又調集水師由海道向東出發，牽制敵人的後方。

金兵進攻錦州，趙率教一方面調集城中火器兵馬積極布防，一方面施行緩兵之計，與皇太極邊打邊談，皇太極想了許多辦法，一直攻城不下。後金軍圍攻錦州不下，轉而在二十八日分兵寧遠。袁崇煥和中官劉應坤、副使畢自肅督促將士登上女牆守衛，在壕溝內紮營，用炮反擊；而與後金軍途中遭遇後來到寧遠的滿桂、尚未出發的尤世祿以及祖大壽則出城大戰。雙方互有傷亡，滿桂中箭負傷。鏖戰一陣以後，明軍為了引誘敵人，退入城內，等金兵追到火炮射程以內時，就用大砲向金軍猛烈開火。金軍死傷很多，袁崇煥命令諸將分路追擊，使金兵大受挫折。皇太極沒有辦法，只好下令退兵回到錦州，與留在那裡的金軍會合，一起猛攻錦州城南。可是因為錦州城濠深闊，又值天氣酷熱，攻了幾次也沒有攻下，反被城裡明軍用大砲、火炮、矢石殺傷大量士兵。這樣一來，就使皇太極處於進退維谷的境地。最後，不得不在六月初五全部撤退，只毀了大、小凌河兩座城。至此，袁崇煥又取得了寧錦保衛的勝利。

寧遠、寧錦兩次兵敗的奇恥大辱，加上父親喪命的深仇大恨，使得皇太極不能善罷甘休。於是皇太極吸取上兩次戰爭失敗的教訓，採取了不與袁崇煥正面衝突的迂迴策略，繞過袁崇煥的防區分道進入龍井關、大安口，並攻陷遵化、遷安、永平、灤州四城，直逼北京。

這裡有個疑問，山海關是後金入關的必經之路，他們是怎麼繞到蒙古人的地界而到達內地呢？這裡有必要簡述一下當時蒙古的情況。

明朝末期，蒙古沿邊強大的部落有三個，分別是察哈爾、喀爾喀和科爾沁。科爾沁諸部一直與女真葉赫部聯合攻擊努爾哈赤，結果都被打敗了。努爾哈赤稱汗建後金國後，科爾沁便來歸附。薩爾滸戰役後，後金擊敗喀爾喀最強的宰塞，迫使喀爾喀五部聽命於己。

漠南蒙古的察哈爾部，駐牧於插漢兒（察哈爾，蒙古語為「邊地」），因此得名。其首領林丹汗是元太祖成吉思汗的後裔。林丹汗於明萬曆三十二年（一六〇四年）即汗位後，欲復祖業，著手統一蒙古各部，一度強盛，把漠南蒙古諸部置於統治之下。被征服的各部不堪忍受其統治，紛紛投後金請求庇護，引起林丹汗的恐懼與嫉恨，遂與明廷聯合抵抗後金。

皇太極繼汗位後，三征察哈爾的林丹汗，終於在天聰六年（一六三二年）秋天把林丹汗的察哈爾部完全擊潰。至此，漠南蒙古全部臣服於皇太極。努爾哈赤、皇太極在寧遠、錦州等地兩次遭受挫敗，本來蒙古諸部均有機會反叛擊走女真人，均因為內部分裂，喪失大好機會。喀喇沁三十六部蒙古人受察哈爾蒙古人擠逼，向明朝求助未果，便全體投附了後金。至此，察哈爾部不僅被孤立，明朝薊鎮邊外千餘里也頓失屏障。正是在蒙古人的引導下，皇太極才能深入明朝腹地，他邊收降殘餘的蒙古部落，邊撲至北京城下。

袁崇煥得到皇太極進攻北京的軍報，在先派出趙率教入援的同時，即刻急點兵馬，督率祖大壽、何可剛等入京護衛。在天聰三年十一月十日到達薊州，在所經過的撫寧、永平、遷安、豐潤、玉田各城，都留兵把守。不久，消息傳來，趙率教戰死，遵化、三屯營都被攻破，巡撫王元雅、總兵朱國彥自盡，後金軍越過薊州向西進發。袁崇煥心急如焚，在行軍途中兵不吃飯，馬不餵草（「士不傳餐，馬不再秣」），日夜兼程，終於趕在皇太極之前，到了北京，駐紮在廣渠門外。崇禎皇帝立即召見了袁崇煥，極力慰勞，諮詢戰守的策略，賜給御用飯菜和貂裘。十一月二十日，滿桂在德勝門、袁崇煥在廣渠門同時與後金軍隊開戰。滿桂退守德勝門，而袁崇煥率軍將後金兵擊退。因為時值寒冬，軍隊露宿，再加上缺乏糧料，兵饑馬餓。二十三日，袁崇煥入城覲見皇帝，請求像滿桂一樣，可以讓士兵入城休整，卻遭崇禎皇帝斷然拒絕。然而就在這樣極度不利的情況下，袁崇煥背依城牆，先後在廣渠門外、左安門外，打退皇太極軍隊的猛烈進攻。但京城內外，官民們面對來自後金軍隊的騷擾，對袁崇煥駐守薊遼而不能阻止後金軍隊於關門之外，怨言頗大。

在廣渠門、左安門兩次血戰以後，皇太極見袁崇煥營盤堅固，無隙可乘，只得暫時退兵。十一月二十七日，後金部隊退到南海子，沿途燒殺搶掠，企圖激怒袁崇煥出來決戰。但是袁崇煥就是紋絲不動，於是京城之中又開始有人說，這些建州韃子本來就是袁崇煥請來的，目的是使皇帝不得不接受他一向所主張的議和策略。並且還有些老百姓在城頭向城下的袁部騎兵拋擲石頭，罵他們是漢奸兵，說袁崇煥是賣國賊。皇太極見袁崇煥死活就是不出來決戰，又聽聞北京城內流言四起，於是與謀臣范文程密謀，準備實施反間之計，離間明朝君臣，以除掉袁崇煥。

恰好營中有兩個被俘的明朝太監楊春、王成德在押，皇太極就在他們身上打起了主意。他襲用《三國演義》中所講，周瑜利用曹操的說客蔣幹使曹操中反間計的手法，也準備利用這兩個太監如法炮製。據《崇禎長編》記載，後金兵駐南海子，提督大壩馬房太監楊春、王成德為後金兵所獲。第二天，皇太極一面命將楊春、王成德帶到德勝門外，指派副將高鴻中，參將鮑承先、寧完我和巴克什達海等，對他們加以監守；一面囑咐副將高鴻中、參將鮑承先，教他們如何進行反間之計。他命令高鴻中、鮑承先兩人夜裡潛回營中，趁天黑坐在這兩個明朝太監被困的營帳外。他們假裝酒醉，故意在談話中明示袁崇煥已經與皇太極有密約，準備裡應外合，攻取北京，城下之盟，很快可以成功。太監楊春、王成德假裝臥睡，傾耳竊聽。十一月二十九日，高鴻中、鮑承先又受命故意放鬆戒備，放走了楊春、王成德。楊春等在三十日逃回北京。回到紫禁城，楊太監將竊聽到高鴻中、鮑承先的密談內容，一一奏報了崇禎皇帝。崇禎是個猜忌多疑而又自作聰明的皇帝，他對於京城官民的傳言早有耳聞，加之對袁崇煥這種只守不攻的策略大為不滿，心中已經對袁崇煥起了殺心。如今一聽了楊春的彙報，當時惱羞成怒，他決定借「議餉」之名逮捕袁崇煥。

崇禎中了皇太極的反間計，於十二月初一，傳旨在平臺召見袁崇煥議軍餉。當時隆冬時節，大地冰封，袁崇煥率領的軍隊，露宿城外，缺衣少糧，此時聽到皇帝要議軍餉，當然求之不得。這裡面還要插個一塊麵餅的故事。袁崇煥治軍十分嚴明，在軍隊無糧無草，人饑馬疲的情況之下，仍明令不許官兵搶老百姓家的糧食充饑，不許砍伐老百姓的樹木點火取暖。但是有一個士兵實在是餓極了，就偷了老百姓家的一塊麵餅。袁崇煥知道後，為了嚴肅軍紀，含淚把這個士兵當眾斬首。軍隊缺餉已經成為當時的最大問題，袁崇煥急不可待地要入城「議餉」。有的軍官提醒說，這裡面會不會有別的事情？袁崇煥未加理會。

袁崇煥來到北京城下，北京這時是九門戒嚴，城門禁閉，城上用繩子吊一個筐子下來，袁崇煥就坐在筐子裡被提到城上。堂堂大明兵部尚書、薊遼督師，居然不能從城門進去，要縋城而入。袁崇煥到了平臺之後，崇禎皇帝嚴肅地坐在那裡，沒有議軍餉，而是下令錦衣衛將袁崇煥逮捕。這件事《明季北略》中有較詳的記述：「著錦衣衛拏擲殿下。校尉十人，褫其朝服，杻押西長安門外錦衣衛大堂，發南鎮撫司監候。」袁崇煥就這樣被下了昭獄。

袁崇煥雖然被捕下獄，但還不一定會被處死。袁崇煥的部將祖大壽，見皇帝如此無情，害怕遭到跟袁崇煥一樣的下場，於是與何可剛率領遼兵東返，離開戰場，出城後即擁兵向遼西奔逃。崇禎帝沒有辦法，只好叫袁崇煥在監獄裡寫了一封親筆信給祖大壽。叫祖大壽等要以忠義為重，以大局為重，聽從朝廷命令，團結一心，堅持抗金，決不可因為他個人的生死而輕舉妄動，不要危害抗金大業。因為害怕引起類似的兵變事件，崇禎帝在後金直接威脅北京、橫行關內的情況下暫時沒有對袁崇煥作出最後的判決。

得知袁崇煥被抓的消息之後，後金部隊立刻捲土重來，十二月初一攻克良鄉，緊接著迫近永定門。負責永定門防線的武經略滿桂原本打算採取袁崇煥的防守策略，但是皇帝不斷催促他出兵決戰，無奈之下，滿桂只得與總兵孫祖壽、麻登雲、黑雲龍等人率騎兵、步兵四萬列陣迎敵。這一戰從黎明開始打響，皇太極令部隊冒穿明兵服裝，拿著明軍旗幟，一時之間，明軍不分友敵，登時大亂，滿桂、孫祖壽全部戰死，黑雲龍、麻登雲被擒。

十二月初二，打敗了滿桂的部隊之後，皇太極決定一鼓作氣拿下北京。就在這時，接到袁崇煥書信的祖大壽、何可綱還兵救援。當祖大壽接到袁崇煥的獄中親筆信時，全軍都痛哭起來，祖大壽的老母親已經八十多歲了，當時跟兒子在一起，問明了大家痛哭的原因，就對大家說：「督師現在還沒有死，何不殺敵立功，再向皇上要求保住督師的命？」眾將士以為這樣做很對，當天就回師入關，奮勇殺敵，希望能用戰功來保住他們所敬愛的主帥的性命。此時經過一天的戰鬥，後金軍已經是人睏馬乏，而宣府、大同的勤王部隊也都逐漸向北京靠近，皇太極感覺自己的作戰意圖已經達到，於是下令取道冷口返回遼東。由於山海關、寧錦一線仍在明朝掌握中，加之後來的孫承宗禦敵有方，北京有驚無險。

後來，祖大壽在又在收復永平等四城的戰役中立下了相當的功勛。崇禎認為袁崇煥和他的部下還是願意抗金的，疑心稍微消釋了些，想再啟用袁崇煥，並且還說過「守寧遠非袁蠻子不可」的話。當兵科給事中錢家修上疏為袁崇煥伸冤時，崇禎也有「袁崇煥訊問明白，即著前去邊塞立功，另擬擢用」的批答。可見袁崇煥不但可能不死，而且還可能再次被任用。

但是，因為這個案件，除了敵人的詭計以及某些人對袁崇煥個人不滿以外，還被仇恨東林黨的人所利用，作為朝廷黨爭的工具，所以問題就變得非常複雜了。

黨爭之禍

後金退兵後，明廷開始審查袁崇煥一案。

袁崇煥蒙冤下獄之後，朝野群臣立刻分成兩派，以內閣首輔錢龍錫、大學士成基命、吏部尚書王來光為代表的挺袁派，接連上疏，希望能救出袁崇煥。袁的部屬、總兵祖大壽上書，願削職為民，為皇帝死戰盡力，以官階贈蔭請贖袁崇煥之「罪」，另一個部屬何之壁曾率領家中四十餘口，到北京來請求代替袁崇煥監禁，讓袁崇煥能夠去抗擊金兵。關外吏民聽到袁崇煥被捕的消息，更是天天到督撫孫承宗處哭號，請求代為申雪。

與挺袁派直接對立的是以內閣大學士溫體仁和吏部尚書王永光等為代表的殺袁派。這兩人本來就屬於閹黨的餘孽，其中溫體仁還算是毛文龍的老鄉。他們利用崇禎對袁崇煥的懷疑並且利用袁崇煥殺毛文龍以前曾和東林黨人錢龍錫商量過這件事為藉口，引其同黨御史高捷等人猛烈攻擊袁崇煥，誣稱他暗中與後金議和，擅殺毛文龍，引清兵入京，企圖興起大獄。他們商量好，指袁崇煥為「逆首」，錢龍錫等為「逆黨」，想再立一個「逆案」，和前述的「欽定逆案」相抵，對東林黨人實行打擊、報復、排擠，並乘機翻案，後因兵部尚書梁廷棟膽小，不敢出頭而罷。袁崇煥雖不是東林黨人，但已經成為他們所倚重的「長城」。這種關係，閹黨餘孽也是心知肚明。因此，閹黨餘孽、朝廷奸臣借袁崇煥案誣劾錢龍錫，製造錢龍錫案；又以錢龍錫案來鐵定袁崇煥案，並借此打擊東林內閣，以圖翻案奪權，重掌朝綱。

自從魏忠賢倒臺以後，崇禎大量任用東林黨人。當時連續擔任內閣首輔的李標、韓爌、成基命以及大學士錢龍錫、左都御史曹於汴等都是東林黨人。他們在崇禎二年（一六二九年），於崇禎的直接指揮下，主持確定魏忠賢逆案，把閹黨分子二百六十二人分為六等治罪，稱為「欽定逆案」，頒行全國。崇禎帝嚴懲魏忠賢閹黨後，「忠賢雖敗，其黨猶盛」，閹黨餘孽溫體仁、王永光、高捷、袁弘勳等，遍布京城。他們對正直的朝臣，既恨之入骨，又日圖報復。

崇煥下獄，正好給他們一個「欲以疆場之事翻逆案」的機會。因此，溫體仁和王永光這二人和其他閹黨餘孽高捷、袁弘勳、史范土等人，紛紛上疏主張殺袁崇煥。同時，他們大造輿論，講袁崇煥殺毛文龍是由錢龍錫主使，以袁崇煥案牽累錢龍錫。

毛文龍也是閹黨，浙江杭州人。在他生前，每年從朝廷領來上百萬的餉銀，大半不出都門，而由他送給有勢力的閹黨官僚。毛文龍本為明軍中級都司一類的官員，因援朝鮮而逗留遼東。明朝之所以重視毛文龍，實則想依恃他牽制後金，保衛朝鮮「友邦」不受後金吞滅。但毛文龍本人在皮島，完全是經營自己的獨立王國。他手中號稱幾十萬的「兵員」，其實絕大多數是明朝遼東難民。他不但謊報兵數，套取兵餉自肥，還不時與朝廷吹些大話，如他在天啟三年（一六二三年）曾上書兵部，說「得餉百萬，明年可以滅奴。」實際上他根本做不到。兩年之後，他又說：「兩年之間，有不平遼滅奴，復三韓之舊業，甘治欺君誑上之罪。」等等，通過此種手段他不斷地向朝廷要餉。此外，他還利用皮島的地理優勢和軍隊的特權，做些生意贏利，經營的商品中也有不少是違禁品。他還代朝廷徵收過往商賈的商稅，但不上繳。此外，毛文龍還不斷與後金密謀，想要襲取朝鮮，並為後金攻下山東。由於努爾哈赤突然病死，聯繫中斷，而毛文龍在皮島的兵民數十萬皆靠內地及朝鮮供給，他害怕自己被切斷供應，所以暫時未叛。

袁崇煥任薊遼督師後，對毛文龍冒餉、徇私以及潛通後金一事一清二楚，為了整肅軍紀，袁崇煥準備拿毛文龍開刀。崇禎二年（一六二九年）五月二十九日，袁崇煥以督師身分趕赴皮島附近的雙島。次日，毛文龍從皮島來船上謁見袁督師，袁崇煥虛意慰勞。六月初三，袁崇煥以閱兵為名登上皮島，暗示毛文龍告老還鄉，但遭到毛文龍婉拒。六月初五，袁崇煥歷數毛文龍十二大罪，用尚方寶劍把他殺了。

雖然袁崇煥的官階比毛文龍要高一點，但兩人都是三品以上的大員，都有皇帝賜給的尚方寶劍（對轄內三品以下的官員可先斬後奏）。袁崇煥斬殺毛文龍，卻是越權之舉。因為儘管袁督師有尚方劍，但是朝廷並沒有授予他殺總兵、殺左都督將軍的特權，何況毛文龍也有尚方劍！這一點袁崇煥本人也十分清楚，因此，他在誅殺毛文龍後，立即上疏為自己開脫，並向朝廷請罪。崇禎聽到這個消息，非常震驚。崇禎雖對袁崇煥先斬後奏的舉動不滿，但因重用袁崇煥，要依靠他實現復遼的宏願，於是溫和地下旨褒獎。不久，朝廷又傳諭公開毛文龍的罪狀，以安定袁崇煥的心。崇禎帝雖然沒有追究，甚至還「優旨褒答」，但心中難免疑慮。袁崇煥後來被崇禎所殺的命運，無疑與他擅殺毛文龍有很大的關係。

毛文龍被袁崇煥殺死以後，經常受他賄賂的閹黨殘餘失去了一筆重大的財源，當然恨袁崇煥入骨。於是閹黨分子採用各種卑劣手段，散布種種流言，安排重重陷阱，一定要坐實袁崇煥的叛逆之罪，置他於死地，以便進一步陷害東林黨人。他們用袁崇煥之事來攻擊錢龍錫說，不但袁崇煥斬殺毛文龍一事是由錢龍錫主使，與後金議和諸事也都是錢龍錫幕後指使，要求皇帝治其罪。為此雙方吵得不可開交。

袁崇煥案牽出錢龍錫案，使東林黨受到閹黨餘孽毀滅性的打擊。崇禎二年（一六二九年）十一月，孫承宗出鎮山海關；十二月，首輔大學士錢龍錫罷職；三年（一六三〇年）正月，首輔大學士韓爌致仕；三月，大學士李標致仕；九月，首輔大學士成基命辭職。而在這個過程中，閹黨餘孽周延儒、溫體仁等先後入閣，開始形成以周延儒、溫體仁為首的反東林內閣。這標誌著東林內閣垮臺，奸黨餘孽重新掌控內閣和六部。這樣以來，溫體仁之流更不能放過袁崇煥了。

此時，永平等四城已在五月中旬收復，戰爭形勢暫時穩定下來。因此，奸黨餘孽又利用這一時機，肆無忌憚地攻擊東林黨，想早點把袁崇煥殺了，把「罪案」確定下來。崇禎三年（一六三〇年）八月初六日，山東道御史史范士上疏，造謠說錢龍錫曾接受袁崇煥數萬兩銀子的賄賂。崇禎帝聞之大怒，令有關衙門五日內查明。

雖然當時朝臣十之七八瞭解袁崇煥的冤枉，但是因為溫體仁、梁廷棟等正得到崇禎的信任，為袁崇煥申冤的話說不進去；並且替袁崇煥申冤的人如御史羅萬爵等，又紛紛被加罪，大家都怕被加上「逆黨」的罪名，不敢冒險援救。這樣一來，袁崇煥就非死不可了。崇禎三年（一六三〇年）八月十六日，崇禎在平臺召見群臣，宣布處死袁崇煥，同時譴責錢龍錫私結邊臣，蒙隱不舉，令廷臣議罪。

袁崇煥死後，崇禎帝思前想後，總覺得錢龍錫沒有逆謀的跡象，所以，最終還是手下留情，沒有立斬。而是免錢龍錫死罪，戍定海衛。錢龍錫能從崇禎帝手中撿回一條命，也實在難得！

袁崇煥和錢龍錫都是黨爭的犧牲品，而在這場你死我活的黨爭中，崇禎帝卻站在了閹黨餘孽的立場上。這也標誌著崇禎新政的結束，中興之夢隨之破滅。

崇禎之所以殺死袁崇煥，歸根結底，也並非是上了皇太極的當這麼簡單。袁崇煥下獄是崇禎二年（一六二九年）十二月，處斬是三年八月，中間有近九個月的時間，如果要慎重審訊，反間不難破解。從袁崇煥所定之罪「擅主和議、專戮大帥」我們可以看出，皇太極的反間計只發揮促進作用，並不是此案的主體。

袁崇煥之死，有著多層面、極複雜的原因，最重要的是政治原因，皇太極的反間計則是其誘因，閹黨的排構是其外因，崇禎帝的剛愎暴戾則是其主因。此外，與袁崇煥致命的官場幼稚病及其孤耿廉直狂傲不羈的性格也有關係。

性格決定命運

袁崇煥在奏疏中，陳述自己的性格稱：「臣孤迂耿僻，原不合於邊臣舊格。」孤迂、廉直、耿僻、狂傲是袁崇煥重要的性格特徵；而年輕的崇禎皇帝則剛愎暴戾，褊狹、猜忌、刻薄是其性格的特徵。二人之間的性格矛盾，也決定了袁崇煥的悲劇命運。

崇禎即位之際，國家早已積重難返，國事日非，朝上「在廷則門戶糾紛。疆埸則將驕卒惰。」民間「兵荒四告，流寇蔓延。遂至潰爛而莫可救。」憂憤之中的崇禎，不免「臨朝浩嘆，慨然思得非常之材，而用匪其人，益以僨事。」愈是如此，崇禎的褊狹愈強烈。

到後來，崇禎發展到認為一切皆歸於「士大夫誤國家」。對身擔重責的大臣，崇禎通常是先寄予極大，甚至是超出實際的期望，一旦令其失望之後，又一變而為切齒憤恨，必殺之而後快。崇禎在位十七年中，總計殺了總督七人，巡撫十一人。十四個兵部尚書中，除三人外，都不得善終。其餘官員受到懲辦的尚有許多。

登基之初，崇禎帝對袁崇煥非常信任，命其以兵部尚書兼右副都御史，督師薊遼，兼督登、萊、天津軍務。袁崇煥守寧遠，兩次擊退兵力占絕對優勢的後金軍進攻。努爾哈赤本人也在寧遠城下受了重傷，以致不治身亡。有了這些資本，袁崇煥開始驕傲起來，並在崇禎皇帝和朝臣面前發表不切實際的言論。崇禎皇帝在平臺召見袁崇煥時，曾問他：「邊關何日可定？」崇煥回答：「臣受皇上知遇之恩，召臣於萬里之外，倘皇上能給臣便宜行事之權，五年而遼東外患可平，全遼可復。」袁崇煥在崇禎帝面前許諾五年之內可恢復全遼境土。崇禎帝聞言大悅。於是又賜給袁崇煥尚方寶劍，同時將滿桂、王之臣等邊臣的尚方寶劍收回。

實際上，明朝在軍事上對於後金已轉入戰略防禦時期，能守住遼西的寧遠、錦州數城，已屬不易，而談興復全遼，簡直是痴人說夢。這一點袁崇煥也心知肚明。對於遼東戰事他曾說過，「守為正著，戰為奇著，款為旁著」，也就是說，遼東的戰事，守為上策，輔以戰、和，才有望獲得轉機。然而，面對崇禎皇帝的眷顧，袁崇煥確實有些忘乎所以，以至於誇下「五年平遼」的海口。

事後，給事中許譽卿問袁崇煥：「你為什麼說五年可以恢復遼土？」袁崇煥說：「聖心焦勞，我作臣子如此說，聊慰聖心。」許譽卿責斥道：「皇上英明聰穎之君，到期後問你成效，你如何應付？」袁崇煥這才自知失言。為了亡羊補牢，免蹈熊廷弼、孫承宗受人掣肘的老路，袁崇煥於是向崇禎帝提了許多條件，如要求吏部、兵部、戶部、工部給他充分的人、財、物的支持，而且要求在用人調兵上一任所為，不得掣肘。這也就是袁崇煥提出要崇禎皇帝讓他「便宜行事」，並且不許朝臣干預乃至議論。崇禎皇帝當時就一口答應，並且下敕各部如言做到。朝中許多大臣對袁崇煥借皇帝重用之機，要脅需索，得寸進尺，最後竟想箝制言官的所作所為大為不滿。

袁崇煥把話說得太滿，崇禎平邊心切，也不顧是否可行，對袁崇煥的一味依從，使袁崇煥完全沒有了退路。五年平遼，即是生路；五年若不能平遼，必定是一條死路。此後接二連三發生的事情，使多疑的崇禎皇帝對袁崇煥不僅失去了耐心，也起了疑心。

遼東戰事並未像袁崇煥預言的那樣順利，於是他便想通過和議暫時中止後金凌厲的攻勢。還在天啟帝時袁崇煥便曾做過類似的和談，但他卻忘了當今天子崇禎帝是一位剛愎自用而又敏感多疑的君主。雖然當時得到了崇禎帝的認同，不過這種與皇太極關於和議的私下書信往來，是比較容易授人以柄，而且極易引發猜疑的事情。崇禎本人對議和的態度表面比較曖昧，但內心絕對反感。

而在這期間，又發生了袁崇煥擅殺皮島守將毛文龍的事件，在這一事件中，袁崇煥布置周密，而且先斬後奏，看似一勞永逸地解決了毛文龍專擅的問題。但是，對於明廷來說，或對袁崇煥自己來說，其實都是一個錯誤。崇禎皇帝的本意，自然是不想讓毛文龍死。王之臣、滿桂等人的尚方寶劍可以收回，而毛文龍的尚方寶劍卻不收回，也說明崇禎皇帝對於毛文龍的賞識與倚重。袁崇煥的擅殺，使朝中大臣議論紛紛。

封建君主往往患有猜忌的「職業病」，崇禎帝尤甚。臣下稍有「不遜」或「越權」行為，馬上視為侵犯君權，大逆不道，必欲置之死地而後快。崇禎帝又有虛驕之氣，每有失誤，群臣進諫，就認為觸犯了皇帝的尊嚴，加上「阻旨」、「藐抗」等罪名，橫加處罰。正因為如此，袁崇煥任性使氣殺了毛文龍，雖然加強了自己支配全遼戰局的權力，卻無疑也招致了崇禎帝的隱恨，而把自己一步步推向敗亡的深淵。

接下來袁崇煥在京師保衛戰中的失策，更加重了崇禎欲除掉袁崇煥之心。

崇禎二年（一六二三年）十月，後金軍隊繞開錦州、寧遠防區，從薊門大舉南下，進逼京師。袁崇煥本人則於十一月初五日率兵入關。按照當時總督京城防衛的大學士孫承宗的意見，明軍應當拒敵於順義、薊州、三河一線，而不應退守通州、昌平。照袁崇煥部將周文郁的意見，袁崇煥不宜入京，應該及時在京城週邊尋機堵截後金軍隊。但是，袁崇煥以京城安危為念，率軍直趨京城。本來，「時所入隘口乃薊遼總理劉策所轄，而崇煥甫聞變即千里赴救，自謂有功無罪。」不過，京都百姓和一些無知官員不懂這些國家政治軍事大事，只覺得既然是袁崇煥戍邊，敵大軍壓境，自是袁崇煥守疆有過，於是怨聲載道。一時間，謠言四起，說袁崇煥與後金有密約在先，故意引敵入關。在這種氛圍下，朝野上下不能不對他有所懷疑，再加上皇太極施用反間計，袁崇煥差不多是走上了一條死路。

崇禎帝殺袁崇煥，其中還有其更深刻的社會原因。

崇禎皇帝即位後，銳意中興，誅閹黨、定逆案，頗有一番新政。然而在他面前仍擺著兩個最棘手的難題：一個是農民起義。另一個就是遼東問題。而這兩者又是互相關聯的。

遼事不結束，對糧餉的加派不會停止，民不得不反；民變迭起，官軍不能一意東向，遼事更不易了結。崇禎皇帝將遼事重任委於袁崇煥，袁崇煥許以五年平遼，崇禎似已看到擺脫困境的希望。「已巳之變」後金鐵騎震撼京師，「五年平遼」已成畫餅，崇禎認定袁崇煥辜負其信任，有被欺之感。

而且明朝存續了二百七十六年，真正少數民族攻打到北京城下的只有兩次，第一次是正統十四年（一四四九年），蒙古瓦剌的部隊打到北京，俘虜了明英宗皇帝；第二次就是崇禎二年（一六二九年），皇太極率軍隊兵臨城下，廟社震驚。這對崇禎新政是非常沉重的打擊，對崇禎的威望及心理的打擊也是極其巨大的。

因此，身為薊遼總督的袁崇煥是難逃其直接責任的，於是崇禎皇帝把責任完全推給了袁崇煥，稱袁崇煥致「廟社震驚，生靈塗炭，神人共忿，重辟何辭」！不殺袁崇煥不足以謝天下，不足以慰祖社，所以，崇禎皇帝出於政治上的需要，必殺袁崇煥。袁崇煥成了皇太極入侵北京的一隻代罪羔羊。

由於袁崇煥的冤死，直接、間接地打擊了抗擊後金的軍民，削弱了明軍的軍事力量，使明朝「兵臨城下，而自壞萬里長城」，失去了真正能負起鎮撫遼東的棟樑，《明史．袁崇煥傳》說：「自崇煥死，邊事益無人，明亡征決矣！」。同時亦為後金進掠明朝江山搬去了大障礙。此後，東北防務大大削弱，後金軍幾次攻入關內，威脅北京。崇禎十七年（一六四四年）三月，以李自成為首的農民起義軍攻入北京。崇禎帝在煤山（今景山）自殺，宣布了明王朝的崩潰。

尷尬的平反

袁崇煥死後，「天下冤之。」崇禎非昏君，也在不停地反省，只不知他對冤殺袁崇煥是否也有過一絲悔意。崇禎八年（一六三五年）八月、十四年（一六四一年）二月、十五年（一六四二年）閏十一月、十七年（一六四四年）二月，崇禎先後四次下詔罪己。後來更一度避正殿，居武英殿，減膳撤樂，如不遇典禮之事，平日著黑衣理政，與將士共甘苦，至「寇」平之日為止，可惜時局已不可挽回。

程本直曾這樣評價袁崇煥的為人：「舉世皆巧人，而袁公一大痴漢也。唯其痴，故舉世最愛者錢，袁公不知愛也；唯其痴，故舉世最惜者死，袁公不知惜也。於是乎舉世所不敢任之勞怨，袁公直任之而弗辭也；於是乎舉世所不得不避之嫌，袁公直不避之而獨行也。而且舉世所不能耐之饑寒，袁公直耐之以為士卒先也；而且舉世所不肯破之體貌，袁公力破之以與諸將吏推心而置腹也。」

然而就是這樣一位忠貞廉潔的民族英雄，冤死後竟然沒有人敢替他收屍。那麼袁崇煥的屍首到底哪兒去了？據說，在袁公被殺當夜，袁公手下一位姓佘的義士冒著被滅族的危險把明朝打算「傳視九邊」的袁公頭顱從高高的旗杆上偷了下來，安葬在他生前和後金大戰過的廣渠門內，並且決心永遠守著這座墳墓。佘義士臨終前給後世子孫留下了遺訓：「不許再回廣東老家，要世世代代為袁大將軍守墓，二不許做官，三不許不讀書。從此，佘家後人開始了對袁崇煥墓的祕密守護，直到乾隆年間，守墓才轉為公開，他們也才得到世人的敬重。

袁崇煥的平反工作同樣經歷了艱辛曲折，甚至可以說是尷尬的過程。我們知道岳飛死後，事過二十年，由宋高宗的兒子孝宗為其平反；于謙死了八年之後，由明英宗的兒子憲宗為其平反。他們都在當朝平反。袁崇煥呢？卻是在他死了一百五十二年以後，由敵朝也就是清朝的乾隆皇帝替他平反。

根據《清高宗實錄》乾隆四十七年（一七八二年）十二月初四日記載：「昨披閱《明史》，袁崇煥督師薊、遼，雖與我朝為難，但尚能忠於所事。彼時主昏政暗，不能罄其忱悃，以致身罹重辟，深可憫惻。袁崇煥系廣東東莞人，現在有無子孫？曾否出仕？著傳諭尚安，詳悉查明，遇便覆奏。」

乾隆皇帝看《明史・袁崇煥傳》後說：「我昨天批閱《明史》，發現明朝袁崇煥督師薊、遼，雖然與我朝為敵，但卻能忠於所事。那時明朝主昏政暗，不能讓他盡其忠誠，以致身遭重刑，深可憫惻。」乾隆皇帝知道袁崇煥忠於明朝而被冤殺，於是命廣東巡撫尚安查尋袁崇煥後裔，加以撫卹。至此，袁崇煥的冤屈才漸漸為人所知。後來尚安回覆了，袁崇煥沒有後代，只好從他本家後裔裡找一個孩子來接續袁崇煥的香火。不久，乾隆皇帝又下聖旨，授其五世嗣孫為峽江縣丞。史料中也有一處記載說他有子，後來傳說黑龍江將軍壽山是他的後代。袁崇煥的兒子，

袁崇煥之墓

是有是無？是死了？還是蒙難時被人保護隱藏起來？現在仍然是一個歷史之謎。

以後，在東莞還專門建了袁崇煥祠，乾隆題了「忠於所事」匾額，何耘劬撰了一副對聯：「天命有歸，萬里長城空自；人心不死，千秋直道任公評。」嘉慶三年（一七九八年）九月，又令入祀賢良祠。

民國初年，北京建袁督師廟，廟內正中塑袁崇煥石刻像，石刻像上懸袁崇煥手跡「聽雨」一額。中共執政後，北京市人民政府在一九五二年採納李濟深、柳亞子、章士釗、葉恭綽、蔣光鼐、蔡廷鍇等人的建議，重修了袁祠、袁墓。

下面這首詩《臨刑口占》是袁崇煥被殺前所作，就讓我們以此來緬懷和永遠記住這位民族英雄吧。

一生事業總成空，半世功名在夢中。
死後不愁無勇將，忠魂仍舊守遼東。

曾靜投書謀反案

謀反奇案，成就驚世奇書

大興文字獄是封建統治者共同的嗜好，在中國的封建社會下不算什麼新奇事。而清朝是文字獄最氾濫的一個朝代，其文字獄的密度和株連之廣遠遠超過了以前所有朝代的總和，有案可查的就有一百七十多起。滿清的文字獄往往是有計劃、有目的針對一個民族的文化、異端思想做清洗和威懾恐嚇，常常是抄家滅族，祖先、子孫、連同眾多無辜者一起株連坐罪。

康熙、雍正、乾隆三代是清王朝的興盛時期，而三位元皇帝也都是製造文字獄的高手。其中發生在雍正朝的曾靜投書謀反一案，不僅是清朝一件充滿神祕色彩的案件，也是中國歷史上少見的離奇案件。此案不僅株連規模廣，治罪誅戮嚴酷，而且在處置上的「出奇料理」，更堪稱文字獄案中絕無僅有。

窮秀才策反總督

雍正六年（一七二八年）九月二十六日，當川陝總督岳鐘琪正乘轎抵總督署衙門前時，一個自稱張倬的人手捧書信攔轎阻道，聲言要親交總督岳鐘琪，並有要事與他講。岳鐘琪命隨員接過書信，見那書信封面上寫著「天吏元帥岳鐘琪大人親啟。」署名「南海無主遊民夏靚、張倬」。岳鐘琪甚為驚奇，於是將投書人交巡捕看守，急忙趕回總督署衙，拆書細讀。這一讀，岳鐘琪不禁大驚失色，原來是一封策反信。

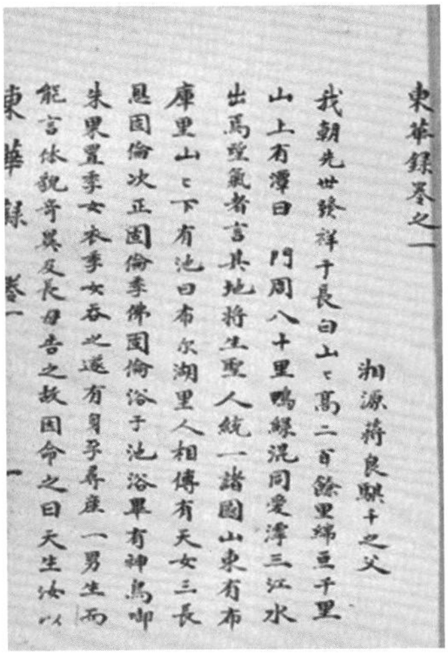
東華錄卷之一
湘源蔣良騏千之父
我朝先世發祥于長白山ミ高二百餘里綿亘千里
山上有潭曰 門周八十里鴨綠混同愛滹三江水
出焉堪輿者言其地將生聖人統一諸國山東有布
庫里山ミ下有池曰布爾湖里人相傳有天女三長
恩固倫次正固倫季佛固倫浴于池浴畢有神鵲啣
朱果置季女衣季女吞之遂有身孕尋產一男生而
能言体貌奇異及長母告之故因命之曰天生汝以
東華錄卷一

東華錄

信中內容大致有四個方面：一、列舉了雍正「謀父、逼母、弒兄、屠弟、貪財、好殺、酗酒、誅忠、好諂、任佞」的十大罪狀，譴責雍正是失德的暴君，根本沒有資格當皇帝；二、對雍正的繼位提出了嚴重質疑，還說雍正即位後，連年災害，民不聊生，這是他用陰謀詭計篡位帶來的惡果（所遭受的天譴）；三、認為滿人是「夷」，華夷之別，斷不可開，滿人皇帝和滿人統治都不合法，因此要反對清朝的統治。四、策反岳鐘琪，認為他作為大英雄岳飛的後人，不應效忠清王朝，應該利用手握重兵的機會，成就反清復明的大事業。

岳鐘琪看過信後驚懼交加，由於事情重大，岳鐘琪不敢耽擱，他將此信以最快的速度密報雍正，請求如何處理；與此同時，他又派人通知桐城的陝西巡撫西琳和按察司碩色來會審張倬，因為這兩個人是滿族，而岳鐘琪是漢人，他怕擔嫌疑，於是叫這兩個人來為他作證。

岳鐘琪行事如此小心謹慎並非膽小怕事，而是有他難言的苦衷。此時的岳鐘琪雖身為川陝總督，位高權顯，但川陝總督這個位置一向為滿族八旗子弟壟斷，岳鐘琪雖說是漢軍八旗出身，但仍難免被人嫉妒中傷，使得岳鐘琪在這個位置上險象環生、如履薄冰。

岳鐘琪原本出身於武將世家，祖父岳鎮邦曾任左都督、紹興總兵，他本人因在康熙末年平定西藏之亂時立下戰功而升為四川提督，雍正三年（一七二五年），因大將軍年羹堯事發，接替年羹堯出任川陝總督。當岳接任年羹堯受命川陝總督之際，直隸總督蔡珽立即向雍正奏本稱岳「不可深結」。並對岳鐘琪施離間計說：「怡親王允祥對你當上川陝總督非常不滿，你要小心皇上藩邸舊人傅鼐。允祥是皇上最信任的兄弟。」這樣的離間和挑撥，使岳鐘琪惶恐萬狀，自以為雍正對他擁兵自重而有所懷疑，使他終日惶惶不安。

而又因為岳鐘琪姓「岳」，而且還是當年抗金英雄岳飛的二十一世孫，這又給他招惹了不小的麻煩。一些人躲在暗處給雍正偷打小報告說，岳鐘琪是漢人民族英雄岳飛的後人，恐難對清廷忠心，搞不好他要推翻清朝為漢人報仇，這種人如何能重用？這還不算什麼，更讓岳鐘琪心煩

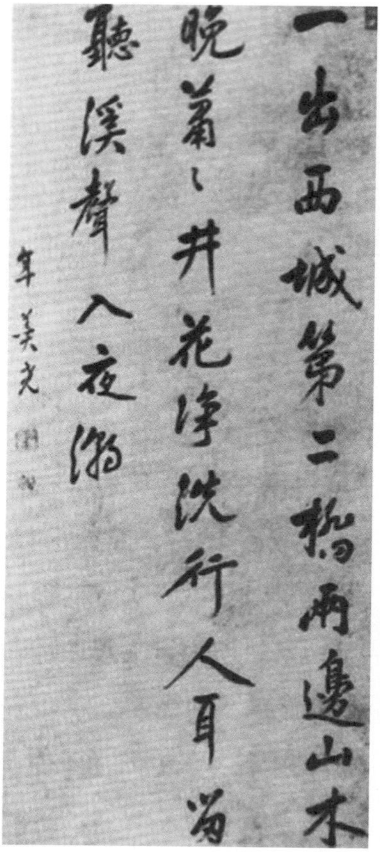

年羹堯筆跡

的是，就在他接到張倬投書的前一年，也就是雍正五年（一七二七年），一個名叫盧宗漢的人，沿街叫喊：「岳公爺帶領川陝兵馬要造反了！大夥一起反了罷！」這個滅門誅族的舉動，猶如晴天轟雷，使岳鐘琪大為惱火，他當即命提督黃庭桂將盧宗漢捉拿歸案，被當作瘋子砍了頭。

岳鐘琪的確是雍正的忠臣，他知道皇上對他恩重如山，即使效犬馬之勞也難報恩於萬一，更何況他自知不是雍正的對手。於是他將盧宗漢迅速處死後，向朝廷引咎辭職，但雍正對此頗不以為然，他不但沒有責怪岳鐘琪，反而大加撫慰說：「多年來，在我面前密參你的謗書足足有一筐之多，可我卻從無理會它。」並讓岳鐘琪繼續盡心盡職，對於如此的浩蕩皇恩，岳鐘琪感激涕零。誰知事隔一年，又冒出張倬投策反書一事，緣由裡仍有「岳飛之後」的託詞，這使岳鐘琪怎能不驚懼交加。

我們回過頭來再說西琳和碩色，二人接到岳鐘琪的通知不敢怠慢，立刻趕去總督府。他們到了之後，岳鐘琪就升堂對張倬嚴加審訊。審訊中投書人只說自己叫張倬，策反書是他的老師夏靚所寫，其他的便堅不吐實。岳鐘琪就開始動刑，重刑之下，張倬幾度昏厥，但仍然是沒什麼口供，岳鐘琪無可奈何，只得暫且退堂。

岳鐘琪給雍正上密摺，請求「恩准將張倬解送到京」，讓皇上親自處理。雍正認為張倬既敢攔駕投書，必定是一個亡命之徒。死都不怕，刑訊何用？因此在岳鐘琪密摺上硃批道：「此事在卿厲害所關，量卿不得已而然，但料理急些了。當緩緩設法誘之，何必當日追問即加刑訊？

伊既有是膽為此事，必是一亡命不畏死之徒，便解京亦不過如此審問。」岳鍾琪苦思冥想，悉心體會聖上旨意，又會同陝西巡撫西琳、按察司碩色磋商一番，終於商定了對付張倬的計策，隨即演出了一出與張倬盟誓之戲。

第二天，在提審張倬時，張倬被繩索捆綁押進了審訊庭堂，西琳暗躲在屏風後窺探審訊情景，岳鍾琪一改過去怒斥責罵的態度，笑容可掬地親自為張倬解下繩索，並讓座捧茶以禮奉侍，大加誇獎張倬是位英雄好漢，難得的仁人志士。岳鍾琪流著眼淚誠懇地對張倬說：「我岳某早有謀事反清意圖，只為處境艱難，不得已對志士動用刑訊，以圖掩人耳目，看你是真是假，不想兄弟真男子大丈夫，使兄弟受委屈了，請你體諒。」說著熱淚橫流，假裝發誓要與張倬結為盟友，共討滿清，光復漢室。

九月二十九日，岳鍾琪將導演的假戲「真做」，與張倬二人在密室（照例又拉一位滿洲大員祕隱屏風之後以竊虛實）焚香對天跪拜，叩頭泣血，結為金蘭之交，發誓風雨同舟，患難與共，並準備共舉義旗，迎聘夏靚為師，決心為推翻滿清為己任。在封建社會裡，一經發誓，結為金蘭，要比親兄弟更加信得過，要同心同德，共赴患難，同享富貴，若有違誓，會遭五雷轟擊的報應。岳鍾琪就這樣採取欺騙的手段取了張倬的信任。這個張倬是個山村未見過市面的讀書人，便信以為真，於是將實情向岳鍾琪和盤托出了。

原來這張倬真名叫張熙，是湖南一個偏僻鄉村塾師的學生。他的老師便是化名夏靚的撰信人曾靜。

曾靜是湖南郴州永興人，康熙十八年（西元一六七九年）生，出身貧寒，因應試屢次不第，於是閉門讀書、授徒，自稱「蒲譚先生」。他在家收了張熙、廖易兩個得意的徒弟。曾靜於雍正五年（一七二七年）曾派張熙去浙江購書，在呂留良後裔家訪求到呂的遺著手稿，其中有《備忘錄》、《呂子文集》。曾靜看到這些書稿，「始而怪，既而疑，繼而信」，特別是有關「華夷之辨」的論述，引起了曾靜強烈的反清共鳴，讓他讚賞不已。

「華夷之辨」是先秦時代就已有的思想。考古資料證明，至少在商代，華夏先民們就有了「華夷之別」的民族意識。例如著名甲骨文專家胡厚宣先生已經考證出早在商代就有「中國」意義的稱謂，即當時的商人就有五方而自己居中的概念，認為自己就是中國。而「中國」與「華夏」實際上表達的是同一個意思，它們都是與四方的「夷狄」相對立的概念，是華夏先民們將自己所屬的民族集團與夷狄戎羌等異族集團區別開來的民族和地理稱謂。

而在商代卜辭中頻繁出現「伐羌」、「（捕）獲羌」、「用羌幾人」、「征鬼方」、「征犬方」以及「伐孟方」、「伐夷方」、「征夷」、「征屍方」、「伐林方」等文字也是當時的商代人已有華夷之別的最好證據。卜辭中的「鬼方」、「犬方」相當於後來的「狄」，「夷方」則指東方的「夷國」，「孟方」、「林方」分別為東方的「於夷」、「藍夷」。至於「屍方」（古音「屍」與「夷」相通，周代金文也用「屍」稱「夷」），則包括了東方的所有夷人。

到了春秋戰國時代，中國進入了一個華夏族與四鄰地區的蠻夷戎狄等族民族大融合的新時期。《公羊傳》把整個社會分成兩大文化集團：「夷狄」與「諸夏」。春秋之世，「南夷」與「北狄」交侵。自平王東遷，一直到狄滅邢、衛，「戎狄」的勢力逐步東漸，威脅到周人的生存。對於這時的夷狄，《左傳》「蠻夷戎狄」連稱，《公羊傳》、《穀梁傳》「夷狄」連稱，足以說明三傳把「戎狄」置於與夷相同的地位上，並與華夏民族成對立之勢。管仲、齊桓公的「尊王攘夷」以及《公羊傳》的「夷夏之別」正是在這樣的前提下提出來的。

首先提出「華夷之別」的是管仲及齊桓公，他們在中原爭霸時以「尊王攘夷」為口號。然而當時他們只針對霸業出發，而真正確立「華夷之辨」及影響後世深遠的卻是儒家的始創者孔子。孔子說：「夷狄之有君，不如諸夏之亡也！」華夷之辨，後來成了儒家思想的精髓。孟子也曾說過：「吾聞用夏變夷者，未聞變於夷者也！」自古中國人，特別是讀書人，強調的就是用夏變夷，而不是用夷變夏。

孔子也盛讚齊桓公「救中國而攘夷狄」，稱其「正而不譎」；高度評價管仲輔佐齊桓公「尊王攘夷」、「一匡天下」、「民到於今受其賜」。孔子對他們在「中國不絕若線」之時，攘除夷狄，挽救了中國，免使中國淪為夷狄，給予了高度的評價。後世於是以就此為目標，嚴遵「華夷之別」。

儒家「華夷之辨」的主要內容是「貴華夏賤夷狄」，就是以華夏為貴，以夷狄為賤。貴華夏，就是要重視華夏的文明；賤夷狄就是鄙視、拒絕包括夷狄的服飾、髮型、風俗、語言等在內的文化。由此可見，「華夷之辨」其實是一種文化中心主義，以華夏優越的文化為中心，不斷把周邊、外來的文化同化。

「華夷之辨」的根本思想在於，它區分華夏漢族與外族的標準不僅僅是血緣或地域，還要根據其文明的程度，以其禮樂詩射書作為區分華、夷的準則。因此，華夷的地位可以互換，也就是說夷狄可以進為華夏。相反，華夏僭亂，亦可以退為夷狄。但是，有些人只根據血緣、種族或所居之地域來區分華夷，片面宣揚「華夏中心主義」，視異族、外邦為無文化的野蠻人，這種觀點實質上是一種狹隘的「民族主義」，帶有明顯的歷史侷限。而自清兵入關以後，在以呂留良為代表的中原傳統漢族知識分子中，所保留這樣一種「華夷之辨」的民族氣節，就是犯了這樣一個錯誤。

呂留良（一六二九至一六八三年），號晚村，浙江石門人。在當時雖然已經去世，但他彙編的《時文選評》以及他的一些著作，在當時流傳很廣，他的思想也對讀書人產生了很深的影響。呂留良在他的文集中說，這「華夷之辨」最重要的就是，華夷的區別要大於君臣的區別，也就是說在傳統的帝制社會，要講君臣之夷，但是首先你要看它是不是你的同族同類，否則就不必講君臣之夷。呂留良強烈的反清思想對曾靜影響很大，同時曾靜還與呂留良的學生嚴鴻逵、沈在寬等人有過交往。曾靜十分尊敬嚴、沈二位呂留良的學生，與他們志同道合，儼然如兄弟一般，此時曾靜已經四十九歲。曾靜學生張熙，是個反清更為激烈的極端民族主義者，師徒二人對於反清復明的事業一拍即合，謀劃著種種方案。

當時雖然雍正皇帝對岳鐘琪信任有加，但民間卻依舊在傳播岳大人和朝廷不和的流言。說岳總督非常盡忠愛民，曾上奏諫本，說些不知忌諱的話，勸皇上修德行仁，皇上對他感到非常懷疑，怕他威重權高，對朝廷形成威脅，屢次召他進京，要削奪他的兵權，並傳說要殺掉他。岳總督非常害怕，連召幾次，他都不敢進京。皇上見他死守任上，不肯進京，越發對他疑忌。因他是大學士朱軾保舉推薦的人，於是令朱軾召他進京。岳鐘琪不得已才同朱軾一同進京面聖，並向皇上奏說用人莫疑，疑人莫用等語。皇上聽到這個諫議，也就不計前嫌，仍派他回陝西繼續任職，但岳鐘琪要求有人保他他才肯去。皇上問朱軾，朱軾不願再保；又問九卿大臣，九卿大臣也不敢保；皇上就親自保他去了。

岳鐘琪出京門才四天，朝中就有一大臣向皇上奏了一本，說朱軾不保他，是和他暗結私黨，裡應外合預謀造反，等到朱軾到他任上保他，他才消除疑慮，欣然進京，這足可證明他同朱軾是同黨合謀。今日回陝西，本來朱軾是原保舉人，照理應該去保他，可是他推卻不保了，這是朱軾脫身之計。聽了這一番話，皇上十分後悔，對岳鐘琪疑忌更深了，於是馬上派遣一個叫吳荊山的朝廷官員前去追趕岳鐘琪，讓他趕快回京，岳鐘琪不從命。這朝官吳荊山沒有辦法，就在路上自刎。岳鐘琪回到任所之後，隨即上了一道本章，說了皇上的很多不是之處。總而言之，民間都認為岳鍾琪一定會在某個恰當的時機起兵造反，把滿人趕回山海關外去。

曾靜聽到這些傳聞，以為舉事反清的時機已到，於是他就修了一封書信，讓他的子弟張熙去策反岳總督。據張熙自己說，曾老師派他和他的堂叔張勘一起去送策反信。臨走之前，因為家裡窮沒有路費，張熙便把自己僅有的一點家產當了作路上的盤纏，一路曉行夜宿，風塵僕僕途經貴州到四川，聽四川人講岳鍾琪已回駐西安，便由四川追蹤到陝西。到了雍正六年（一七二八年）的九月十三號，張熙二人到了西安。他們在社會上一打聽，岳鍾琪是當今皇上重用的封疆大臣，皇上非常寵愛他，所謂岳鍾琪跟皇上存有芥蒂，純屬編造的謠傳。二人聽後，頓時像洩了氣的皮球，心灰意冷，張熙的堂叔心裡害怕，便丟下張熙，一個人跑回了老家。堂叔走後，張熙勢單力孤，正也想打退堂鼓，但又想自己變賣家產，好不容易來這裡一趟，要是不把策反信投出，不但前功盡棄，自己也心有不甘。於是他便鼓起十二萬分的勇氣，冒死投了這封策反信。

張熙將事情的來龍去脈向岳鍾琪講述了一遍，並說你如果同意反清，他的老師曾靜可以在地方上一呼百應。岳鍾琪立刻將這一結果再次密報給雍正，雍正對岳鍾琪的做法非常滿意，他硃批道：「覽虛實不禁淚流滿面，卿此一心，天祖鑑之……，朕與卿君臣之情，乃無量劫之善緣同會，自乘願力而來，協朕為國家養生者，豈泛泛之可比擬，朕實嘉悅之至。」雍正激動得淚流滿面說：「岳鍾琪實朕股肱心膂之大臣。」「唯知有國，不知有身。」雍正對岳鍾琪大加獎勵，使岳鐘琪「感泣悚惶，驚喜交迫」，為查明此案作了精神力量的基石。

與此同時雍正帝已經命令湖南巡撫王國棟抓到了曾靜，並派刑部官員到湖南會審曾靜。曾靜雖有反清復明之意，但畢竟是一介書生，且也沒有自己學生張熙的那種骨氣，一頓大刑之後，便把什麼都招了出來。曾靜供稱，他的「華夷之分大於君臣之倫」的反清排滿言論來源於呂留良的《呂晚村文集》。岳鐘琪也把這一審訊的結果密奏給雍正，並且建議雍正帝應該立刻派人把這呂氏一門的家人都抓起來。

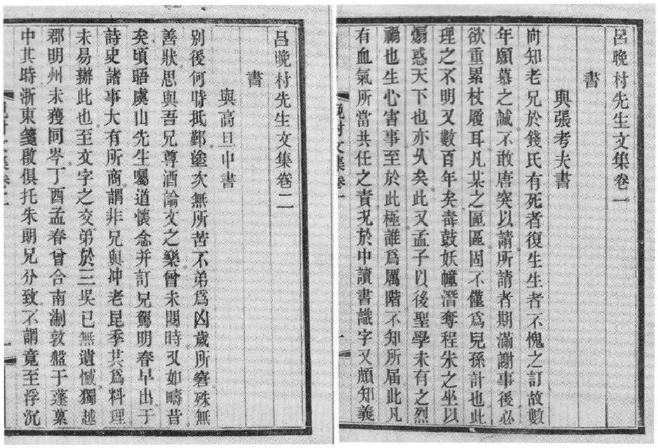

呂晚村先生文集卷一
書
與張考夫書
向知老兄於錢氏有死者復生生者不愧之訂故數
年願慕之誠不敢唐突以請所請者期滿謝事後必
欲重累杖履耳凡某之區區固不僅爲兒孫計也此
理之不明又數百年矣毒鼓妖幢淆奪程朱之坐以
煽惑天下也亦久矣此又孟子以後聖學未有之烈
禍也生心害事至於此極誰爲厲階不知所届此凡
有血氣所當共任之責况於中讀書識字又頗知義

呂晚村先生文集卷二
書
與高旦中書
別後何時抵鄞途次無所苦不弟爲凶歲所奪殊無
善狀思與吾兄尊酒論文之樂曾未闋時又如疇昔
矣頃晤廣山先生囑道懷念并訂兄駕明春早出于
詩史諸事大有所商謂非兄與冲老昆季其爲料理
未易辦此也至文字之交弟於三吳已無遺憾獨越
郡明州未獲同岑丁酉孟春曾合南湖敦盤于蓬藁
中其時浙東錢啟俱托朱朗兄分致不謂竟至浮沉

呂晚村先生文集

雍正接到岳鐘琪十月初二的奏摺後，分別於十月、十一月派副都統海蘭、刑部左侍郎杭奕祿為欽差，急赴湖南，並命令湖南巡撫王國棟、浙江總督李衛、江南總督范時繹，將涉案的一干人犯全部拿獲。

拿獲的人犯有曾靜的好友、原永興縣教諭劉之衍，劉之衍的學生陳立安，陳立安的兒子陳達，曾靜的學生張勘、曹珏，張熙的哥哥張照，同曾靜一樣崇拜呂留良的七十二歲譙中翼，譙中翼的兒子譙大谷，張熙旅途相識的毛儀、車鼎豐、車鼎賁，張熙稱其學問好（其實並未見過面）的孫用克，以及呂留良的兒子呂毅中、呂黃中，長孫呂懿曆，嚴鴻逵（呂留良的學生，當時已死）的學生沈在寬等。前後數十人鋃鐺入獄，一百餘人受到牽連。

關於曾靜一案，還有一件十分可笑的事。杭州一個監生陳銓，在群眾中吹噓自己認識張熙，以誇耀、抬高自己身分，官府聽說後就把他抓了起來，結果陳銓又亂供與江西人呂東陽有往來。浙江總督於是通知江西省，抓捕呂東陽到案。結果江西錯抓了一個叫呂學一的人，呂學一怕受刑，無中生有地供出直隸、山東、江蘇等省的同黨，於是江西便發文照會各省，大加搜捕。後來呂學一被押送杭州，才審出全是他胡編亂供，於是將其釋放；又通知江西火速撤銷往各省搜捕同案犯的公文，演了一出虛驚的鬧劇。從這裡也可看出，清政府各級官員，對呂留良、曾靜一案，已緊張到草木皆兵的地步，以及在辦案審問中的諸多弊端。

案情基本上已經明朗，岳鐘琪和海蘭、奕祿通過密摺通報給了雍正皇帝，雍正則下令將曾靜等人一律解送北京。雍正還特意叮囑，一路上要妥善對待曾靜這些人。顯然，雍正對此案的處理，已有成竹在胸。

出人意料的結局

曾靜、張熙被押到京城後，按照清律規定這類罪犯要被淩遲處死。可是這個時候的雍正皇帝，卻別出心裁，反歷代皇帝處置欽犯的常例，對曾靜、張熙進行了出奇的料理。

雍正皇帝不但免罪釋放了曾靜、張熙，還讓他們戴罪立功，到各地去現身說法，清除流毒；而對已死的政治思想犯呂留良卻要剉屍梟首，他的長子呂葆中、學生嚴鴻逵也要刨棺戮屍，梟首示眾。其他受株連的依律嚴刑懲處。雍正還降諭子孫後代：「朕之子孫將來亦不得以其詆毀朕躬而追求誅戮。」

對於雍正的出奇料理，九卿大臣大跌眼鏡，甚為不滿，紛紛上書要求嚴懲曾靜、張熙等謀反人，以平臣、民之憤。

為此，雍正特意下了諭旨，在乾清宮召見諸大臣，向大家解釋他這樣做的理由。雍正說：「諸臣聯名請求處死曾靜、張熙。他們大逆不道，確實是從古以來，史冊上沒有記載過的。以犯罪情節而論，萬萬不能赦免。但是朕之所以不殺他們，實是內心有自己的想法。去年曾靜的門徒張熙，化名投書給岳鐘琪。岳鐘琪突然遇到這事，既憤怒又驚慌，來不及謀劃，便邀請巡撫西琳、臬司碩色，坐到密室裡面，把張熙嚴加審訊追根，問他是受誰的指使。張熙不肯供出真實姓名，隨即又用刑拷問，而張熙寧死不肯吐供。岳鐘琪沒有辦法，過了二三天，費了許多心計，曲折引誘，通過答應與張熙一齊謀事，並聘請他的老師，與張熙在神前結盟設誓，張熙才開始把姓名一一供了出來。那時岳鐘琪把這些情況奏報上來，朕翻著奏摺之後，為之感動。岳鐘琪忠心為國，揭發出了隱匿的奸惡之人和事。假如朕曾經和別人在一起盟神設誓，那麼今天亦不得不委曲求全，以期能不辜負以前的誓言。朕洞察岳鐘琪的用心，如果不把岳鐘琪當成一體股肱來對待，心中實在於心不忍。」

雍正的意思是說，曾靜從他這種謀反的行為來說，他確實罪不容誅。但當初之所以能夠獲得曾靜一案的線索，是因為岳鐘琪與那個張熙曾經設誓，所以從這一層的角度講，不便於讓岳鐘琪背一個違背誓言的惡名。

雍正帝又講：「再說曾靜等人都生活在偏僻鄉村，受流言蠱惑，其捏造謠言的人，實是阿其那、塞思黑（雍正兩個的兄弟，在爭奪皇位的鬥爭中失敗。雍正出於對允禩和允禟這兩個人的憤恨，給允禩和允禟都起了外號。允禩的外號叫阿其那，有人說就是狗的意思。而允禟的外號叫塞思黑，據說是豬的意思，或者是討厭的意思。）手下的兇徒、太監等人。因為犯罪而流放廣西，心中懷恨，才製造流言，一路上到處傳布，現在已經得到確實的證據。如果不是因為曾靜的事發，那麼這些謠言的流傳，朕又怎麼能知道？又怎能明白地加以剖析，而使得家喻戶曉呢？而且國家的法律，從來就是以懲一儆百為目的。像曾靜那樣的叛逆，恐怕宇宙之內，決不會再有第二個人了。即使是後世，也可以斷定，必然不會再出現和他一樣的人了，所以又何必存在著懲一儆百的見解？可以寬免他的罪行，這並不是想博得一個寬大的名聲而取消法律。一切朕當另有旨意頒布。」

因此，雍正皇帝從上述的幾個角度來衡量，反而認為曾靜有功。

雍正皇帝其實對曾靜這些小百姓並沒真正的興趣，而他這樣做的真正目的是想通這個案子來達成一系列的政治目的。雍正認為曾靜投書謀反案的思想基礎有二，一是受呂留良學說影響，二是聽信謠言，而後者更為重要。

原來在諸皇子爭帝的過程當中，那些被雍正帝鬥敗了的人，他們日後都被流放到了如同廣西這樣偏遠的地方。那麼由京城流放到廣西，會路過湖南，這些統治集團內部反對雍正勢力的流放之人在沿途上也不免於造謠生事，而這些謠傳都對曾靜下定謀反的決心不無影響。

這個時候，雖然允禟、允䄉、允禩等異己勢力已被先後剷除，即使是年羹堯、隆科多等知情、又有可能影響皇權的前功臣也已先後伏法。而像曾靜、張熙這樣居於窮鄉僻壤、無書可讀、消息閉塞的人，仍在指斥雍正謀父、逼母、弒兄、屠弟、貪財、好殺、酗酒、懷疑誅忠。雍正「不料其誣衊詆毀、怪誕奇特至於此極，亦不料有曾靜張熙輩遂信以為實，而便生背叛之心也」。在雍正的心目中，這種涉及宮廷鬥爭錯綜複雜的細節，曾靜等人是絕不可能知曉的，因此必有傳播的人。

人言可畏，實際上對於這些指控，雍正極為惱怒，因為這些謠言戳到了雍正的痛處。同時，這也直接關係到他這個皇帝寶座是否能坐穩的大問題，所以他決心追查到底，以清除心腹隱患。

據審訊曾靜時供稱，謠言是他聽安仁縣生員何立忠和永興縣醫生陳象侯說的，何、陳供稱是聽茶陵州看風水先生陳帝錫說的。經多次審訊陳帝錫，陳帝錫記不清楚了，便含糊其辭說：「他是在衡州路上，碰見四個穿馬褂、說官話，像是旗人的大漢子，說岳老爺上了諫本，不知避諱，皇上大怒。」但後來「皇上並未定他的罪，反加封他的官。」

雍正經過反覆審訊，輾轉查訪，順藤摸瓜，查出這些話是他同父異母的弟弟允禩、允禟的得力太監和黨羽達色、蔡登科、馬守柱、耿桑格、耿六格、吳守義、霍成等人在流放途中傳播的。這些被株連的宮中太監，心懷不滿，從北京發配到廣西充軍，「沿途稱冤，逢人訕謗」。肆無忌憚地攻擊謾罵雍正，他們高聲招呼：「你們都來聽皇帝的新聞，我們已經受盡冤屈，現在要把真相告訴你們，好等你們向人傳說。」、「只好問我們的罪，豈能封我們的口。」

雍正緊緊抓住發配遠境的允禩集團殘餘勢力散布流言不放，列出這些犯人的言行，同曾靜謀反、呂留良文字獄結在一起，借此機會，他不僅要肅清允禩集團的殘餘勢力，更要進一步防患於未然。凡查出散布流言而中傷當今皇上的允禩集團殘餘分子，罪加一等，重新加罪處置，這些人的下場之悲，清史資料中雖未記載，但可想而知。

由於曾靜已表示服罪，轉而吹捧雍正。所以雍正認為讓其現身說法，平息謠言，不失為一個可利用的工具，雍正讓曾靜到湖南觀風整俗使衙門，利用他到處吹捧宣揚皇上聖德。觀風整

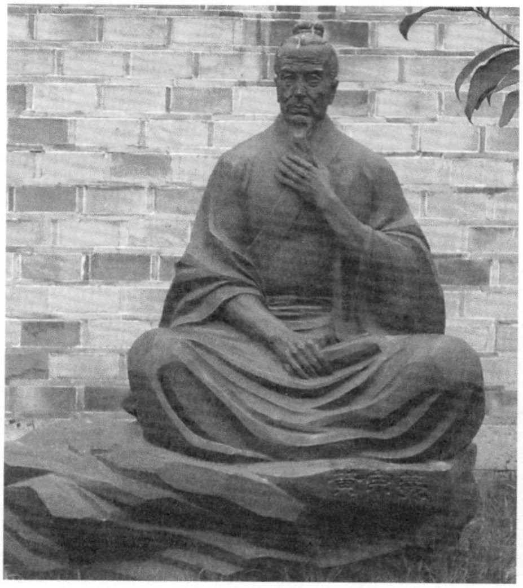

黃宗羲

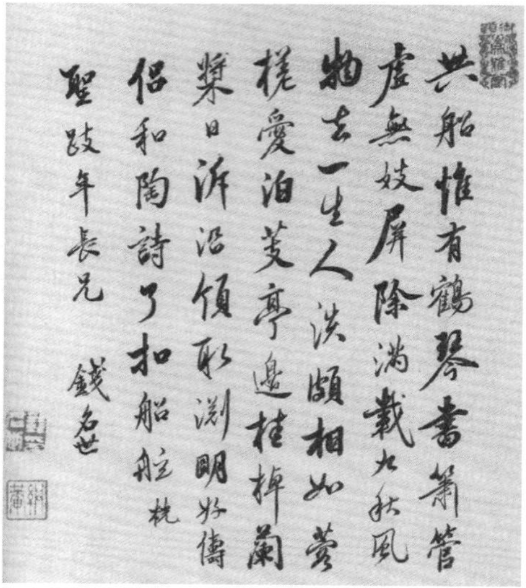

錢名世書法

俗使衙門是觀風整俗使的辦公機構，而「觀風整俗使」是雍正為了整治地方社會風氣，從中央抽調了一批清正廉潔、精明幹練、辦事公正的官員，其主要職責是代理國家和皇帝行使職權整頓地方風氣。

雍正透過這樣對曾靜的處斷，想要達到兩個目的，一是進一步分化瓦解那些潛在反對他的允禩和允禟這些殘餘勢力；二是想用辱而不殺的這套辦法來試圖達到消弭讀書人反清的這樣一種思想意識，而這對於雍正來說也並非鮮例。雍正帝早在處理錢名世的「名教罪人」案時，就採取過類似的做法，有過一番「出奇料理」。

雍正四年（一七二六年）的時候，錢名世被人告發「做詩投贈年羹堯，稱功頌德，備極諂媚」。年羹堯是被雍正指認有四十多條大罪被處死的，那麼這個錢名世據說和年羹堯曾經有過詩和之舉。

錢名世，字亮工，江蘇武進人。錢名世少年即有文名，更於康熙三十八年（一六九九年）中舉，恰與年羹堯同年。古人是重視同鄉、同年關係的，同鄉的稱鄉黨，同年的稱年兄，都是互相引為奧援的藉口。

錢名世於康熙四十二年（一七〇三年）賜進士，殿試探花及第，在翰林院任侍講，跟隨萬斯同進行明史的編寫工作。萬斯同是寧波人，字季野，號石園，師從黃宗羲，非常富有民族氣節，明亡後以遺民自居，恥食清祿。康熙年間，朝廷讓他去博學鴻詞科任職，他沒有答應。萬斯同是清初的明史大家，後來清朝修整明史時，他受徐元文的邀請，以平民的身分參加史局，不接受官銜和俸祿，默默工作了二十四年，直到去世。《明史》五百卷實際上大部分是出自萬斯同之手。而當萬斯同去世時，身邊卻沒有一個親人，錢名世因早年以他為師並在一起共事，所以由他料理了萬斯同的後事。事後竟然將萬斯同的藏書捲走，可見他的為人品行。

錢名世因為十多年一直擔任翰林院侍讀的閒散官職，升職不快，頗感失意。於是想乘年羹堯炙手可熱時重敘舊誼。錢名世先後一共為年羹堯寫了八首頌詩，其中有一首寫到：「分陝旌旗同召伯（周之將軍），從天鼓角漢將軍（霍去病）」；第二首有一句寫到：「鼎鐘名鑄山河誓，平藏宜立第二碑」。詩後自註：「公（年羹堯）調兵取藏，宜勒一碑，附於先帝（康熙）平藏碑之後。」第一首那兩句不用解釋，第二首的「平藏宜立第二碑」是指當年年羹堯曾配合康熙平藏，事成後給康熙立了塊紀功碑，但沒有給年羹堯立，錢名世的意思是，按年羹堯的功勞，還可以給他立一塊碑。

這些詩句其實不過是讚美一下立了大功的將軍，以年羹堯當年的功勞、威勢，連雍正都忍不住地拍他馬屁，他給年羹堯的硃筆諭旨中不知有多少肉麻的話，如「你我是千古君臣之遇的榜樣」等；《清史稿》載「羹堯才氣凌厲，恃上眷遇，師出屢有功，驕縱。行文諸督撫，書官斥姓名。請發侍衛從軍，使為前後導引，執鞭墜鐙。入覲，令總督李維鈞、巡撫范時捷跪道送迎。至京師，行絕馳道。王大臣郊迎，不為禮。在邊，蒙古諸王公見必跪，額駙阿寶入謁亦如之……。」可見當年拍年羹堯馬屁的不知有多少，也不知有多少人遠比錢名世過分。

雍正三年（一七二五年），年羹堯被賜自盡。第二年一幫多事的大臣參了錢名世一本，說他「做詩投贈年羹堯，稱功頌德，備極獻媚。謂當立碑於聖祖仁皇帝平藏碑之後。其屬悖逆，應革職，交與刑部從重處置。」

到了雍正四年（一七二六年）四月二十一日，雍正下詔，說錢名世「品行卑汙……鑽營不悛，以詩贈年羹堯，曲盡諂媚，至以平藏之功歸之於年羹堯，謂當立一碑於聖祖平藏碑之後，悖逆已極……」。按這「悖逆已極」的罪名，錢名世是要全家遭殃的，不料這回聖心獨到，卻換一種懲罰的方法。

這次雍正採取的就是「辱之而不殺之」的手法，其目的就是要打掉讀書人的自尊心。

雍正將錢名世革去職務，發回原籍，並親書「名教罪人」四字，命令該地方官製成匾額，掛到錢名世家裡。掛塊牌，當然比殺頭、充軍輕鬆多了，不過對於錢名世本人，每天對著「名教罪人」這四個御賜大字，也是生不如死。

給錢名世掛了牌之後，雍正覺得還不過癮，還不足達到以鑑戒眾人之心的目的，於是「令在京見任官員，由舉人進士出身者，仿詩人刺惡之意，各為詩人，記其劣跡，以儆頑邪，並使天下讀書人知所激勸」。雍正下令讓在京見任的官員，凡由舉人進士出身的，每人寫諷刺詩一篇，編成文集，由雍正審閱，認為滿意後給交給錢名世讓他蓋上自己的印章。這樣的處置也真可稱為「出奇料理」了。當時在京有三百多官員奉旨做詩諷刺錢名世，關於這些詩，後來還有《名教罪人詩》傳世。

雍正皇帝對曾靜的出奇料理，讓他做自毀人格的自我批判，可以說就是處理錢明世「名教罪人」一案的翻版，他非常善於用這樣的一種手段來羞辱那些政治思想上的異己分子。

我們再來說曾靜，他到了湖南觀風整俗使衙門不久，長沙城內便出現了傳單，內容是約定一批百姓要共同抓住曾靜，要將他投入深潭溺死，可見曾靜的日子也並不好過，因而他只好請假以購置家產為名，隱居躲避。

這傳單強烈地反映了湖南百姓對曾靜的不滿，也使湖南巡撫臣趙弘恩，觀風整俗使臣李徽大為緊張，不得不奏報：「八月十一日湖南布政使楊永斌、按察使張燦來當面稟報說，長沙省城內有人貼傳單，約定要於本月十九日共同捉拿曾靜，沉入深潭溺死等內容。隨後長沙知縣單含，也把揭下來的傳單送來。臣即布告通告全城，嚴禁百姓鬧事，謀害曾靜。到十四日，臣等又接到聖旨，讓將曾靜嚴加教育和約束。臣等當即把曾靜傳到公庭，向他宣揚皇上聖德，切實進行教導。曾靜沒說什麼，只是叩頭稱謝不止。臣等竊想，皇上讓曾靜來湖南，本意讓他宣揚皇上盛德，教導愚民，現根據兩司等一同來稟告給臣，深怕無知的百姓對曾靜共同產生義憤，無益安定人心，反而會引起鬧事。臣等對此不敢自專，特會同觀風整俗使臣李徽，根據實情共同奏報皇上。並抄錄傳單一併呈交皇上御覽。希望皇上給予指示，以便處理。」

這份奏章是曾靜隱居躲避假期期滿，回到湖南觀風整俗使衙門後，湖南主要官員向雍正及時報告的奏摺。由此可見曾靜所謂被「寬大」以待，其實依然無時無刻都在雍正的親自控制之下。

呂留良文字獄

曾靜一案在歷史上之所以出名，主要是雍正帝對這個案件的涉案人員，確實做了不同尋常的一番處置，這「出奇料理」四個字，「出奇」主要是對曾靜而言，曾靜有如此明顯的謀反之罪，但是最後卻沒被處死，而「料理」的核心呢，實際上是針對呂留良。

呂留良是明末清初著名的理學家和思想家，與黃宗羲、顧炎武齊名。呂留良主張務實，反對虛浮並堅持民族主義，反對異族入侵併統治。呂留良非常欣賞朱熹的種族思想。他認為，滿洲本為夷族，如何能登蠻夷之人的廟堂，給蠻夷之人跪拜。按現在的話來說呂留良是一個民族主義者。他的這些思想，深刻的地影響了當時眾多抱著反清復明之志的仁人義士。

呂留良少年時博覽群書即有文名，十二歲時在家鄉結文社。明亡後曾散家財，企圖反清復明。事情失敗之後，在家耕種，讀書、著書，傳授弟子，他有一手祖傳的好醫術，經常為街坊鄰里看病開藥，頗有善名。

呂留良在順治十年（一六五三年）出試，列為生員。清順治十七年（一六五九年）參加科考，中了秀才，後來與同鄉學者黃宗羲、黃宗炎結識，使他反清思想更為堅定。

清康熙五年（一六六六年），浙江學使到嘉興考核生員，呂留良拒絕參加考試，被革除了諸生。此舉震驚社會，而呂留良卻怡然自得，從此歸隱崇德城郊南陽村東莊（在今桐鄉縣留良鄉），自開「天蓋樓」刻局，評選時文，閉門著書授徒。他根據讀書士子的要求，選評歷代八股文要義，輯評註釋，成書為《時文評選》（也就是前文中提到曾靜閱讀並深受影響的那本書），刊刻發行後，流行極廣，遠近聞名，呂留良也被尊稱為「東海夫子」，前往求教的士子絡繹不絕。

康熙十八（一六七九年）年，清廷開博學鴻詞科，以籠絡明朝的知識分子。浙江當局首當其衝推薦呂留良，呂留良誓死不接受。次年地方官員又以「山林隱逸」薦舉他，他也堅辭不赴，吐血滿地，索性削髮出家當和尚去了，起法名為耐可，字不昧，號何求老人。他在《耦耕詩》

寫道：「誰教失腳下漁磯，心跡年年處處違。八年倦容違心做，九日黃花滿意開。」表現了他誓不仕清，蔑視現政的民族氣節。

呂留良於康熙二十二年（一六八三年）病死，終年五十五歲，其後人將其詩文彙編刊刻，成書有《呂晚村詩集》、《呂晚村先生文集》、《慚書》、《四書講義》、《論文匯鈔》、《八家古文精選》及評選的明文和清人時文等。呂留良的著作中有強烈的反清思想，極力申明「華夷之辨」，「華夷之分，大於君臣之義」。反對尊君卑臣，反對官重民輕，反對清朝滿族統治。教人站穩華夏的民族立場，不能效忠於夷狄政權。

這些理論思想同清朝統治者的要求大相逕庭，因而遭到雍正帝的怒斥呵責。雍正說，「呂留良寫的文章和日記，全是叛逆的詞句，凡是做臣子的，都會不忍看，不忍讀，更不忍寫出來。」

既然曾靜等人的反清源於呂留良及其著作，於是雍正就將曾靜謀反和呂留良文字案聯結起來。早在雍正七年（一七二九年），對於呂留良一案的處理，雍正就曾經冠冕堂皇地徵求過九卿、詹事、科道，以至於地方的督撫、提督兩司的意見，但對於呂留良的處置卻早已表明了態度，說這個呂留良是「罪在不赦」。

於是到了雍正八年（一七三〇年）的十二月，刑部等衙門秉承皇帝的旨意，對呂留良該怎麼處分給雍正皇帝上了一道奏摺：「呂留良身為本朝秀才，胡亂攀附是前明朝儀賓的後裔，追思過去的國家，詆毀我朝制度，製造罪惡言論，進行悖道著述，倡狂叛逆，罪惡滔天。甚至敢把聖祖仁皇帝汙衊指責，真是悖逆到極點，臣等沒有不切齒痛恨的，應當按刑律定罪，加以公開誅滅，以申人倫綱紀，以消滅禍亂根源。呂留良已死，應當剉屍梟首示眾，他的家庭財產沒收充公。他的兒子呂葆中，曾經在本朝做官，卻與惡人狼狽為奸，以前一念和尚造反的案件，已經牽連他在內了。呂葆中叛逆跡象明顯，雖已死，也應同樣剉屍梟首示眾。呂毅中應判殺頭，立即執行。呂留良的子孫，並兄弟、伯叔、兄弟之子，以及女眷中的妻妾、姊妹、兒子的妻妾，都應當發文浙江總督查明人數，按刑律定罪結案。並且通知各省、府、州、縣，把大逆犯呂留良所著作的文集、詩集、日記及其他書，凡是已經刊行和傳抄的，於本公文到達之日，出告示遍諭百姓，限一年內全部燒燬。」刑部的這個奏摺裡邊說呂留良應該被剉屍梟示，也就是把死去五十年的呂留良的棺材剖開，把他的屍骨拿出來，用刀砍斫，然後把頭割下來，掛到竹竿上示眾。

古人講究入土為安，尤其是能夠保證父母所賜予的身體完整，也是一種孝道的表現。而要對死去的呂留良屍體進行處置，這不但是對他本人的侮辱，同時也是對他祖宗的莫大的羞辱。

雍正帝在對呂留良的定罪量刑過程中，也假惺惺地做出過一副寬仁大度的姿態：「然而天下讀書人多得很，也許在千萬人之中，還會有人以為呂留良的罪過不至於處以極刑的。朕對於刑罰，向來都抱著慎重的態度，凡是誅殺奸人除滅反叛，都要求必須合乎人心和公理，以發揚『與大眾一同棄之』的精神……，現在把朝廷內大臣議定呂留良罪行的公文，發到各省學政，可普遍徵詢各學校的秀才、監生等人，是否應當按照廷臣們議定的，把呂留良、呂葆中剉屍梟首示眾，他的兒子呂毅中殺頭，立即執行；他所著作的文集、詩集、日記和其他書籍，已經刻印刷和被傳抄的，是否應當盡行燒燬。可讓每個學生秉著公心，據實迅速讓各秀才、監生發表看法，寫成結狀奏報上來。如有不同意見的人，也讓他自行寫出意見呈報該省學政，一併奏報上來，不准阻撓和隱藏。」雍正帝建議說，讓全國各級學校的秀才、監生，人人對呂留良的定罪恰當與否表態，美其名曰「獨抒己見」。

雍正這一做法其實也是事出有因。雍正八年（一七三〇年）正月，還在雍正下旨「獨抒己見」之前，浙江紹興府會稽縣的唐孫鎬，就曾寫過《討諸葛際盛檄》，冒死為呂留良辯護。唐孫鎬那時是湖北武昌府通山縣知縣的幕僚，一位有正義感的「紹興師爺」。當時福建諸葛際盛上書《討呂留良檄》給雍正，詆毀呂晚村。唐孫鎬對諸葛際盛的做法十分不滿，於是就寫文章批駁，痛斥此人無恥，並說「與其與無恥之諸葛際盛並生陽世，曷若與儒雅之呂氏父子同歸地府」。文中又對朝廷不分青紅皂白降罪於呂留良有所指責，他認為呂留良有罪也有功，不應該一筆抹殺，「朝廷已無諍臣，草野復生孽畜。後之修史者幾笑我朝無人物乎？雖然，莫謂無人也，猶有不怕死之唐孫鎬在！」唐孫鎬寫完此文，辭別通山縣知縣井浚，準備向湖廣總督投遞。井浚得知詳情，便把唐孫鎬拘禁起來，並立即向湖廣總督邁柱呈遞了檢舉詳文。邁柱據此上奏朝廷。雍正在唐孫鎬的檄文上批示：「似此妄匪之類，便令伊殺身以成其臭名，亦屬便宜他。可將此諭秘密消滅，不要說曾奏聞，不可令人知有此事。」於是三個月後，唐孫鎬就被祕密處置了。

有此先例，於是雍正設下了一個「獨抒己見」的圈套，以此窺測民意，並對不同意見加以鎮壓。

結果過了不久，就在浙江的台州出現了一個「獨抒己見」的人，這是一個叫齊周華的書生，字漆若，號巨山，又號孤獨跛仙，他直言寫了一份《救呂晚村先生悖逆兇悍一案疏》，要求不可焚燬呂晚村的著作，不該禍及呂氏子孫。疏文說：「聖王不以一己之好惡為好惡，而公論必以天下之是非為是非。」以公論凌駕於帝王之上，而評價呂晚村的學說「乃天下輿論所歸」。齊周華就把這份意見書交了上去，誰知各級官府不敢上呈，他便仗劍赴京。據史料記載：「此疏被縣、省阻撓，周華徒步上京投於刑部。刑部將疏退浙江撫台處理，被拘至杭，在獄受盡酷刑，始終堅持己見。有人勸其認瘋免難，卻堅不認痴」。

齊周華在獄中期間，撰文賦詩，匯成《風波集》，以南宋岳飛的冤屈自比。其中頗多傳誦一時的名句，如：「頭經刀割頭方貴，屍不泥封屍亦香」；還有題獄壁詩：「應詔陳情不憚勞，間關跋涉赴西曹。天顏有喜誰能近？赤日無私只自高。堪恨浮雲籠砥柱，寧愁狂雨雜風刀，孤身願為綱常重，甘棄青襟葬野蒿。」這些詩句都表現了他剛正不屈的氣節。

此事後來被雍正得知，他立即指令地方的督撫大員，將齊周華終身禁錮。雍正所謂的「獨抒己見」終被他自己演繹成了「真實的謊言」。但如此一來更加堅定了雍正要把呂留良一案做

駁呂留良四書講義

大的決心。

雍正考慮到呂留良的著述仍存在於世，還會產生很多不好的影響到，於是批准了把朱軾等編的，批駁呂留良《四書講義》的書，頒發到各地學宮，以企圖抵消其影響。這裡值得一提的是雍正並沒有採取傳統文字獄對待著述的做法，加以查禁和銷毀。雍正對自己的做法解釋說：「朕以為從來沒有悖逆不道的大儒家。如果因其人可殺，而說他的著作也應當毀去，先不必說把它燒了，也未必能夠徹底盡絕。即使全部燒完而沒留一本在世上，後世的人又拿什麼依據去辨別他的道德學問是真是假呢？因此，對焚書的意見，都沒有允許實行。不久前翰林顧成天奏稱，呂留良所刊刻的《四書講義》、《語錄》等書，都很粗淺拙劣，絲毫沒有新意，應當敕命學府官員，曉諭眾多的士子，不要被他的邪說迷惑。於是命令在朝廷的儒臣，詳細加以翻閱檢查，今據大學士朱軾等，對其《講義》、《語錄》逐條摘出予以駁斥，編輯成書，呈請刻印，頒布各府州縣學校。」

到了雍正十年（一七三二年）的年底，雍正皇帝最終覺得批判呂留良思想的整風運動搞得差不多了，已經不會再有什麼人讚同呂留良的觀點了，於是他決定該是到了對呂留良做最後裁決的時候了，也就是要對呂留良戮屍梟示。

據史料記載雍正十年（一七三二年）十二月十二日，皇上向內閣下達諭旨：「關於呂留良治罪一案，以前經過司法部門、朝廷大臣，翰林、詹事、科道等在京官員，以及外省的總督、巡撫、學政、藩司、臬司、提督、總兵等文武官員，共同表態奏報，一致請求按大逆罪處治，以彰明國法。但是朕想到天下讀書人很多，或者在千萬人當中，也會有人認為呂留良的罪過不至於處此極刑，所以又降下諭旨，讓各省學政對各級學校中所有的秀才、監生逐一調查，詢問他們對呂留良是不是應該定大逆罪。讓每個學生都寫出書面意見，簽名上報，統計人數上報。其中如有不同意見的，可以讓他單獨寫出意見書，交給學政，由學政轉呈，任何人不准隱瞞阻撓。現在據各省學政報告說，所屬的秀才、監生等，每人都填寫了意見書，一致認為呂留良父子的罪行罄竹難書，處以大逆罪，實在是非常合適的，並沒有一個人提出異議。普天下的公共輿論既然這樣，那麼國法豈能容許對他寬大嗎？呂留良、呂葆中都應開棺戮屍，割下腦袋來示眾；呂毅中可改為殺頭，立即執行。至於呂留良的孫子輩，都應當殺頭，朕以為人數過多，心中很為不忍，可以從寬免死，發配寧古塔，給邊防將士當奴隸。如果有冒名頂替隱藏不去等作弊的，一經查出，就把浙江省承辦這件案子的官員和該犯人同等治罪。呂留良的詩文書籍，不必銷毀；他的家庭財產，命令浙江地方官員變賣，收入充當本省工程經費使用。」

雍正最後終於把呂留良的遺骨從墳墓中挖出，戮屍梟首，剉骨揚灰，將已死去的呂留良和長子呂葆中「俱著戮屍梟示，次子呂毅中著改斬立訣，其孫輩俱即正典刑」。此外，呂留良一案株連人數之多，也是可以說是達到登峰造極的地步。

呂留良文字獄案所受株連的人，除呂氏家族外，最重要的就是呂留良的徒弟嚴鴻逵（已死多年），以及嚴鴻逵的徒弟沈在寬。雍正給嚴鴻逵定的罪狀，有專門諭旨，諭旨中說嚴鴻逵「與呂留良黨惡共濟，誣揑妖言……，為王法所不貸」，「嚴鴻逵應凌遲處死，即使死去，應戮屍梟示。其祖父、父親、子孫、兄弟及伯叔父兄弟之子，男十六以上皆斬立決。男十五以下及嚴鴻逵之母女妻妾姊妹子之妻，俱解部，給功臣之家為奴，財產入官。」

而公布沈在寬罪狀的諭旨，主要抓住沈在寬的一句詩「陸沉不必由洪水」來做文章。略有語文知識的人，都會知道「神州陸沉」這句成語是比喻國土淪陷的，而這句詩明顯存在著反清意識：把清朝喻為洪水猛獸，自不待言。但雍正卻死扣字面，在黃、運兩河是否決口，發生洪水上大做文章，擺出康熙治河的種種功績，顯然與原詩含義驢唇不對馬嘴。雍正說沈在寬把本朝居中建國，教化隆盛，看成是神州陸沉，有如洪水猛獸一樣的禍害，其錯誤和暴戾尤其囂張。且拿洪水來說，明朝二百多年，黃河和運河，時常決口，百姓天天懷有被淹死的恐懼。他的意思是想把中國交給誰去整理！並且說「沈在寬傳習呂留良、嚴鴻逵之邪說，倡狂悖亂，附會詆譏，允宜速正典刑，凌遲處死。其嫡屬等，均照律治罪。」雍正說你沈在寬年紀不到四十歲，便也學你老師嚴鴻逵那樣的狂悖態度，肆意攻擊本朝，還和逆賊曾靜的徒弟張熙千里結交，一見如故，寫詩贈答，思想感情如同水乳交融，這還得了，這是你處心積慮，把叛逆當成第一要事的表現，所以你的罪行實是不可寬恕的。

此外受牽連的還有車鼎豐、車鼎賁兄弟二人。車鼎豐、車鼎賁平時有較強的反清復明思想。有一日，車鼎豐與其弟車鼎賁喝酒，酒盅為明瓷，盅底有「成化年造」的字樣。車鼎豐把杯子翻過來表示酒已乾了，說：「大明天子今重見」，車鼎賁把壺放在一旁說：「且把壺兒擱半邊」。取「壺」、「胡」同音之意，以表示對異族統治者的不滿。

此二人也因呂留良文字獄案受株連，被定以「刊刻逆書」、「往來契厚」、「陰相援結」的罪名，著斬監候，秋後處決。

一場鬧劇，又是一場慘劇，這樁由雍正皇帝親自領導並由他親自審訊、清朝最大的呂留良文字獄案，從雍正六年（一七二八年）開始立案追查，直到雍正十年（一七三二年），終以大逆謀反罪結案。

奇案成就奇書

在對曾靜一案的處理上，雍正帝確實走過了一段不平常的心路歷程。曾靜投書謀反案、呂留良文字獄案，雖然在高壓下都順利地解決了，但雍正帝卻由此陷入了一種「身敗名裂」的鬱悶之中。而雍正帝好像格外看重自己的名節，他曾說，「自古有大志之人，豈有不願聲名美善之理」，「我之名節，關乎千古」。因此，為了給自己正名，為了向天下人明志，雍正帝下令把兩年中關於此案的十道上諭，審訊詞，曾靜四十七篇口供，張熙兩篇口供，曾靜一篇《歸仁說》等，編成了一本十二萬字的《大義覺迷錄》。

《大義覺迷錄》針對曾靜對宮廷祕聞的道聽塗說，以及呂留良的文集、逐條逐項地進行了駁斥，目的就是把呂留良和以他為代表的這種華夷之辨的反清思想展開一次全國性的大批判。雍正帝企圖把對手從肉體上消滅的同時，還要在思想上徹底地撥亂反正。

《大義覺迷錄》的內容可分為兩大部分，前一部分主要是運用儒家經典中的成論批駁曾靜之流運用華夷之辨對清廷合法性的質疑，即使在今天看來，亦屬高論，不乏妙筆；而後一部分則屬自我表白，喋喋不休，旨在消弭當時朝野對其奪嫡篡位的質疑與誹謗。

書中牽涉到曾靜、張熙案件中的大量「反面材料」，其中最觸目驚心的就是曾靜列舉了雍正帝謀父、逼母、殺兄、屠弟、貪財、好殺、酗酒、淫色、誅忠、任佞的十大罪狀，當然這些都是曾靜通過道聽塗說獲得的。按理說這類材料應該嚴格保密，防止擴散，可是雍正帝卻有意公開。他在上諭中說：「著將呂留良、嚴鴻逵、曾靜等悖逆之言及朕諭旨，一一刊刻，頒布發行全國各府州縣以及遠鄉僻壤，讓讀書士子及鄉曲小民共知。要每學宮各貯一冊，永久存檔，做到家喻戶曉，人人皆知。倘有未見此書，未聞朕旨者，經朕隨時查出，定將該省學政及該縣教官從重治罪。要使遠近寡識之士子不至溺於邪說。」

由此可知當時《大義覺迷錄》刊刻數量之多，普及發行之廣應該是達到了雍正年間的最高水準。《大義覺迷錄》這部雍正帝的力作，是非常有特色的曠世大著，因為它使人人都「覺迷」起來，緊跟雍正帝走。雍正帝還讓曾靜、張熙攜帶《大義覺迷錄》到各地向民眾現身說法。曾靜跟著欽差大臣杭奕祿，遍走江南江寧、蘇州、杭州等地，宣講雍正親自編撰的《大義覺迷錄》，逐條駁斥自己「妄加」給雍正的十大罪狀……，張熙則跟著尚書史貽直遍走陝西等地，麻木不仁地做著同樣的事情。

這裡有必要把《大義覺迷錄》這部曠世奇書的「精彩部分」作一簡單介紹，以饗讀者。

《大義覺迷錄》中雍正帝對呂留良的「華夷之辨」言論作了極力的批駁。呂留良主張「華夷之分，大於君臣之義」。認為在傳統的帝制社會，要講君臣之夷，首先你要看它是不是你的同族同類，否則就不必講君臣之夷。雍正帝說這個所謂的「華夷之辨」根本沒有道理。「夷夏大防不過是說本朝只是滿洲的君主，而進關當了整個中國的皇帝，錯誤地懷著地域、民族的偏見，故意捏造一些言論來進行誹謗譏諷。而他們不懂得本朝原居地為滿洲，好比中國人有籍貫於某地一樣。古代的大舜籍貫是東夷，周文王籍貫是西夷，這絲毫不能損害他們聖人的光輝。」

雍正又講，人之所以為人而不同於禽獸的地方，是因為人具有倫理綱常的道理。五倫齊備就是人倫，缺少一種，便不能稱之為人了。君臣這一倫，在五倫當中是第一重要的，天下能有心中沒有君王的人，還配稱之為人嗎？作為人而沒有懷有君王的心，這種人難道還不可以稱他為禽獸之心嗎？能盡人倫的才配稱為人，滅天理的則就叫禽獸，並不是因為中華內地和邊疆夷狄按地域去區別人和禽獸的。

至於過去把中國分為華夷的說法，是產生於東晉和南北朝時期，當時中國分裂為很多小國，彼此之間地域都很小而道德威望也差不多，誰也壓不倒誰而沒有能力統一中國，所以北方的人便攻擊南方人為島夷，南方人便指責北方人為索虜。在那個時候的人，不懂得去修整道德實行仁義，而只知道從口舌上去互相譏諷，已成為一種十分卑鄙和十分淺陋的錯誤思想。

自我朝統一中國，在中原即皇帝位以後，使蒙古等極邊遠的少數民族部落都統一入中國的版圖，使中國的疆土開拓得更加廣遠，這真是每個臣民的大幸事，怎麼還能去硬行分裂中國，講劃分華夷界限的論調呢！

雍正在這裡所提出的這些觀點雖然是為了鞏固自己的統治地位，打擊反對勢力，但仍然說明了一定的道理，是不同於儒家傳統的華夷之辨的，它反映了中國在大一統下各民族融合逐漸加深的客觀現實，而這一論辯在當時顯然是有著偷換概念和強詞奪理的嫌疑。

為了消除漢族人的民族情緒，雍正還在《大義覺迷錄》中對滿漢衣冠服飾的區別作了辯解，說明衣冠之制自古都是因時因地制宜，是人們各就其習俗方便用之。雍正說，從漢唐以來，王朝的這些官服，它也都有一個共同的特點，比如這些在朝為官的人，他們的這些官服要彰顯他們的身分、品級，怎麼來區別呢？就在官員在朝服的前胸後背處分別刺繡一塊方行的圖案，叫補子。文官上邊繡的就是各種飛禽；如果是武官，上面繡的就是各種的走獸。明清官員所用補子都是以方補的形式出現的，那麼這服飾的變革怎麼就能夠用來說明滿人入主中原，就沒有一個正統性呢？因此「孔雀翎、馬蹄袖」無關於「禮樂文明治亂」。

曾靜在謀反書中還給雍正帝開列了十大罪狀，開列過後，曾靜譴責雍正是一個失德的暴君，說雍正根本就沒有資格當皇帝。於是雍正帝在《大義覺迷錄》一書中，又針對「謀父」、「逼母」、「弒兄」、「屠弟」、「貪財」、「好殺」、「酗酒」、「淫色」、「誅忠」、「任佞」等十項大罪，逐條進行了自辯。

一、謀父。傳說聖祖皇帝康熙在暢春園病重的時候，雍正給他父親敬了一碗人參湯，把他父親給毒死了。針對這一傳聞雍正在《大義覺迷錄》中辯解到：「叛逆書信裡強加於朕的謀殺皇父罪名，我幼年時便蒙受皇父的慈愛教育，四十多年來，一直順應皇父心意而承歡膝下，竭力誠懇恭敬，多次受到皇父讚揚，在諸兄弟中間獨認為我最誠實孝順，這是我的兄弟和一切大臣、侍從都共知的。……並且皇父曾親口說過：『皇四子（雍正本人）人品貴重，非常相似朕躬，一定能擔負起統治國家的重擔，現在讓其繼承皇帝之位。』」雍正說，我對父親一直都很誠實孝順，這個大家都有目共睹，而且父親在臨終前已經決定讓我繼承皇位，我怎麼可能去做

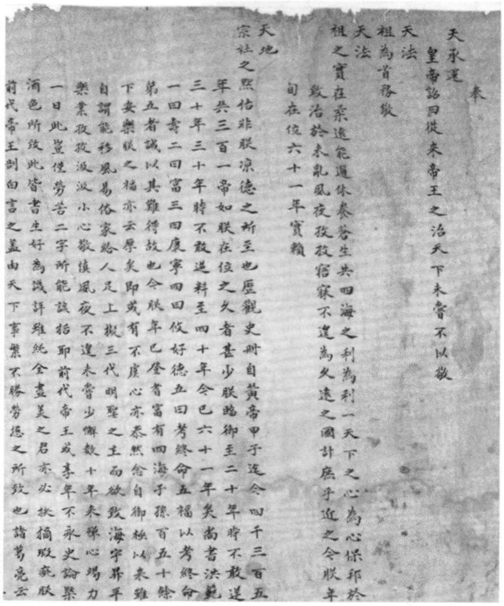
奉
天承運
皇帝詔曰從來帝王之治天下未嘗不以敬
天法
祖為首務敬
天法
祖之實在柔遠能邇休養蒼生共四海之利為利一天下之心為心保邦於
致治於未亂夙夜孜孜寤寐不遑為久遠之國計庶乎近之今朕年
旬在位六十一年實賴
天地
宗社之默佑非朕涼德之所至也歷觀史冊自黃帝甲子迄今四千三百五
年共三百一帝如朕在位之久者甚少朕臨御至二十年時不敢逆
三十年三十年時不敢逆料至四十年今已六十一年矣尚書洪範
一曰壽二曰富三曰康寧四曰攸好德五曰考終命五福以考終命
第五者誠以其難得故也今朕年已登耆富有四海子孫百五十餘
下安樂朕之福亦云厚矣即或有不虞心亦泰然念自御極以來雖
自謂能移風易俗家給人足上擬三代明聖之主而欲致海宇昇平
樂業孜孜汲汲小心敬慎夙夜不遑未嘗少懈數十年來殫心竭力
一日此豈僅勞苦二字所能該括耶前代帝王或享年不永史論槩
酒色所致此皆書生好為譏評雖純全盡美之君亦必抉摘瑕疵朕
前代帝王剖白言之蓋由天下事繁不勝勞憊之所致也諸葛亮云

康熙遺詔

毒殺父親這樣卑鄙無恥而又大逆不道的事情呢？

康熙是否傳位給雍正，至今仍是一大謎案，圍繞雍正是否合法繼位的問題，歷來有以下幾種說法。

第一，遺詔繼位說。主要根據文獻《清聖祖仁皇帝實錄》和檔案《康熙遺詔》。《清聖祖仁皇帝實錄》記載了「八人同受遺詔」的過程：召皇三子誠親王胤祉、皇七子淳郡王胤祐、皇八子貝勒胤禩、皇九子貝子胤禟、皇十子敦郡王胤䄉、皇十二子貝子胤祹、皇十三子胤祥、理藩院尚書隆科多至御榻前，諭曰：「皇四子胤禛，人品貴重，深肖朕躬，必能克承大統，著繼朕登基，即皇帝位。」。《康熙遺詔》也有同樣記載：「皇四子胤禛，人品貴重，深肖朕躬，必能克承大統，著繼朕登基，即皇帝位。」

但這裡面有幾處疑點，其一，這麼重要的決定，為什麼不向當事人——繼位者胤禛——宣諭？而將繼位大事告訴七位阿哥和隆科多，所以有的學者認為這件事是無中生有，是雍正繼位後編造的。其二，「八人同受遺詔」正是出自雍正本人之口，從雍正對八人同受遺詔的不同說法，可以看出某些蛛絲馬跡。「八人同受遺詔」最早的版本是雍正七年（一七二九年）九月成書的《大義覺迷錄》，在這以前從沒有過相同的記載。雍正元年（一七二三年）八月，雍正在一篇上諭中說，康熙命他繼位，是在病危之時倉促間「一言而定大計」，並沒有一字提及「八人同受遺詔」的事。在雍正五年（一七二七年）十月的一篇上諭中，雍正才開始說到諸皇子同受遺詔的情節，但也只是說：「皇考升遐之日，召朕之諸兄弟及隆科多入見，面降諭旨，以大統付朕，是大臣之內承旨者惟隆科多一人。」並沒有具體指明是哪些皇子入見。

第二，改詔說。《康熙遺詔》是在康熙帝逝世三天後才宣布，因此有人認為雍正帝編造遺詔，所以不能作為雍正帝合法繼位的可靠依據。其中共有胤禛改詔、隆科多改詔、年羹堯改詔三種說法。改詔說認為是將康熙遺詔中的「傳位十四子」改作「傳位于四子」。這裡也有幾處疑點難以解釋：其一，當時「于」字寫作「於」，「於」字很難改成「于」字；其二，當時行文規範是「傳位于皇某子」，「于」與「四」之間隔了一個「皇」字，很難改；其三，滿文為清朝的國書，如此重要的遺旨應同時以滿、漢兩種文字書寫，即使漢文能改，滿文卻無法改。因此改詔一說純屬傳聞。

第三，奪嫡篡位說。清朝的皇位繼承，沒有實行嫡長子制，康熙帝的皇位繼承，先是指定嫡長子胤礽為皇太子，繼而廢，廢而立，又再廢，所以康熙帝生前沒有立嫡。既然清朝沒有實行「嫡長子制」，康熙帝生前也沒有公開立嫡，所以不能說雍正帝繼位是「奪嫡」。另外，到現在為止，沒有文獻或檔案材料證明康熙帝臨終前公開、正式冊立儲君。因此，「雍正篡位說」也不能成立。

第四，無詔奪位說。雍正奉遺詔繼位，許多矛盾解釋不清楚，其說難以自圓；說雍正改詔篡位，真正有力的證據也顯得不足。所以雍正登極，最合理的說法就是他在皇位爭奪中取得了勝利。

我們暫且拋開雍正即位是否合法不講，但就康熙帝是喝了胤禛送的人參湯被毒死的一說，這話從倫理、法理、情理講，既悖於情，也不合理。從當時的具體環境、周圍條件分析，既違背史實，也絕無可能。經過學者的研究，康熙帝深通醫道，對醫學和藥學很有研究，還會開藥方，又一向反對用人參進補。康熙帝曾說過：「北人於參不合。」這個人參對北方人不是很相宜，所以他平常也很少吃人參。雍正是孝子，應當知道皇父的喜好，他既是為了盡孝心，就不會違背皇父的好惡。即使雍正向他父親敬一碗人參湯，雍正也是不會喝的，更何況敬一碗有毒的人參湯。即使敬得上，還有人試藥，所以雍正用人參湯把他父親毒死這種說法靠不住。

孝恭仁皇后烏雅氏

二、逼母。雍正帝在《大義覺迷錄》說：「逆書加朕以逼母之名。」看來當時雍正「逼母」一說流傳很廣。

雍正的生母是烏雅氏，烏雅氏生了四阿哥、六阿哥、十四阿哥三位皇子。其中六阿哥早死，剩下一母同胞的兩兄弟四阿哥胤禛（即雍正）和十四阿哥胤禎，而這哥倆恰恰成為「奪嫡」疑案的主角。

雍正即位後，德妃烏雅氏被尊為皇太后，而皇太后烏雅氏的作為卻令人狐疑滿腹。兒子做了皇帝，烏雅氏卻不願接受「天子以四海奉養聖母一人」的威福，竟然悲痛欲絕，不飲不食，想要身殉大行皇帝康熙而去，此事有皇太后懿旨為證。而當新皇帝雍正登基前依例前來向皇太后行禮時，又遭到她的拒絕，使登基大典幾乎無法開場，她言詞激烈地表明自己與新皇帝雍正登基沒有關係：「皇帝誕膺大位，理應受賀。至與我行禮，有何關係？概免行禮！」此事也有皇太后懿旨為證，而後不到半年，烏雅氏竟突然崩逝。

關於烏雅氏猝死，人們傳言，康熙死後雍正的弟弟胤禎要給父親奔喪，雍正不但不讓他進城給他父親祭奠，還把他發到遵化景陵囚禁起來，「太后要見胤禎，皇上大怒。太后見胤禎而不可得，於鐵柱上撞死。」，這樣看來雍正對其母是有一點逼，但是否是撞柱而死，沒有歷史記載可考證。

而據雍正帝在《大義覺迷錄》說：「母后平素就有個痰病，又因為皇父喪事，心中悲痛不能釋懷，便於癸卯年五月舊病復發。朕親自侍奉湯藥，希望能夠病好起來，不料卻一天比一天加重而至病危逝世。」

三、弒兄、屠弟。自雍正帝繼承皇位之日，就面臨著兄弟們的不滿和挑戰。康熙駕崩的噩耗傳出，京城九門關閉六天，諸王非傳令旨不得進入大內，可見當時形式之緊張。

雍正即位時，當時年滿二十歲的皇子共有十五人，我們來看一下雍正當時是如何對待他的這些兄弟的。

大阿哥胤禔（允禔），在太子廢立中得罪皇父，被奪封爵，幽禁於府第。康熙帝派貝勒延壽等輪番監守，並嚴諭：「疏忽者，當族誅。」允禔成為一隻不再見天日的死老虎，但雍正對他並沒有寬大為懷，雍正十二年（一七三四年）允禔死。

二阿哥即廢太子胤礽（允礽），也沒有太大的影響，也沒有太大的力量，但是雍正帝沒有放過他，把他禁錮在咸安宮。他仍不放心，一方面封其為理郡王，另一方面又命在山西祁縣鄭家莊蓋房駐兵，將允礽移至兵營，將其折磨而死。

三阿哥胤祉（允祉），很有學問，本不太熱心皇儲，一門心思編書，著名的《古今圖書集成》就是出自其手。雍正帝對這個兄弟也不放過，他即位後，以「允祉與太子素親睦」為由，命「允祉守護景陵」，發配到遵化為康熙守陵。允祉心裡不高興，免不了私下發些牢騷。雍正帝知道後，乾脆將允祉奪爵，幽禁於景山永安亭。雍正十年（一七三二年），允祉死。

老五胤祺（允祺），康熙帝親征噶爾丹時，曾領正黃旗大營，後被封為恆親王。胤祺沒有結黨，也沒有爭儲。雍正帝即位後，藉故削其子的封爵。雍正十年（一七三二年），允祺死。

老六早死。

老七胤祐（允祐），死於雍正八年（一六三〇年）。

老八胤禩（允禩），是雍正帝兄弟中最為優秀、最有才能的一位。雍正帝繼位後，視允禩及其黨羽為眼中釘、肉中刺。允禩心裡也明白，常快快不快。雍正帝耍了個兩面手法，先封允禩為親王，其福晉來祝賀，允禩說：「何賀為？慮不免首領耳！」有什麼可賀的，說不定明天就死了。這話傳到雍正帝那裡，命將福晉趕回娘家。不久，藉故命允禩在太廟前跪一晝夜。後命削允禩王爵，高牆圈禁，改其名為「阿其那」。「阿其那」一詞，學者解釋有所不同，過去多認為是「豬」的意思，近來有學者解釋為「不要臉」。允禩後又被幽禁，受盡折磨，終被害死。

老九胤禟（允禟），因同允禩結黨，也為雍正帝所不容。允禟心裡明白，私下表示：「我行將出家離世！」雍正帝哪能容許允禟出家！他藉故命將允禟革去黃帶子、削宗籍，逮捕囚禁。改允禟名為「塞思黑」。「塞思黑」一詞，過去多認為是「狗」的意思，近來有學者也解釋為「不要臉」。不久給允禟定了二十八條罪狀，送往保定，加以械鎖，命直隸總督李紱嚴加看管。允禟在保定獄所備受折磨，以「腹疾卒於幽所」，傳說是被毒死的。

老十胤䄉（允䄉），因同允禩結黨，雍正帝也折磨他。雍正元年（一七二三年），有一個叫哲布尊丹巴胡圖克圖的活佛來京病故，雍正帝讓他這個弟弟跟著這個靈柩送到喀爾喀，就是現在外蒙古印冊賜奠。允䄉有病不能前行，雍正帝命其居住在張家口。同年藉故將其奪爵，逮回京師拘禁。直到乾隆二年（一七三七年）才開釋。

十一弟早死。

十二弟胤祹（允祹），康熙末年任鑲黃旗滿洲都統，很受重用，也很有權，但沒有結黨謀位。雍正帝剛即位時，封允祹為履郡王。不久，藉故將其從郡王降為比貝勒還低的貝子，且不給實爵，僅享受貝子待遇。不久，又將其降為鎮國公。乾隆即位後被晉封為履親王。允祹一直活到乾隆二十八年（一七六三年），享年七十八歲。

十三弟胤祥（允祥），是皇四子黨的，曾被康熙幽禁，原因不詳。雍正繼位，即封允祥為怡親王，受到了重用。

十四弟胤禎（允禵），雖與雍正一母同胞，但因他黨同允禩，又傳聞康熙臨終前命傳位「胤禎」而雍正黨篡改為「胤禛」，所以二人成了不共戴天的冤家兄弟。雍正帝即位，先是不許撫遠大將軍允禵進城弔喪，又命其在遵化看守皇父的景陵，再將其父子禁錮於景山壽皇殿。乾隆繼位後，將其開釋。

十五弟胤禑（允禑），康熙帝死後，雍正命其守景陵。

十六弟胤祿（允祿），過繼給莊親王博果鐸為後，襲封莊親王。

十七弟胤禮（允禮），雍正繼位封為果郡王，再晉為親王，先掌管理藩院事，繼任宗人府宗令、管戶部。

從上所述，雍正繼承皇位之後，對他這些兄弟做得確實有些過分。

而雍正帝在《大義覺迷錄》中自辯說：

「朕在藩邸時，光明正大，正直無私，諸位兄弟的才能和見識，實在不如朕。他們待朕都恭敬盡禮，並沒有一句話爭論，也沒有一件事猜疑，滿洲的臣下和侍從和諸王屬下的人，沒有不知道的。所以朕今天登上皇帝之位，實在沒有一絲一毫芥蒂存在心裡，而對他們做出報怨洩憤的行為。但是朕既然承襲了列位皇祖留下的基業，擔子是很重的，其中有關國家社稷安危的大事，而受到人心和世道深為擔憂的事，朕如果為了避免自己的嫌疑，存在著一點小不忍的私心，那麼反而使朕大大得罪於列位皇祖在天之靈了。古人有『大義滅親』的說法，周公誅殺管叔、蔡叔就是這樣。」

「朕的一貫志願，是希望化導他們的頑固思想，一同歸於善美。這難道不是朕最大的願望嗎？無奈他們惡貫滿盈，獲罪於上天和皇父，以致自己加速自己受到鬼神的懲罰，不能順遂朕當初的心願，這是朕的一大不幸。現在逆賊強加給朕以殺弟的罪名，這一件事，天下後世自有公論，朕不打算辯解，也決不接受這種誣謗的說法。」

雍正帝把自己殺兄屠弟的行為歸結為大義滅親和鬼神的懲罰，實在是荒謬至極。

對於「貪財」、「好殺」、「酗酒」、「淫色」、「誅忠」、「任佞」雍正也在《大義覺迷錄》做了相應的辯解。

「至於逆書又攻擊朕是貪財的人。朕繼承了父王六十多年的太平基業，富有整個國家，各地國庫充盈，所以幾年來屢次施加恩澤，使全國黎民百姓沒有不得到利益的。到災情詳細報來以後，根據情況或按比例減除田賦，或完全豁免。徵收賦稅向來都有定額，國庫和皇室內庫的庫藏減免和動用如此之多，沒有一點吝惜，竟然說朕貪財，難道有這個道理嗎？」

「至於逆書又攻擊朕生性好殺。朕的本性是最仁慈的，不但不肯隨便懲罰一人，即使在走路時，草木螻蟻，也都不肯去踐踏傷害。自即位以來，時刻以謹慎用刑為宗旨。六年以來，每逢秋季判決死刑犯時，有四次下諭停止執行，而在朝廷內討論暫緩處決的犯人時，朕又降旨，考察其中罪行稍輕的，命令可以不殺。其被正法和勾決的犯人，都是大逆大惡，法律上萬萬難以寬大的人。現在逆賊說朕生性好殺，怎麼和朕的存心以及實行的政治相差得那麼遠呢？」

「又逆書說朕性好酗酒。酒是祭祀和宴會必須設備的，即使是聖賢，也不廢止飲酒。但是朕的不喝酒，卻是天生的習性，並不是強制不喝。前年提督路振揚來京朝見，一天忽然啟奏說：『臣在京很久，每天進見皇上，仰看皇上容顏，完全不像喝過酒的。為什麼臣在外省任上時，有傳聞皇上飲酒的說法？』朕因為路振揚這次啟奏，才知道外邊有這種不實的傳說，因一笑了之。現在逆賊誹謗朕酗酒，就是這一類謠言的反映。」

「又逆書說朕好色貪淫。朕在身為雍親王時，便清心寡慾，自幼性情便不好色。即位以後，皇宮內的宮女很少，朕常自以為天下人不好色的，沒有能比得上朕的。『遠色』兩個字，朕完全可以自信。而且諸王公大臣和侍從們也都共知。而今卻誹謗朕好色，不知所好的什麼色？所寵的又是什麼人？逆賊既能製造流言蜚語，難道就沒有一點耳目，便要信口胡謅加以譏諷嗎？」

「逆書裡說的所謂朕生性好疑而誅殺忠良，朕細想朕除了對年羹堯、鄂倫岱、阿爾松阿三人以外，並沒有殺過任何忠良大臣，因想逆賊大約是把年羹堯、鄂倫岱、阿爾松阿、蘇努、隆科多等當成忠良吧！這一點天下自會有公平的輿論。」

「又逆書中說朕愛好阿諛奉承而任用奸佞。朕身為藩王達四十餘年，對於人情世故知道得十分詳細，對於進讒言和諂媚的世俗習慣，早已十分清楚其虛偽並十分討厭其卑鄙。所以自即位以來，一切稱功頌德的文章，都拋棄不採用。並天天訓諭大小官員和侍從，要敢於直言朕的缺點和過失，詳細議論政事上出現的錯誤和不足。現在逆賊說的所謂朕愛好阿諛奉承而任用奸佞之人，那麼，能夠舉出一人一事來證實一下嗎！」

雍正帝就這樣在《大義覺迷錄》中喋喋不休地為自己解釋了一通。

《大義覺迷錄》堪稱一部奇書！其奇特之處在於，一、皇帝受謗，親自編纂書籍，向天下人剖示心跡，鳴冤自辯；二、曾靜等人著書謀反，不但沒有嚴懲，還得到赦免，並對其實行思想改造，現身說法，作反面教材；三、借由曾靜一案，大搞呂留良文字獄，拉個死人滅門做墊背。

正是曾靜投書謀反這樣一件奇案成就了《大義覺迷錄》這樣的一部奇書！

曾靜、張熙投書案結案兩個月後，雍正帝「稍覺」不適。翌年二月，雍正帝病重。雍正十三年（一七三五年），雍正帝暴卒。

雍正的死，自然使人們聯想到剛剛結束，轟動全國的曾靜投書謀反案和呂留良文字獄案，自然聯想到雍正是否謀父篡位做了虧心事？因此，對於雍正的死因就有了這樣一個傳說。

傳說在呂留良文字獄案中，呂留良遭到了嚴厲的懲處，其家人也被滿門抄斬。僅有呂家的一個小女兒呂四娘被一個貼身童僕救出，逃到深山老林之中才倖免於難。呂四娘秉性剛強，得知其全家慘遭族誅，悲憤填膺，決心報仇。當即刺破手指，血書「不殺雍正，死不瞑目」八個大字。後來，呂四娘遇到了武藝高超的獨臂神尼，在她的精心指導之下，呂四娘很快成為一名武藝高超的劍客。之後，呂四娘就輾轉進京，尋機為父母報仇雪恨。經過一番祕密的探查，呂四娘終於摸清了雍正皇帝的行動規律。在一個月黑風高的夜晚，呂四娘潛入圓明園殺死了正在龍床上熟睡的雍正皇帝，並割下了雍正的頭，提首級而去。雍正沒有頭，只得以金鑄頭代替，葬在了河北省易州泰陵地宮。據說在雍正皇帝的陵墓中至今還有他的金頭存在。

因為有雍正被刺的先例，所以自雍正以後，妃嬪侍寢，須先脫去內衣，以長袍裹體，由宮監背入，又將外罩除去，裸體入御的慣例。因為據清宮人傳說，這並不是為了貪圖肉慾，而是防備裹挾兇器入內行刺。

傳說如此，但是歷史的事實是這樣嗎？更多歷史學家認為這種行刺之說純屬民間傳說，根本不可信。呂四娘的事，究竟有沒有根據和可能？當然首先是有沒有呂氏孤兒。雍正九年（一七三一年）二月十日，在山西發現匿名揭帖，上有一首詩：「走狗狂惑不見烹，祥麟反作釜中羹，看徹世事渾如許，頭髮衝冠劍欲鳴。」詩後有文說：「曾靜可殺不殺，呂晚村無罪作罪，真古今一大恨事也。為此感憤，傾吐血性，倘好義君子與我同心，請將此詩傳布宇內，俾當途聞之轉奏天闕，庶朝廷知所悔改，而梟曾之首，存呂之孤，則刑罰中而人心皆服矣。」其中要求「存呂之孤」，而早在雍正八（一七三〇年）年，即有關於呂氏孤兒的傳言。

但雍正被呂四娘所殺，這種可能性不大。呂氏孤兒漏網的可能性極小，因為呂案發生後，他的家人都處於嚴密的控制之下，根本不可能有人漏網。此外，圓明園在皇帝駕臨的時候，防守極為森嚴，呂四娘根本不可能穿過晝夜巡邏的衛兵，輕易地就進入寢宮，刺殺雍正皇帝。所以這只不過是一個野史小說編造的生動有趣的故事罷了。

雍正帝駕崩後，由其子弘曆即位，也就是乾隆皇帝。乾隆當上皇帝僅有四十三天，即雍正十三年（一七三五年）十二月八日，就違背其父「朕之子孫，將來亦不得以其詆毀朕躬，而追究誅戮」的遺命，命令把在湖南觀風整俗使衙門聽候使用的曾靜和在原籍候旨的張熙逮捕進京，並於十二月十九日下諭旨給刑部把曾靜和張熙凌遲處死。

乾隆這一做法顯然是與其父雍正背道而馳的一個事件，前文已經談過雍正七年（一七二九年），胤禛處理曾靜謀反案時，將謀反者曾靜、張熙釋放，卻將呂留良等戮屍，家屬、門人等斬決。雍正這樣做自有他策略上的需要，他認為呂留良及他的著作是這一案件的源本，曾靜、張熙是受影響者，至於其誹謗自己的地方，是因為阿其那、塞思黑的同黨所造的蜚語。為了和他當時所施行的民族調和政策相符，也為了利用曾靜和張熙去湖南各地宣揚自己的寬大為懷，以消除他的政敵散布的不利影響，所以對二人未加殺戮。

那乾隆為什麼剛繼位就迫不及待地違背父訓，公開翻案呢？乾隆深知此事引起朝臣內心的公憤，對朝廷不利，便找了個理由：「曾靜之罪不減於呂留良，而我皇考於呂留良則明正典刑，於曾靜則屏棄法外者，以留良謗議及於皇祖，而曾靜止及於聖躬也。今朕紹承大統，當遵皇考辦理呂留良案之例，明正曾靜之罪，誅叛逆之渠魁，洩臣民之公憤。」乾隆認為雍正之所以戮呂留良屍，是因為他詆謗了雍正的父親康熙，現在我也學我父親的辦法，曾靜詆謗我父親雍正，我也應該殺曾靜。乾隆所說的理由顯然不是其真實的思想，如果乾隆是傚法雍正，那麼又怎麼能違背雍正寬大曾靜的做法呢？看來他極不讚成雍正對此案的「出奇料理」。

同時，乾隆還下令將雍正精心編撰刊行天下的《大義覺迷錄》宣布為禁書，停止刊刻，停止頒發，嚴禁臣民收藏，私藏者治罪，並在全國範圍內統統收繳銷毀。呂留良的著作也遭禁毀。乾隆還將流放在寧古塔的呂留良等人的後代，遣送到更荒遠的黑龍江給披甲人為奴。

《大義覺迷錄》是雍正朝御制國書，刊行全國欲使其家喻戶曉，欲以使人人「覺迷」。轉眼之間，乾隆繼位宣布為特號禁書，凡有私藏者，即有殺頭滅身之罪，唯恐有一人「覺迷」。這又是為什麼呢？

乾隆即位時，帝位已經鞏固，雍正的政敵們已徹底失敗。而雍正對「華夷之別」的新釋、對十大罪狀的自我辯解、對皇宮中的祕聞醜事的洩露、皇子間的爾虞我詐、文武大臣間的明槍暗箭等等，統統詳細地記錄於《大義覺迷錄》一書中。這損害了作為萬乘之尊皇帝的光輝形象，暴露了國家和宮廷的絕密，發揮的是反面宣傳的作用，根本達不到使臣民「覺迷」的目的，只能更增強人們的反清排滿情緒，因此必須徹底翦除禁錮異端思想的蔓延，肅清其流毒。

這起歷時七年之久的曾靜遣徒張熙投書謀反案，最終以曾靜、張熙被凌遲處死，御制國書《大義覺迷錄》被禁毀的結局最後降下了帷幕。

偽孫嘉淦奏稿案

大家冒名寫奏章，竟嚇死本尊

如果列出中國古代史上對文化發展最具毀滅性的事件，那莫過於文字獄了。文字獄，顧名思義，就是因文字的緣故所構成的罪案。清代是中國文字獄的高潮，清代的文字獄，是在其政權基本穩定以後，隨著統治者對思想文化領域控制的加強而產生的，它始於康熙，發展於雍正，到乾隆時期達到了登峰造極的地步。乾隆年間的文字獄，不僅數量超過順治、康熙、雍正三朝的總和，深度和廣度也大大超過前朝。鬧得最厲害的一次文字獄是乾隆朝的「偽孫嘉淦奏稿案」，正是這封奏稿引起了一場軒然大波，無數人因此鋃鐺入獄，一起驚天大案由此產生。

一封萬言奏稿

乾隆十六年（一七五一年）六月，雲貴總督碩色密報乾隆皇帝，說發現「密稟一紙，詞殊不經」，是到雲南的過客抄錄傳播，所抄傳之詞假託廷臣名目，甚至捏造硃批，膽肆訕謗，並將傳抄的偽稿一同呈皇上。這一份長達萬言的奏稿，偽託工部尚書孫嘉淦的名義。偽奏稿中的內容稱乾隆皇帝失德，指責乾隆皇帝本人和他執行的政策有「五不解、十大過」，並把當時的朝中大臣幾乎全部進行揭露斥責，特別是針對乾隆南巡勞民傷財和在金川戰爭中冤殺名將張廣泗進行了批判。

這裡有必要對乾隆南巡和誅殺張廣泗的事件做一下簡單的介紹。

乾隆

乾隆在位六十一年，極其崇拜其祖父康熙帝，為政處處傚法，康熙六巡江浙，他也六巡江南。乾隆極為看重自己的這項活動，在他統治後期的第六次，也就是最後一次到江南視察時，在返回的途中曾寫過一篇《南巡記》，稱自己一生做過的大事唯有兩件，其一就是「南巡」。乾隆南巡名義上是為了「考察民情戎政，問民疾苦」，實際上也少不了吃喝玩樂。康熙南巡還是比較簡樸，乾隆南巡相較於康熙要奢侈得多。他在南巡的前一年就開始籌備，不但派親王一人總理其事，還要派嚮導官員會同地方官詳盡勘查沿途道路、名勝古蹟，修建行宮，修橋鋪路。乾隆南巡時，一個官員捐修蘇州御道，就費銀三十萬兩。康熙南巡時，僅建了少數行宮，主要是住在地方官員的官邸。乾隆下江南在沿途建造了三十多個行宮。乾隆乘的御舟共有五艘，製作工藝極其精美，由倉場衙門製造，提前送往江南，僅御舟拉縴的河兵就需三千六百人，其餘人員需用船隻由江南備辦，需船千餘艘。其奢侈程度可見一斑。有人從一開始就預見到了乾隆南巡不但會給民間帶來了極大的騷擾，而且不可避免地要勞民傷財，會給百姓帶來深重的災難，因此企圖阻止皇帝。但又擔心自己的影響力不夠，於是想了個辦法，假託孫嘉淦的名義偽造了一篇為此上諫的奏稿，還偽造了皇帝的御批，然後在民間和官場傳播，以求製造輿論，聳動人心。

此偽奏稿所涉及的另一個人是張廣泗。乾隆十二年（一七四七年），因邊境爭端，大金川土司沙羅奔起兵攻掠革布希紮及明正兩土司邊境地，乾隆想剿滅騷擾鄰近土司、威脅川藏交通的金川，將川西改土歸流，加強中央對川西土司地區的控制，於是十二年（一七四七年）三月中旬三次下諭，宣布對金川用兵。乾隆剛開始任用的統軍大帥就是張廣泗，是漢軍鑲紅旗人，以國子監學生的身分通過捐納得到了知府的官銜。先在貴州思州任職，雍正上臺後，被調往雲南楚雄，因為隨雲貴總督鄂爾泰平定當地的苗族起義有功，被提拔為貴州按察使，不久升任貴州巡撫。他曾佐岳鐘琪攻準噶爾，因功授湖廣總督、正紅旗漢軍都統。乾隆即位後，任用張廣泗為經略，將軍以下的大小官員都聽他的節制，迅速平定了貴州的苗族起義。這次乾隆把張廣泗調到川陝總督任上主持大金川軍務，希望他能像以前那樣，迅速平定這些亂黨。沒想到，這回張廣泗卻連吃敗仗，乾隆趕忙把自己精心培養的第一軍國重臣訥親派往前線，然而張廣泗與訥親「將相不和」致使「士皆解體，軍威日損」，仍無法取得勝利。乾隆一怒之下，以貽誤軍機的罪名誅殺了張廣泗並賜訥親自盡。偽奏稿中說，這場戰爭的失利，是由於乾隆的決策有誤，指揮不力，用兵的時間不對，選擇的打擊物件欠妥，才致使官兵傷亡慘重，民力疲憊，耗費了巨量銀兩，勞民傷財，而不應該降罪張廣泗，張廣泗的死是冤枉的。

這份奏稿未用真名，而是託名孫嘉淦，那麼這個孫嘉淦又是什麼人？為什麼要冒他的名字寫偽奏稿呢？孫嘉淦，字錫公，山西興縣人，在康、雍、乾三朝為官，是雍乾兩朝的重臣之一。孫嘉淦小的時候家裡很窮，只好一邊耕田一邊讀書，於康熙五十二年（一七一三年）考中進士、入了翰林院。歷任侍郎、尚書、督撫，協辦大學士等要職，為官期間，以正直能幹、敢於直言而聞名。在他的為官生涯中有兩次直諫非常有名。

一次是在雍正時期，康熙駕崩後，當時雍正經過和諸位兄弟的殘酷競爭，剛剛登上皇位，於是號召「諸臣皆得上封事」即相當於後來的鳴放，也就是象徵性地徵求群臣意見。年屆不惑的孫嘉淦不知天高地厚地向雍正提出了三大建議，請雍正「親骨肉、停捐納、罷西兵。」這三條建議，可以說每一條都嚴重違背了雍正的意志，甚至可以說是公然挑釁。雍正在康熙末年「九王奪嫡」中勝出，為了穩定地位，此時正要抑制、打擊其他兄弟，確立自己的權威；當時國庫空虛，正需要錢；西北形勢危急，邊患不斷。孫嘉淦的三大建議相當於打了雍正一記響亮的耳光。結果雍正皇帝看了孫嘉淦的奏章，既怒且驚，他把孫的奏章拿給其他大臣看，並說：「翰林院怎麼能容忍這樣的狂妄之徒存在？！」幸虧當時雍正的老師朱軾求情，為孫嘉淦說了句話，而且話說得非常藝術：「嘉淦誠狂，然臣服其膽。」朱軾說這個人確實夠狂妄的，但是臣也很佩服他的膽量。雍正自己也對孫嘉淦說真話不要腦袋的膽識表示佩服，轉怒為笑說：「朕也服其膽。」雍正一向猜疑心很重，稍有觸犯必殺無疑，但孫嘉淦的坦誠與大膽，正好使雍正不猜疑他，因而保住了一條命。之後又提升他為國子監祭酒。從此，孫嘉淦官運亨通，一路高昇，雍正六年（一七二八年），成為工部侍郎，雍正十年（一七三二年），調到刑部做侍郎，同時兼任吏部侍郎。

乾隆即位的時候，相中了敢言直諫的孫嘉淦，擢升他為左都御史，兼吏部侍郎，專管監察。孫嘉淦也不含糊，很快給乾隆上了篇絕代諫論《三習一弊疏》，長篇大論，毫無顧忌。「三習一弊」的大致內容是：「人君耳習於所聞，則喜諛而惡直」，「目習於所見，則喜柔而惡剛」，「心習於所是，則喜從而惡違」，孫嘉淦說這三種習慣形成後，那就會產生喜小人而厭君子的弊病，於是提醒皇帝要在聽、看、想三方面格外注意，懇請皇帝應該「遠惡習、戒大弊、敬君子、遠小人」，希望皇帝不要自以為是，要永遠杜絕喜小人厭君子的弊端。滿朝文武都讚賞他的忠心，當時甚至有人說：「只此一篇文章，足以讓一個人青史留名，永垂不朽。」可見對這篇文章評價極高。《三習一弊疏》確實著眼很高，適合於做皇帝的人看，但抨擊之廣則直指人性的普遍弱點，語言之美足以令人拍案驚奇，但其筆鋒之利讓所針對的人讀來難免汗流浹背，坐臥不安。好在乾隆看了之後不僅沒有生氣，反而對孫嘉淦大加讚賞，並且因此又升了孫嘉淦的官，提拔他為吏部尚書，不久又出任直隸總督，成為封疆大吏，最後一直升到協辦大學士。

孫嘉淦兩次都以耿直進言為皇帝所賞識，這也為他在朝野博得了君子的美名，更令他成為舉朝皆知的著名人物，為時人所讚賞。雖然孫嘉淦是敢說話頂撞皇帝的人，但這封奏稿顯然不

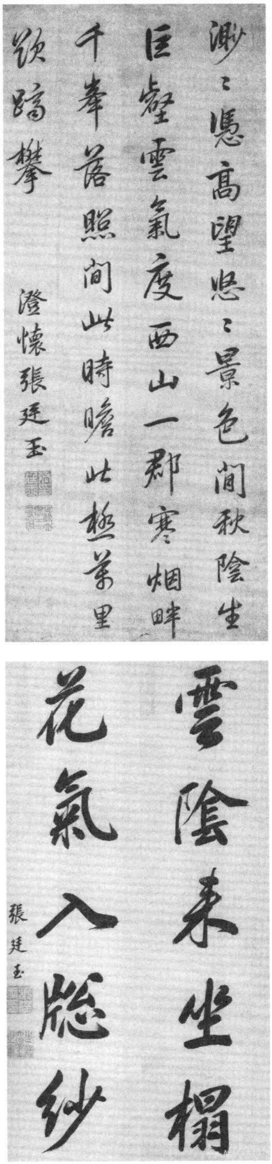

張廷玉書法

是孫嘉淦的手筆，孫嘉淦雖然正直敢言，但膽子還沒有大到公然對皇帝和朝廷大臣進行人身攻擊，這是要掉腦袋的。這恰恰應了那句「樹大招風」的老話，別人正是利用孫嘉淦的名氣才假託他的名字來撰寫奏疏，並將這奏疏的稿子廣為傳播。其實，對於孫嘉淦來說，這已經不是他的名字第一次被盜用了。早在乾隆剛剛即位的第三年（一七三八年），京城內外就流傳著時任尚書的孫嘉淦上疏彈劾從大學士鄂爾泰、張廷玉、徐本，到尚書訥親、海望，甚至領侍衛內大臣常明等朝廷高官的奏稿。這個流言非常盛行，以至於乾隆皇帝不得不親自降下一道諭旨，宣布這是那些嫉妒孫嘉淦的人所「造作」的訛言，決定不予深究。沒想到十三年後，孫嘉淦的名字又一次出現在一份偽造的奏稿上。

真相之謎

乾隆皇帝聞奏之後，深感此次事態嚴重，認為這份偽奏稿「假託廷臣名目，擅肆訕謗，甚至揑造硃批」純屬大逆惡徒狂悖之舉，不能再向上次那樣坐視不管了。但是，又不想公開追查此種直接把矛頭對準他本人的激烈的指責言辭，還因偽奏稿在其他處尚未發現，故追查也沒必要全面鋪開，遂責令步兵統領舒赫德及直隸、山東、山西、河南、湖北、湖南、貴州等省的督撫祕密緝訪。

此時，各省表面似乎很平靜，但在各督撫的部署下正暗地緊鑼密鼓地進行查訪活動。過了不久，山西巡撫阿思哈上奏，說流寓山西介休縣的直隸民人王肇基呈獻詩聯，譭謗聖賢，狂妄悖逆。王肇基是一個屢試不中的窮書生，居住在山西介休縣，籍貫是河北直隸人，幾乎被中舉做官的執念折騰得近於瘋癲。乾隆十六年（一七五一年）八月初九，皇太后生日前後，也是山西追查偽奏稿最緊張的時刻，王肇基寫了一首頌揚皇太后的詩聯，瘋瘋癲癲將此詩投呈給了山西汾州府同知圖桑阿的衙門，他想通過這首阿諛詩聯得到官府的舉薦而做個小官。圖桑阿本是個旗人，但是早已漢化，對漢文字與文學也是駕輕就熟，曉得王肇基詩聯裡的意思，圖桑阿看出詩歌部分不過是頌揚皇太后的阿諛之詞句，然而詩歌下面附有的一小段議論卻讓圖桑阿大感不妙，這幾句議論除了詞句顛三倒四之外還有「譭謗聖賢、狂妄悖逆」的地方。於是圖桑阿便將王肇基投入大牢，將其寫的《恭頌萬壽詩聯》向知府李果呈交了上去，李果又向山西巡撫阿思哈做了彙報。阿思哈看後，將此事件定性為「借名獻頌、妄肆狂言」的文字大案。於是將王肇基提解到自己衙門看管後，便給乾隆呈遞奏摺並附上詩聯，說明情況。同時阿思哈還命令圖桑阿到王肇基家中搜查，意圖發現更多的違禁字跡以及器物。乾隆看了阿思哈的奏摺後，立刻降旨命其悉心根究，「是否為偽奏稿案的黨羽」。阿思哈立即開始嚴審王肇基，王肇基供說：「我獻詩恭祝皇太后萬歲，不過乃是盡我小民之忠心，並希望得到聖上的喜歡，求得一官半職而已，並無他意。」幾般用刑之後，王肇基仍是這般說辭，看來確實是因為官迷心竅而胡亂呈詞，與偽稿無關。乾隆也認為王肇基是個瘋人，與偽奏稿沒關係。但乾隆說王肇基「病廢之時」尚且「謗聖賢」，可見他「平昔」原是一個「作姦犯科」的惡人，於是就將王肇基「立斃杖下」了。

過了不久，乾隆又接到山東按察使和其衷的密奏，說本年四月即在山東發現傳抄的「孫嘉淦奏稿」，報知巡撫準泰，準泰以為這不過是常見的匿名揭帖，不必細究，也不需具奏，將傳抄人打了頓板子就放了。乾隆勃然大怒，認為準泰身為滿洲大臣，嚴重失職，立刻將其革職拿問，調河南巡撫鄂容安接替其職。這兩件事對乾隆皇帝觸動很大。前者說明，雖然王肇基與偽稿無關，但偽稿流傳甚廣，肯定其「黨羽」不少；後者說明，地方官員在辦理此案時，存在故意推諉、拖延的情況。於是乾隆皇帝在八月二十八日下令各省，凡是誣揑撰寫、分散傳播都是首犯，為這封奏稿寫註釋，私自記載的，也是重要從犯，都要從重辦理。又向各督撫提出警告，偽奏稿事件，因乾隆發現起義軍散發的檄文風格上與偽奏稿有異曲同工之處，於是乾隆認為偽奏稿是出自馬朝柱等人之手，可是查來查去卻又沒有實據。查到湖南，乾隆又懷疑是曾靜和張熙（雍正朝投書策反朝廷重臣岳鐘琪，後被乾隆所殺）的餘黨在作祟，元兇應該在湖南，可是湖南也找不到；查到貴州，乾隆以為偽奏稿是為張廣泗鳴冤，張廣泗又做過貴州總督，那麼撰稿的元兇很可能就在貴州，可是貴州又查不出來。如此查來查去，一直也沒捋出個頭緒。被逮捕的涉嫌者及傳抄之人，不是互相指責，就是將責任推向已故之人，有的在嚴刑逼供下認罪，鬆刑又復呼冤，使案情紛繁和複雜起來，到年終整個案情仍毫無結果，辦案人員焦頭爛額，乾隆皇帝也甚為頭痛。到了六月二十九日，乾隆再次命軍機大臣將歷次奏報各案逐一分析查奏，列出已有線索的清單，分別寄發各省，按清單所開各案，迅速查辦。各省遵照乾隆皇帝的指示，根據開具的清單，繼續追查。

到了十月十九日，偽稿一案追查不力，乾隆皇帝遷怒於督撫僱員，再次通飭各督撫，諭稱：「查辦偽稿至今已一載有餘，茫如人海揀沙，萬無頭緒，此皆因各督撫等一切委之僱員，惟據詳索供詞，虛文塞責，並未悉心研究，實力查辦，致使線索迷亂，首犯尚悠然事外。」乾隆皇帝深知，此案進展緩慢與各省督撫互相推諉有很大關係，而承辦人員怕擔當責任，往往將案情向他省引發，致使隔省隔屬，輾轉往復，拖延了時日。十一月二十三日，乾隆皇帝下令將他認為追查不力的兩江總督尹繼善、江西巡撫鄂昌等解任候旨，並宣稱「他省督撫有似此者均照此辦理。」為此案多名大臣遭遇貶斥，而且此案曠日持久的查下去將會影響朝綱的穩定，於是一些廷臣聯名上書勸諫。山東巡撫以為「毋庸深究」，被乾隆革職查辦；御史書成上疏委婉提出勸阻，說此案曠日持久，「株連終所難免，懇將人犯即行免釋」，乾隆閱後大怒，連降二道諭旨申斥書成為「喪心病狂之言」，書成被革職服苦役，此後無人敢諫。

此時的偽奏稿案在全國追查了一年半的時間，受牽連者有上千人之眾，一些「重大案犯」全部解京審辦，你咬我，我咬他，他又咬他，咬嚼了一年多，元兇並未捕獲，倒是搞得全國風風雨雨，人心惶惶。乾隆皇帝認為既已延及數省，遲至經年，斷無驟然中止之理，但要繼續查下去也很困難。這時他覺得這樣下去等於是自己跟自己過不去，該斷不斷，反受其亂，何不快刀斬亂麻，把自己和臣下從中解脫出來呢？就在一籌莫展之際，軍機處查出了一條線索：江西巡撫鄂容安查獲的傳抄偽稿的長淮千總盧魯生父子，經舒赫德審訊，供出其稿得自南昌守備劉時達。劉時達供稱，乾隆十五年七月間，他收到時任浙江金華縣典史的兒子劉守朴託人捎來的家信，劉時達看到信內附有孫嘉淦偽稿一張。這個線索對乾隆來說無疑是「山窮水盡疑無路，柳暗花明又一村」，經分析偽稿最早出自盧劉二人，應該是盧劉兩人共同的傑作。乾隆遂命江浙兩省承辦此案的周承勃、錢度速往金華密訪查辦，又指示兩廣總督阿里袞，將第一緊要之犯劉守樸速押解進京。盧魯生、劉時達父子押到北京之後，乾隆皇帝責成軍機處對其進行審訊。在乾隆皇帝看來，偽稿一案似乎有了頭緒，根源似乎就要找到，如不出意外，偽稿必定為盧魯生及劉氏父子所捏造。但事情偏偏不像乾隆皇帝所想像的那樣，盧魯生說偽稿是劉時達所供，但劉守朴的幕友孔則明供說，封寄偽稿給劉時達是其代為經手，其偽稿乃得自蘇州。從蘇州什麼人得來，這孔則明也說不出個所以然來，這下無疑又給乾隆兜頭一盆涼水。案情橫生枝節，又陷入追不到源頭的困境。

乾隆有些不耐煩了，一年來，全國上下大張旗鼓追查偽稿，他在一年之中發的詔諭即有三萬言之多，逮捕的人犯有一千餘人，因查辦不力而遭撤職查辦的五品以上大員就有十多名，不知花費了多少人力財力，也不知牽連了多少人心。連乾隆自己也感慨：「一載有餘，茫如入海算沙，了無頭緒。」在乾隆皇帝看來，這樣曠日持久的查下去將使朝臣陷入惶惶自危之境，不利於朝邦安定，而且即使偽稿查不出真正的捏造者，但經過這一番清查，對政治上的異己力量及不滿情緒，也發揮了不小的震懾威力，於是開始考慮如何收場。而擺在他面前的盧、劉二犯，正可作為代罪羔羊。於是，在乾隆的授意下，軍機大臣好好「開導」了盧魯生，經反覆開導，盧魯生也承認了與劉時達共同捏造偽稿的「實情」，就這樣盧魯生把這件驚天大案攬了下來。

乾隆十八年（一七五三年）三月，皇帝迫不及待地宣布，偽稿一案已全行昭著，「主犯」盧魯生，涉嫌偽造大臣奏摺，攻擊朝廷，判處凌遲；劉時達等俱定秋後斬決，家屬照例連坐；其他傳抄犯人，加恩寬免；傳抄過偽奏稿的官員，照律治罪；辦案不力的大員如江西巡撫鄂昌、按察使丁廷讓、知府戚振鷺等俱被革職拿問，甚至漕運總督瑚寶、兩江總督尹繼善、閩浙總督喀爾吉善這類封疆大臣也被牽連革職，交刑部嚴議治罪。

至此，這場轟動全國的清查偽孫嘉淦奏稿案，在一片鬧劇中草草收場。偽孫嘉淦奏稿案在清朝歷史上不僅是一件大案，同時也是一件奇案。說「大」，是因為此案前後歷時三年，涉及全國包括京師、山東、山西、江西、江蘇、安徽、浙江、福建、湖南、湖北、貴州、廣東、廣西十多個省以及邊遠土司等地區，大批官員、文人甚至普通百姓被牽連，以至逮捕入獄問罪；說「奇」，則是因為此案雖然經過最高統治者的親自過問，命令地方大力予以嚴厲追查，折騰了幾年卻也沒有弄清真相，最後只得找了一個其實並不是真兇的人定罪，草草了事，留下許多疑點，成為清朝歷史上的一大疑案。

而一向以膽大聞名的孫嘉淦，這次卻被嚇死了。案件發生以後，乾隆雖未加罪於他，但在雍正乾隆兩朝文字獄的高壓政治環境下過了幾十年，已年近七旬的孫嘉淦，這次脊樑卻被壓彎了。他被嚇得心驚肉跳，對家人說：「先帝（指雍正）及今上，嘗戒我好名，今獨假我名，殆生平好名之累未盡，有此致之。」孫嘉淦自悔以前不該耿直敢奏，致使別人冒己名寫偽奏稿。孫嘉淦於乾隆十八年（一七五三年）因驚懼而死，時年七十一歲。

偽稿遍及全國，正說明此議深得人心，乾隆皇帝應該「聞過即改」才是。然而乾隆帝絲毫不認為是自己的過錯，並沒有採取孫嘉淦的建議，力戒「三習一弊」，而是認為「皆因以往實行的寬大之政」，是「請寬妖言」、「禁挾仇誣告詩文」等政策縱容了「誹謗」。於是乾隆帝

乾隆下江南

決定改變「婦人之仁」的「寬緩方針」，決定繼承列祖列宗的嚴猛苛政，繼續用文字獄來收拾知識分子那份社會良心。從此文字獄波瀾壯闊，一發而不可收拾。

戊午科場·舞弊案

學生舞弊，牽連一品官員人頭落地

科舉是封建王朝通過考試選拔官吏的一種制度，由於採用分科取士的辦法，所以叫做科舉。早在秦漢時期任用官員實際上是採用舉薦的方式，任官以德能為主，層層推舉孝順、廉潔之人。魏晉以來，官員大多從各地高門權貴的子弟中選拔。權貴子弟無論優劣，都可以做官。許多出身低微但有真才實學的人，卻不能到中央和地方擔任高官。為改變這種弊端，隋文帝開始用分科考試來選舉人才。隋煬帝時期正式設置進士科，考核參選者對時事的看法，按考試成績選拔人才。科舉制度就這樣誕生了。

科舉制從隋朝大業元年（六〇五年）開始實行，到清朝光緒三十一年（一六〇五年）舉行最後一科進士考試為止，經歷了一千三百多年。科舉的進步之處就在於「使草野寒酸登進有路，不假憑藉，可致公卿」，但其本身也存在著弊病。

因為科舉考試的成功在一定程度上保證了一生的富貴榮華，所以不少人均企圖以作弊在科舉中取得好成績，科場舞弊現象在科舉制度建立不久就出現了。隨著科舉制度的發展，防弊措施日益嚴密，而作弊的手段也日益巧妙，挾帶、抄襲、頂替諸弊，層出不窮；而最大的弊端，又無過夤緣請託、賄買關節。

山雨欲來風滿樓

科舉制度發展到了清代，已日趨沒落，弊端也越來越多，科場舞弊案頻頻發生，為了杜絕弊端，選拔真才，清統治者不僅制定了相當完備的科場條例，而且嚴厲懲辦那些徇私舞弊者，特別是交通囑託、賄買關節的人員。其次數之多，處理之嚴，打擊面之廣，為科舉制建立以來所未有。其中發生在順治十四年（一六五七年）、康熙五十年（一七一一年）和咸豐八年（一八五八年）的科場案，又是其中的三大重要案件。

江南貢院

順治十四年（一六五七年），發生了科場兩大案——順天鄉試案和江南鄉試案。其中江南鄉試案尤為突出。江南主考官方猶和錢開宗收受賄賂，鬧得沸沸揚揚。榜發後，江南士子在貢院的「貢」字中間加了個「四」字，改成了「賣」，「院」字旁邊用紙貼去耳字旁，變成了「完」字，於是「貢院」就變了成「賣完」。有人還借題寫了一首《黃鶯兒》加以諷刺：「命題在題中，輕貧士，重富翁。詩云、子曰全無，原是貨殖家風。」順治皇帝得知江南科場醜事後，怒不可遏，下令將方、錢二人立即正法，其「妻子家產，籍沒入官」，另外十八人也受到「責板四十，家產籍沒入官，父母兄弟妻子一併流放到黑龍江的古塔處分」。順治認定處理此案的刑部也不得力，一怒之下，革去了包括刑部尚書圖海在內的一批官員職務。

康熙五十年（一七一一年），江南的鄉試也發生了科場案。這個科場案主考官叫左子蕃，副主考官叫趙晉。考完試一放榜，中舉者除蘇州十三人外，其餘多是揚州鹽商的子弟。其中句容縣王曰俞所薦的吳泌、山陽縣知縣所薦的程光奎皆文理不通，於是輿論大譁。士子竟將財神爺抬入府學，憤怒的考生還在貢院的大門上貼出一副對聯：「左丘明兩眼無珠，趙子龍一身是膽」，以此諷刺左子蕃和趙晉。康熙帝派戶部尚書張鵬翮會同兩江總督噶禮、江蘇巡撫張伯行以及安徽巡撫梁世勳在揚州詳審。審訊中，噶禮、張伯行發生分歧，二人互相彈劾，康熙帝將二人免職。最後終於查明副主考趙晉與同考官王曰俞、方名私受賄賂，取中吳泌、程光奎的情況。趙晉、王曰俞、方名被處斬立決；吳泌、程光奎等均處絞監候；主考左子蕃失察，被革職。

咸豐八年（一八五八年）的順天府科場案，是這三大重要案件中最值得一提的，若將上述兩案件與此案相比，簡直就是小巫見大巫了。因為此案受刑官員級別之高創了紀錄，被斬殺的主考官大學士柏葰不僅是清代科場案中唯一被斬處的一品大員，而且也是中國自實行科舉制度以來，因考試作弊而被殺的最高職位官員。

柏葰原名叫松葰（道光十年改為柏葰），字靜濤，巴魯特氏，蒙古正藍旗人。柏葰出生於北京，自小聰明好學，道光六年（一八二六年）考中進士，授庶起士。柏葰一生仕途順暢，曾任工部、刑部侍郎、正黃旗漢軍副都統等職，為官清廉。但案發之後，就在「松俊」的這個「俊」字上加了一個草字頭。在清朝如犯下殺頭的重罪，官方往往要在案件卷宗裡將犯人的名字改換，常見的做法是把他們的名字加「水」、「刀」、「草」等偏旁部首，這個柏葰的「葰」字就是如此。

道光二十六年（一八四六年），柏葰出任江南鄉試正考官期間，對瞭解查證出的一批江蘇「漕務蛀蟲」進行了上奏，使這些貪汙受賄之徒受到了應有的處置，從而整頓肅清了江蘇的漕運事務。因為柏葰查案認真嚴謹、秉公正直，曾在道光三十年（一八五〇年）一年內五次陞遷，深得皇帝的器重，並為朝野所注目。

到了咸豐五年（一八五五年），柏葰出任熱河都統，對當時熱河地區存在的一些矛盾弊端進行了認真的整治，並且較為妥善地解決了蒙古地方的開礦問題。此後，柏葰的職位又有陞遷，愈加受到清廷的賞識。後來，由太平天國運動引發的各地反清鬥爭不斷發生，清政府疲於應付，財政日見困窘。為救燃眉之急，清廷廣開錢局，濫發官票，引起了通貨膨脹。此時柏葰任戶部尚書，和其他官員一起針對當時金融和貨幣的混亂進行了清查和整頓，使鈔法漸漸有了些起色。他還根據以往發行官票的教訓，提出了一些切中要害的見地，這在當時是很了不起的。

咸豐八年（一八五八年），順天鄉試放榜後，發生了一起震驚晚清朝野的科場舞弊案，先後懲處九十餘人，五人被斬，其中就有一品大員柏葰。因當年為干支戊午年，所以又稱其為「戊午科場案」。

古代狀元硯

咸豐八年（一八五八年）的八月份按照傳統科舉制度，應該舉行鄉試。清朝的科舉分為鄉試、會試和殿試三級。鄉試每三年在省城舉行一次，稱「大比」，取中者稱「舉人」，因考期在子、午、卯、酉年的秋八月，故叫「秋試」又叫「秋闈」。鄉試的第二年春天舉行會試，由禮部主持，在京城考試，取中者稱「貢士」。會試科考也是每三年一次，設在春天，故叫「春試」，又叫「春闈」。殿試則由皇帝親自主持，只有貢士才有資格參加，分「三甲」錄取，一甲三名賜進士及第，第一名稱「狀元」，第二名稱「榜眼」，第三名稱「探花」。二甲賜進士出身，三甲賜同進士出身。

這一年的鄉試定在了八月初八，地點設在貢院（貢院取為國家貢獻人才之意）。明清兩代的貢院設在京城，始建立於明永樂十三年（一四一五年），當時因京城的城垣和皇宮尚未完成，財力物力有限，就用木板和葦席等搭蓋成考棚，又叫「號棚」，屋高四尺，長、寬約三尺，非常的狹窄，整個貢院據說有九千九百多間這樣的房子。考棚四周圍是用荊棘圍成的牆，設五間大門，被稱為「龍門」。當時有一個說法，所謂考生一經考中，就叫做鯉魚躍龍門。中間三門上有橫匾，中門上題「天開文運」，東門上題「明經取士」，西門上題「為國求賢」。貢院內的中路主要有明遠樓、公堂、聚奎閣和會經堂等。

貢院裡的監考很嚴，應試的時候，所有考生要在考前一天的寅時（也就是現在的凌晨三點到五點）在貢院門前集合。進貢院大門時，要進行嚴格的搜身，以防考生的身上藏有「夾帶」（考試作弊的資料）。如有「夾帶」，則送刑部嚴辦。當考生進入考場的考棚後，就要鎖門，稱為「鎖院貢試」；因貢院的周邊四周是用荊棘圍圈，所以又叫「鎖棘貢試」。考生每人一間考棚、一盆炭火、一枝蠟燭。

貢院的「鎖院貢試」最怕著火，而著火的事件卻經常發生，因此院內有很多大缸盛水以備救火。但杯水車薪，實是虛設。在明正統三年（一四三八年）的秋試，首試的頭一天，就著了大火。最嚴重的一次是在明天順七年（一四六三年），春試的第一天夜晚，考場著火，燒死了九十多個考生。明英宗給死者每人一口棺材，埋葬在朝陽門外的空地，並立碑「天下英才之墓」，人們稱之為「舉人塚」。貢院屢屢失火，不得不改建，於是明正德年間的大學士張居正上疏皇帝，將原來木板房的貢院改為磚瓦結構的建築，使防火性能加強。

貢院的科考也給附近的胡同帶來了繁榮，出現了售筆、紙一條街的「筆管胡同」，有會館性質的旅館街道「鯉魚胡同」、「驢蹄子胡同」（考生大多騎驢進京趕考）等等。

其中鯉魚胡同原本是一條小胡同，原來叫「老人胡同」。有錢的進京考生大多騎驢進京住在驢蹄子胡同。相傳有一次會試時，一個窮考生因沒有錢而走著進京，只得住到老人胡同的一位老人家裡，但神奇的是在科考的前三天忽降雨，胡同地面成河，有大鯉魚出現，後來這位窮考生竟考中了狀元。從此老人胡同名氣大振，以後考生們又紛紛住到老人胡同，想借運高中。為圖吉利，老人胡同就改名為「鯉魚胡同」。

此次順天府鄉試被任命的主考官就是時年六十三歲的柏葰，此時的柏葰官居從一品（清朝的官品一共分為九品，九品裡每一檔又分成正從兩級），軍機大臣，協辦大學士。另外兩位副主考，一個叫做朱鳳標，位列尚書；另一個叫做程庭桂，身為最高檢察機構——都察院——的左副都御史，同時兼任戶部侍郎。主考官雖並非肥缺、要差，但也可算得上是美差、顯差。因為每次考試取中者，皆為其門生，從此便具有了師生之誼。新中式的舉人、進士等，以後多可進入官場，成為主考官的親信、親密之人。因此，主考官既可博延攬人才之美名，又可得廣收門生之實利。因此各位權高位尊的清廷大吏皆以派放主考官為喜、為幸，但這次考官們不但未能因此「喜」起來，反而引來了不幸的殺身橫禍。

在此次順天府鄉試過程中，發生了順天府尹梁同新與提調順天府丞蔣達因彼此不和而互相攻訐的事情，後來這兩人分別遭到革職和降調的處分，這似乎是一種不祥的預兆。

到了九月十六日放榜的時候，參加考試的士子爭相來觀榜，鑲白旗滿洲附生平齡中了此次鄉試的第七名舉人。在清代的科舉考試制度中，確實存在著許多弊端，作弊請託之風盛行。但是在一般情況之下，某位元士子高中舉人、進士之類，也並無可異可怪之處，人們大多認為這

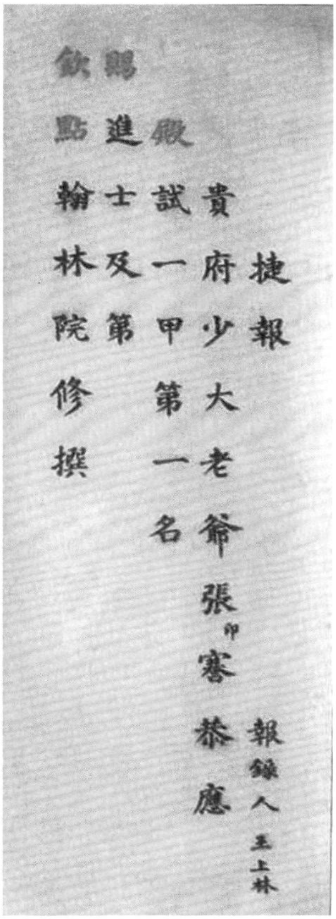

狀元捷報

是他們十年寒窗苦讀的結果，或者是其「祖墳冒了青煙」，別人是妒忌不了的，不服氣，你也回家閉門苦讀去。但是，此次平齡高中舉人，卻使眾多文人士子們頗為不服。平齡何許人也？當時有不少人識得這位滿族的大爺。其人平時很少讀書作賦，卻喜歡戲曲，經常與一些遊手好閒之人相聚唱戲，還曾在戲院登臺演過戲，被人輕視。平齡唱戲，屬於優伶（戲子），優伶在清代屬於賤民，本沒有資格參加科舉考試，他不僅參加了考試，還中了舉人，這就難免眾士子群情激憤了，令人懷疑其中有弊。平齡中舉引來非議，這也成為順天府科場舞弊案的導火索。

就在優伶平齡中舉這個議論鬧得沸沸揚揚的同時，咸豐皇帝發了一道旨意，由於主考官柏葰主持本次鄉試有功，官升一級，由原來的從一品提升為正一品，由協辦大學士一躍而成為真正的大學士，至此柏葰是官至極鼎，位極人臣了。然而，讓柏葰想不到的是，一場疾風驟雨悄然而至。

案情大白

十月初七，御史孟傳金上奏咸豐帝，指出此次鄉試有諸多舞弊行徑，「或主考壓令同考官呈薦，或同考官央求主考取中，或同考官彼此互薦，或已取中而臨時更改」，折中還提及「中式舉人平齡，朱墨不符」，引起物議沸騰，請特行複試。

自隋朝制定這套科舉考試制度後的一千多年來，始終是有種種花樣翻新的作弊方法。常見的有夾帶、代考和賄買三種。

麻布坎肩夾帶

夾帶就是事先將應試資料藏在衣服鞋襪裡，或索性密寫在衣物、身體上，混過搜身帶進考場，其他各式隨身物品，包括文具、食品、蠟燭等等都曾被用作夾帶；代考是指考生出錢請人假冒自己的名字入場考試，又稱「槍替」，也就是我們今天所說的「槍手」；「場內」夾帶、槍替畢竟太初級，風險也大，有時候「場外」的操作會更有作用，因此又有人採用賄買的方式「交通關節」，買通考官，考生與考官約定，以特定的句子或字詞來作暗號，進行作弊。

為了防止作弊，清代政府制訂了一整套的系統防範措施，比如考官迴避、考場搜檢、試卷糊名彌封、朱卷謄錄等規章制度，以防來自考生的作弊和官方的腐敗，保證科考的公平與公正。清政府對考生作弊的處罰也很嚴厲。一旦被發現，按照《大清律例》，作弊者要被枷示（在街頭帶枷示眾）三個月，然後發配邊疆地區充軍。即使這樣也未能禁絕考場舞弊的現象。

孟傳金在給咸豐帝的奏摺中說平齡的朱墨不符，指的就是朱卷謄錄製度。這一制度的程序如下：考試結束時，文人士子的試卷經內收掌官（考場內的收卷官）收取後，統一交給彌封官彌封（將試卷中有關士子本人的姓名、籍貫、年齡等一切相關內容，經摺疊反轉後以空白之紙覆蓋彌封，然後在騎縫處加彌封官關防和監臨官關防）；彌封後的試卷統一交給謄錄官，由其分交各位謄錄生將試卷如實謄寫一遍（考生的原始試卷因用黑墨書寫，故稱墨卷；而由謄錄生統一抄寫之卷則用紅筆，故稱朱卷），謄寫完畢，再由對讀官交各位對讀生負責校對謄錄是否正確無誤，如確係無誤，則由對讀官加蓋關防後轉交外收掌官（考場外的收卷官）；外收掌官將試卷轉交閱卷官，閱卷的官員，能夠看到的只是考生的朱卷。

顯然，在閱卷環節中最重要的就是朱卷墨卷。孟傳金說平齡的墨卷和朱卷文字不符，即意味著平齡的試卷已經被篡改或調換。咸豐帝登極之初，本欲對腐敗的吏治官風進行大力整頓，且科舉考試又是關係清廷後備官員基本素質的「掄才大典」，因此看了奏摺感到事態嚴重。當即傳諭怡親王載垣、鄭親王端華等人，嚴查這次科考當中可能出現的種種舞弊情節。由此拉開了重治主副考官科場舞弊的序幕。

在審訊過程中，平齡始終強調自己並非戲子，只是偶爾登臺去唱戲。按照今天的說法，他相當於是一個「票友」。按照清代的法律，如果要是戲子這是絕對不可以的，平齡是滿人，如果自賤為倡優（戲子）的話，是要被除籍的，但是偶爾的登臺唱唱戲，做個票友，這本身並不違法。平齡最初被人們議論的，所謂「戲子也可以中高魁」，這樣的一種非議就澄清了。然而過了不久，平齡因羞愧成疾病死在了獄中。

與此同時，在對平齡的試卷進行複查的過程中有了驚人的發現。平齡的墨卷內草稿不全，朱卷詩內有七個錯別字曾被改過。查詢結果，鄉試同考官鄒石麟稱此事是他所為，並以為錯別字為謄錄時筆誤，便代為改正。而且這次鄉試共有近三百名士子高中舉人，在這三百份中試舉人的卷子當中，經過覆核竟查出了五十本存在不同程度問題的試卷。其中有十二本試卷問題比較嚴重，根據當時負責覆核試卷的兵部尚書全慶之奏摺，這十二本試卷是要依法追究責任的。至此，由平齡一案牽連出的科場舞弊越鬧越大，使得參與這次科考的同考官，人人難免嫌疑。

咸豐皇帝接到全慶上呈的核查結果後勃然大怒，下令將主考官柏葰革職，副考官朱鳳標、程庭桂解任聽候查辦。柏葰立時從一人之下萬人之上的人臣極頂，跌入了政治生涯的谷底。

似乎事情就應到此為止了，可戶部尚書肅順卻覺得此事只是冰山一角，於是他暗中派人繼續追查，竟然查出了主考官、同考官受賄舞弊之事。其中最為嚴重的是廣東肇慶人羅鴻繹，托請同鄉兵部主事李鶴齡，向同考官翰林院編修蒲安遞「條子」，這就變成違法的受賄舞弊罪。柏葰也因兩個人直接捲入了舞弊案，一個就是柏葰的家僕靳祥，而另外一個人是直接參與了「疏通關節」的同考官浦安。

參加順天府鄉試的考生羅鴻繹通過同鄉兵部侍郎李鶴齡的關係，向同考官浦安（按照考場的內部規定，同考官只有推薦的權利）遞了條子。羅鴻繹與同考官約定，其考試時的第一篇文章最後用「也夫」二字結尾；第二篇用「而已矣」三字結尾；第三篇用「豈不惜哉」四字結尾；詩則用「帝澤」結尾。浦安批改考卷時，果然就見到了與條子上說法相符的這樣一份試卷，便留中待薦。柏葰閱卷，將錯誤百出的羅卷定為副榜（考試被錄取，稱為正榜，同時也獲得了參加會試的資格；副榜則入國子監學習、肄業，不得參加會試），並讓靳祥告知浦安，欲將此卷撤下。浦安言其房內中式之卷只此一份，並囑託靳祥勸說柏葰懇求留中，不知出於什麼樣的原因，柏葰竟聽從了靳祥的勸說，將一名叫李成忠的試卷撤下，取中了羅鴻繹，使羅鴻繹得中正榜。事成後，浦安向柏葰送贄敬銀十六兩，李鶴齡則向羅鴻繹索要銀五百兩，其中三百兩轉了給浦安。

柏葰科場舞弊的全過程被查清楚之後，載垣、端華向咸豐帝上奏了案情。接下來如何對主考官柏葰進行定罪處罰，成為本案接下來的重要問題。像柏葰這樣只是聽取了請託，而未參與交通關節的情況應該如何定罪，在大清律法中沒有明文規定。柏葰由於平齡一案，已經被罰俸一年，因五十本錯卷，又被罰俸九個月，等到了柏葰自己案發的時候，他已經被革職了。這個時候對已經沒有任何職務的柏葰再進行罰俸已經沒有實際的意義了。

這時專案組開始對柏葰進行審查，與此同時，柏葰的家人靳祥也被抓獲，在酷刑之下，靳祥把所有自己知道的考場當中作弊的情節一一招供。如此一來，加上前面浦安的招供，柏葰的罪名就坐實了。刑部的官員根據已經審得的案情，參照《欽定科場條例》的規定，認為柏葰只能被定為聽受囑託，而不應定為交通囑託。按照刑部的解釋，「聽受囑託」與「交通囑託」兩個詞的意思大有區別，聽受囑託是說別人告訴柏葰有這樣一件事情，他沒反對，只是接受；而交通囑託則意味著是柏葰主動去和別人勾結促成舞弊一事。但是會同刑部審案的肅順卻毫不手軟，他裁定將柏葰等五人棄市（在鬧市執行死刑並將犯人暴屍街頭的一種刑法）、並將涉案的幾十人處以流放等刑罰，並將這一決定交給咸豐皇帝定奪。由於柏葰身為當朝大學士，地位顯赫，是否批准這一奏請就成了當時嚴重的政治問題。

亂世用重典

咸豐皇帝對此案極為重視，特別召見惠親王綿愉、怡親王載垣、鄭親王端華及軍機大臣、內務府大臣、各部尚書等議處此事。咸豐帝因柏葰老成宿望，不願殺他，本打算從寬處理。肅順則按律力爭，認為科舉是「取士大典，關係至重，亟宜執法，以懲積習」，柏葰罪不可恕，「非正法不足以儆在位」，咸豐皇帝出於無奈，最後他還是聽從了肅順的意見。

咸豐皇帝無奈的原因何在呢？除了此案在社會上造成不良影響之外，還跟當時的社會背景有關，也就是與朝中大臣們不同的勢力相交織在一起。這次受命審案的載垣、端華剛好在朝中政爭上是與柏葰相對的一黨，政見不合，而這背後還有一個更重要的人就是肅順。

肅順（一八一六至一八六一年）是清末滿洲鑲藍旗人，宗室貴族，愛新覺羅氏，字雨亭，是鄭親王端華的胞弟。道光二十六年（一八四六年）授三等輔國將軍，在道光朝並無顯赫的地位與官職，直到道光三十年（一八五〇年）才遷至內閣學士兼禮部侍郎銜。

肅順不但具有政治家的卓識與遠見，還有大刀闊斧改革弊政的膽識與氣魄。咸豐皇帝即位以後，在載垣、端華等人的極力舉薦下，肅順逐漸得到了咸豐的賞識和重用。先授內閣學士，再兼副都統、護軍統領、鑾儀使等職，又授御前侍衛，遷工部侍郎，歷任禮部、戶部侍郎。到咸豐七年（一八五七年），更擢升左都御史、理藩院尚書，兼都統等，這就算是「大用」了。後又調禮部尚書，仍管理藩院事務，又調戶部尚書，出任御前大臣，拜協辦大學士，便成「宰相」了。

肅順本人雖然是旗人貴族出身，但他卻一向很瞧不起旗人，常說旗人只知道吃喝玩樂，一

左宗棠

點用都沒有，這使得他得罪了很多旗人貴族階級中的代表人物。相反，肅順卻十分維護和重用漢人中的傑出人才。不但後來指揮鎮壓太平天國、「戡平大亂」的曾國藩是被肅順最先看中並竭力保薦的，而且還有像左宗棠、胡林翼等很多「同（治）光（緒）中興」的名臣，都曾受到肅順的賞識和提拔。尤其是左宗棠，他早年在湖南巡撫駱秉章衙門裡做幕僚的時候，因事得罪湖廣總督官文，被官文「嚴劾」，差點丟了腦袋，幸虧肅順從中斡旋，才得以保住性命。可以說，清王朝所以能在內憂外患中多支撐了四十餘年不倒，雖然主要得力於恭親王、曾國藩等後來的全力維持，但追本溯源，則主要還是依靠肅順的種因於前。而且肅順非常注意在自己的身邊網羅漢人中的傑出人才，如王闓運、郭嵩燾、尹耕雲、高心夔等清末名重一時的才子，都曾在他幕府中長期效力。

隨著肅順權勢的膨脹，在他周圍逐漸聚集了一批官員，到咸豐十年（一八六〇年）左右，基本形成了以肅順為核心，包括怡親王載垣，鄭親王端華，軍機大臣穆蔭、匡源、杜翰（杜受田之子）、焦祐瀛等人在內的官僚集團，時人稱之為「肅黨」。肅黨跟柏葰在政見上是相左的，對柏葰早已「如鯁在喉，不除不快」。

肅順進入最高統治決策集團以後，在咸豐帝的支持下，針對清政府存在的諸多弊端，進行了一些較為重大的整頓改革。面對當時內憂外患的局面，肅順深信「治亂世，用重典」的古法，明確主張「嚴禁令、重法紀、鋤奸宄」。

對於戊午順天科場舞弊案的發生，肅順認為這正是一個殺一儆百、整頓吏治的絕好機會，因此他堅持對柏葰立即執行死刑。當咸豐皇帝替柏葰辯解說「法難寬宥，情有可原」時，肅順反駁說：「雖屬情有可原，究竟法難寬宥」。在原則面前，皇帝被搞得無話可說，終於無奈地在咸豐九年（一八五九年）二月十三日做出了決定，對一品大員、大學士、軍機大臣柏葰處以斬刑，與此案有關的羅鴻繹、李鶴齡、浦安三人一同問斬。

當時很多人、甚至包括柏葰自己都以為他斷不會真的被處以極刑，因為按照傳統法律制度當中的八議制度，像他這樣身分的人，即使被判處死刑，最後也大都能夠被減死從流（充軍），所以柏葰在臨上刑場的時候，還很輕鬆地吩咐他兒子替他準備好充軍路上的生活用品，在城門外的夕照寺等他，一旦皇帝減刑充軍的上諭下來，就好馬上離京上路。咸豐皇帝確實也準備將柏葰充軍了事，因為究其性質而言，柏葰本人在本案中最多也就是個「失察之罪」，而且清朝開國二百餘年，還從來沒有在菜市口（清朝斬殺高級官員的刑場）公開殺過一個大學士兼軍機大臣的先例。但柏葰的希望最終落空了，他等到的不是減刑的聖旨而是在菜市口等待行刑的劊子手。

有反對者認為肅順對戊午科場案的處置過於「嚴酷」，但自從嚴厲處理了順天府科場舞弊案以後，科場的風紀的確有了較大的好轉與改變。

柏葰被押赴刑場處斬後，似乎順天科場舞弊案也可以塵埃落定了，但實際上此案遠遠沒有那麼簡單，這個案件並未隨柏葰四人被殺而終結，案情還在進一步發展。咸豐皇帝在痛失一員愛將之後，又將面對讓他更加難堪的一件案子，那就是副主考程庭桂父子的案中案。

在之前的審訊中，浦安供稱他聽說副主考程庭桂曾燒燬過請託者遞送的條子，程庭桂因此被捕，招認他的兒子程炳采接到過幾個人的條子，都是通過幾位高官子弟的關係轉送，其中竟包括了參與審案的兵部尚書陳孚恩的兒子陳景彥。於是這些請託者和遞送條子的高官子弟全部被捕。咸豐九年（一八五九年）七月全案審結，載垣等擬將程庭桂、程炳采父子共同斬首，咸豐念及程庭桂是兩朝老臣，不忍將他們父子一起處死，法外開恩將程庭桂發配軍台效力（與柏葰比起來程庭桂要幸運得多），其子程炳采仍然處斬，案中的請託者七人寬大免死發配新疆。

戊午科場案雖至此結束，但蓋棺卻未定論。咸豐十一年（一八六一年）九月，慈禧太后聯合

恭親王奕訢

恭親王奕訢發動了辛酉政變，處死了肅順、載垣、端華，將陳孚恩遣戍新疆。

肅順和慈禧太后的矛盾也是由來已久。《清史拾遺》裡說，咸豐帝臨終前，也曾擔心自己死後因為兒子年幼而導致母親慈禧干政的局面。於是肅順就給咸豐講「鉤弋夫人」的故事，意圖除掉慈禧太后，免得日後皇太后專權。

《漢書．外戚傳上》記載，漢武帝寵倖鉤弋夫人趙婕妤，漢武帝很想立她的兒子為太子，但漢武帝擔心鉤弋夫人效仿呂后專權，於是有一天找了個藉口責罰鉤弋夫人，並命令將鉤弋夫人處死了。但是，咸豐皇帝沒有像漢武帝那樣做，而是用「御賞」和「同道堂」兩枚印章來平衡肅順等顧命大臣與兩宮太后之間的關係，並加以控制。

咸豐駕崩後，肅順根本不把兩宮皇太后放在眼裡，他向慈禧叫板，不讓兩宮太后干涉諭旨的擬訂。此時的慈禧身陷肅順集團的勢力包圍之中，面對肅順的飛揚跋扈、不可一世，慈禧將同道堂印章善加利用，並聯合恭親王奕訢發動政變，處置了肅順等八大顧命大臣，開始了垂簾聽政的政治生涯。

事後，給事中高延祜和監察御史沈兆堅先後奏請為戊午科場案翻案，前者指出「科場例文簡渾，請予注文明晰」，並奏請起用科場案中被革職的同考官徐桐；後者明確請求為柏葰昭雪，其他官員紛紛傚尤。這個案子雖說已經很久遠了，但影響很大。於是慈禧太后徵詢大家的意見。恭親王奕訢說：「柏葰對家人舞弊失察，致使我朝廷取士不公，貽誤人才，理應嚴懲；然而此案處

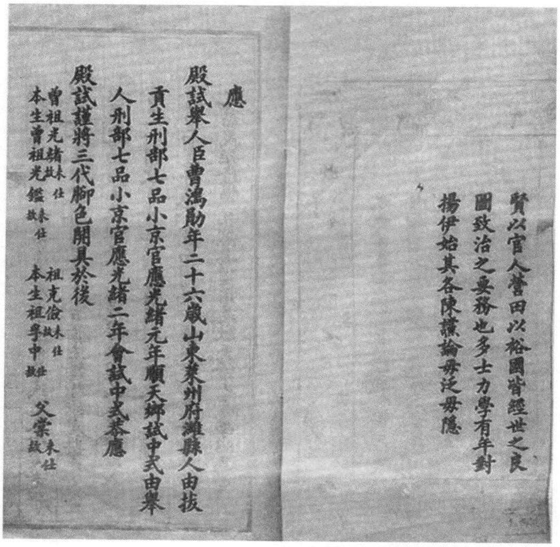

賢以官人營田以裕國皆經世之良
圖致治之要務也多士力學有年對
揚伊始其各陳讜論毋泛毋隱

應
殿試舉人臣曹鴻勛年二十六歲山東萊州府濰縣人由拔
貢生刑部七品小京官應光緒元年順天鄉試中式由舉
人刑部七品小京官應光緒二年會試中式恭應
殿試謹將三代腳色開具於後
曾祖光緒 故未仕
本生曾祖光鑑 故未仕
祖克儉 故未仕
本生祖學中 故仕
父棠 故未仕

狀元曹鴻勛殿試策

理過嚴，弄得士人滿獄，有失本意，朝野微辭頗多。臣懇請降旨，交禮部、刑部會同覆審。」

慈禧最終採納了奕訢的建議，諭令禮、刑兩部對科場一案重新核查。同治元年（一八六二年）正月二十四日，根據覆審結果，慈禧太后以同治帝名義發布上諭，指出肅順等人因與柏葰「平日挾有私仇」，便借科場案之際，「擅作威福」，「以牽連矇混之詞，致柏葰身罹重辟」。但一些官員為柏葰奏請昭雪「未免措辭失當」。最後以「法外之仁」的名義，由同治帝當即召見柏葰之子，並錄為正式官員，以撫慰臣心。並將參與審查此案的吏部尚書全慶以定案時「不能悉心核議」的罪名，降級調用。御史孟傳金彈劾科場舞弊也被朝中同僚視為「多事」，「遂摭他事發回原衙門」。

至此，曠日持久的順天府戊午科場舞弊案的爭執得以平息。

楊乃武與小白菜

連慈禧太后都忍不住關注的男女通姦殺夫案

在慈禧垂簾聽政的清朝末年，同治、光緒之交，曾發生了無數的奇情冤案，其中楊乃武與小白菜一案，迂迴曲折，歷經縣、府、按察司、省、刑部等七審七決，最終引起慈禧太后的親自過問並在朝廷重臣的直接干預下，冤案方得以平反昭雪。其歷時時間之長（三年零四個月），牽涉人員之多，案情之撲朔迷離，使之被列為晚清奇案之首。

葛品連暴病猝死

同治十二年（一八七三年）十月十二日清晨，餘杭知縣劉錫彤忽然聽到縣衙外有人喊告，說是出了命案，要求官府查驗屍體。劉錫彤不敢怠慢，立刻接了呈詞，升堂查問。

原來十月初九這天，在豆腐店幫工的葛品連忽然感到身體不舒服，全身疲乏無力，忽冷忽熱，兩腿像灌了鉛，走路沉重。只好請假回家，途中屢次嘔吐。他連早飯也沒吃，就在糕點店買了粉團吃。回到家門口，還嘔吐不止。到家後就躺到了床上。妻子小白菜（畢秀姑）將他扶到樓上，脫衣躺下，蓋上兩床被子，仍見丈夫嘔吐，大叫發冷。詢問他病情，說自己連日來體弱氣虛，大概是流火病（也就是我們今天常見的風熱感冒）復發，補補身子就好了，於是葛品連就要小白菜去買桂圓和東洋參煎服，小白菜把湯藥給丈夫服下。

傍晚時分，小白菜聽到丈夫喉中痰響，急忙上前照料，卻見丈夫口吐白沫，已經不能說話，小白菜高聲叫喊。眾人匆匆感到，見葛品連兩手在胸口亂抓，目光直視，急忙把醫生找來，說是痧症，用萬年青蘿蔔籽煎湯灌救，也無效果。葛品連挨到十日下午申時，氣絕身亡。

據我們現在分析，葛品連患的是熱症，解決辦法很簡單，無非是吃點清淡的蔬菜、水果，消去內火就行了。而桂圓和東洋參這兩種東西都是上火的大補之物，身體虛弱的葛品連這種吃法無疑是自尋死路。

葛品連死後，其家人悲痛欲絕，哭聲震天。哭過之後，家人商量發喪出殯事宜。葛品連的母親沈喻氏給兒子擦洗身子，換上乾淨衣服，準備停靈兩日後入殮埋葬。當時屍體正常，並無異樣，所有人都認為是痧症致死，沒有絲毫懷疑。

葛品連死時雖已是十月深秋天氣，可南方天氣悶熱潮濕，屋內又通風不暢，加上死者身體肥胖，到了十一日晚上，屍體就開始變質，口鼻中竟有少量淡血水流出。葛品連的母親見後，回想起兒子死前雙手亂抓，口吐白沫，懷疑葛品連是中毒而死，便與眾親友商議，請求官府前來驗屍，以驗明葛品連是否中毒致死。如是中毒而死，就根究兇手，為兒申冤報仇，如果的確不是中毒而死就入殮出殯。

當晚家人請來地保王林，由他察看屍身，王林也認為是中毒模樣，同意告官。於是當晚便請人寫好呈詞，次日一早，在王林的陪伴下，葛品連的母親沈喻氏向餘杭縣衙遞交了請求驗屍的呈詞。

知縣劉錫彤接下了呈詞，聽完當事人供述的一些情況，因為案情可疑，於是就準備帶仵作沈祥及門丁沈彩泉去勘驗。仵作相當於現在的法醫，門丁相當於助理員。還沒走，恰好陳竹山來縣衙為劉錫彤診病。陳竹山是個秀才，懂得一點醫道。劉錫彤是天津鹽山人，道光十七年（一八三七年）順天鄉試的舉人，當時已經年近七十，身體多病，就聘請陳竹山定期前來給他檢視身體。兩人關係密切，常來常往，已經成為無所不談的朋友。

陳竹山於是一邊診病，劉錫彤就一邊說起即將去勘驗的事。陳竹山得知是為葛品連驗明死因，因為楊乃武曾寫謗詩譏諷過他，所以陳竹山一直嫉恨楊乃武。於是就把在街頭巷尾聽到的關於楊乃武與小白菜的風流傳聞，其後葛品連為避嫌疑搬家；以及夫妻失和吵架，小白菜哭鬧著要剪髮做尼姑；還有現在葛品連年輕暴死，鄰居認為是楊乃武與小白菜合謀毒死等一系列事情，從頭到尾向劉錫彤敘述了一遍。

楊乃武生於道光十六年（一八三六年）浙江省餘杭縣城的一個鄉紳之家，楊家世代以養蠶種桑為業。楊乃武的父親過世較早，他曾有一個哥哥，三歲時就不幸死了，因此人們又稱楊乃武為「楊二先生」。楊乃武自幼勤奮好學，三十多歲就中了舉人，令街坊鄰里羨慕不已。楊乃武還有一個姐姐，叫楊菊貞，出嫁不久，丈夫就去世了，於是青年守寡，便住在娘家。楊菊貞從小照看著楊乃武長大，因而姐弟感情深厚，如同母子。

楊乃武先後結過三次婚，先為吳氏，早故；次為大楊詹氏，後死於難產；又繼娶大楊詹氏的胞妹，稱小楊詹氏，叫詹綵鳳，後直至終老。詹綵鳳是一位勤勞節儉、善良賢慧的婦女，種桑、種地、養蠶，終日勞碌；楊乃武平常則以授徒為業。楊乃武性情耿直，好打抱不平，他常把官紳勾結、欺壓平民等事編成歌謠加以諷刺揭露，因此得罪了不少有頭有臉的人物。

小白菜原名畢秀姑，乳名阿生。咸豐六年（一八五六年）出生於餘杭縣倉前鎮畢家堂村，其父畢承祥早逝，家裡很苦，既無伯叔，亦無兄弟。因生活無靠，在畢秀姑八歲時，她的母親畢王氏改嫁給在縣衙當糧差的喻敬天為妻，人稱「喻王氏」。同治十年（一八七一年），畢秀姑十六歲，出落得水靈清秀，楚楚動人，容貌秀麗，肌膚白淨，平時又喜歡穿綠色小褂，繫白色圍裙，所以人們就給她起了個綽號叫「小白菜」。小白菜到了喻家以後，她雖然聰明能幹，但是繼父並不喜歡她。

關於小白菜的來歷野史還有一些不同的說法，有的說她不是餘杭人，是太平天國時從南京逃難出來、一個難民的女兒，父親是個教書先生，在逃難中死了，小白菜母女流落於餘杭倉前鎮；有的說她本是個土妓；有的說她是葛家的童養媳……，這些說法有待考證，因此在這裡也不詳加贅述。

葛品連，也就說上文提到的死者，乳名叫葛小大，是倉前鎮葛家村人。其父葛奉來，早年在鎮上開了一家豆腐店，後來葛大病死，豆腐店不開了。接著又遇上太平軍戰亂，年幼的葛品連被太平軍擄走，葛品連的母親葛喻氏因無依無靠，於是由胞兄主婚，在同治二年（一八六三年）改嫁給餘杭縣一個名叫沈體仁的木匠，故又稱沈喻氏。次年，葛品連逃回，繼父沈體仁就把他推薦到縣城一家豆腐店裡幫工。

喻敬天與沈體仁兩家比鄰而居，早在畢秀姑十一歲時，葛品連的母親沈喻氏就與小白菜的母親喻王氏商量，打算聘小白菜給葛品連為妻。因兩人的父親都是繼父，對他們的終身大事不管不問，便由兩人母親做主，畢母見葛品連為人老實，就表示同意，只等兩人年紀稍長後就可以完婚。

在古代，女子到了十五歲時就可以結婚。喻敬天原先不管不問，現在卻想趁機多要些彩禮，又說結婚必須要有新房。葛品連無錢滿足這些要求，一時無計可施。多虧葛品連有個乾娘馮許氏，家資殷實，就前去說合，願意拿出一百四十元洋錢為乾兒子操辦婚事，八十元作為彩禮送給岳父喻敬天，餘下的六十元用於置辦結婚酒宴。喻敬天喜不自禁，當即表示同意，並表示可以讓葛品連夫婦先住在自己家，待滿月後再另行租房。於是，同治十一年（一八七二年）三月初四葛品連與小白菜二人完婚，小白菜畢秀姑即為葛畢氏。

這裡要順便提一下中國古代婦女的姓氏。在中國古代因為「男尊女卑」的封建倫理觀念，婦女沒有地位，所以婦女都是在家隨父姓，出嫁隨夫姓（也就是人們所熟悉的「妻從夫姓」）。如「張王氏」、「趙李氏」、「孫錢氏」等，既標明已婚身分，又提示她是某姓成員及其母家的姓氏，可謂一舉數得。

對已嫁女子以夫家姓氏相稱的習俗，大致在漢魏之際形成雛形，到南朝末期蔚然成風。究其原因，同世家大族式的家族組織逐漸形成有直接的關係，特別是到了東晉南朝時期，以莊園為範圍的同宗聚居已經是戰亂年代中求得家族生存和發展的主要形式。作為增進家族共同體內一切成員凝聚力的辦法之一，把妻冠夫姓作為一種稱謂原則確定下來，顯然是必要的，而其副作用必然是進一步加強妻子對夫家人身依附的關係。

再說陳竹山對劉錫彤所講關於楊乃武與小白菜的傳聞。

同治十年（一八七一年）十一月，楊乃武在澄清巷口新建了三間兩層樓房，並請葛品連的繼父沈體仁監工。葛品連與畢秀姑結婚後，因葛家沒有房屋，於是暫住在岳父喻敬天家。沈體仁得知楊乃武的房子除了自家居住外，還有一間餘屋，就與妻子沈喻氏一起同楊乃武商量，以每月八百文的價格租一間給兒子兒媳居住，並於四月二十四日搬入。此後，楊乃武與葛品連夫婦同住一個樓房內。

葛品連在豆腐店當夥計，因做豆腐需要晚上發酵，第二天一早發賣，且店鋪離家路途較遠，就不得不起早貪黑，為了節省往返時間，他經常晚上住在店中。因為葛品連經常不在家，楊乃武夫婦見小白菜聰明伶俐，性情溫順，都很喜歡她。詹氏就常叫小白菜到家裡與楊家人一起吃飯，兩家相處融洽，如同一家人。在楊乃武的影響下，小白菜還對讀書誦經產生了興趣，就請楊乃武教她，楊乃武也不推辭。常常親自教她識字背詩，秉燭夜讀，笑語盈窗。一開始，大楊詹氏還在，小白菜與楊乃武來往頻繁不至被人非議。同治十一年（一八七二年）九月初八日，大楊詹氏因難產去世後，小白菜仍和以前一樣，不避嫌疑與楊乃武同吃共讀。

這樣過了三、四個月，葛品連有時回家很晚，發現妻子小白菜仍然在楊家，不由起了疑心，懷疑小白菜與楊乃武有姦情。他為探明情況，一連好幾個晚上，從店裡跑回家，躲在門外屋簷暗中偷聽。可除了聽到二人讀書誦經外，並沒有調情輕薄之事，更沒有抓獲姦情。但葛品連心中疑雲難以消散，就向母親沈喻氏說了此事。沈喻氏與丈夫沈體仁住在外面，偶爾去楊乃武家看望兒子兒媳，也曾見兒媳小白菜與楊乃武同桌吃飯，早已疑心，今天聽到兒子如此一說更是疑雲重重。婦道人家一貫口沒遮攔，沈喻氏又添油加醋，在鄰居間大肆渲染。一時間流言四起，有好事之徒傳言「羊（楊）吃白菜」。後來有關楊乃武和小白菜有姦情的流言街坊鄰里都知道了。

葛品連因心胸狹隘，對此事嫉恨在心，就經常藉故打罵小白菜，但又無錢另租房子，只得依然住在楊乃武家。如此磕磕碰碰，到第二年六月，楊乃武以行情見漲提出要把房租提高到每月一千文，葛品連聽從母親的勸告，決定趁此機會遷居以避嫌疑。於是同治十二年（一八七三年）閏六月，葛品連與小白菜移居到太平弄口喻敬天表弟王心培家。自小白菜搬走後，楊乃武與小白菜兩人從未有過往來。

王心培也早聽說楊乃武與小白菜之間的風言風語，自葛品連搬來隔壁居住後，就留心觀察，看楊乃武與小白菜之間到底有無傳聞的風流韻事。可觀察數日，並沒見楊乃武過來幽會小白菜，也沒有見到小白菜出去。

搬到王心培家以後，小白菜經常受到外人的欺侮。縣衙門有個捕役名叫阮德，他有個姐姐叫阮桂金，已經嫁過三個男人，與糧胥何春芳有染。縣官劉錫彤有個兒子叫劉子翰，橫行餘杭，流氓成性，是個花花公子，不放過任何一個他看上的稍有姿色女人。劉子翰經常與何春芳在一起冶遊，他聽說了小白菜之後，垂涎已久，於是和一個同他相好的傭婦設計要把小白菜搞到手。一天，傭婦將小白菜誘騙到她家。小白菜到時，劉子翰已在那裡恭候多時，見到小白菜容貌分外俏麗，竟色膽包天，將小白菜強暴了。小白菜心中無比痛恨，卻畏懼劉子翰的權勢，又害怕事情敗露後丈夫不能原諒自己，因此一肚子苦水不敢聲張。

然而惡毒的傭婦卻將此事洩露給阮桂金，阮桂金又告訴了何春芳。何春芳早就想染指小白菜，於是於八月二十四日潛入葛家，正好王心培夫婦不在家，何春芳便以劉子翰之事相要脅企圖強暴小白菜。兩人正在廝打之時，葛品連從外面進來，小白菜哭泣不止。葛品連大罵何春芳，何春芳灰溜溜地走了。葛品連責罵小白菜，認為在楊家的時候已有謠言，現在又發生這樣的事，懷疑小白菜行為不端。

從這以後，葛品連對小白菜經常非打即罵。有一天，葛品連嫌小白菜醃菜晚了時日，又將她痛打了一頓。小白菜忍無可忍，尋死覓活，剪掉自己幾縷頭髮，發誓要出家做尼姑。鬧騰了許久，直到雙方父母趕來調解，房東王心培也趕來勸解，才算平息風波，夫妻兩人重歸於好。

大楊詹氏死後三個月，在徵得岳母的同意下，楊乃武與大楊詹氏的胞妹詹綵鳳結了婚，即為小楊詹氏。同治十二年（一八七三年）八月，楊乃武赴杭州參加癸酉科鄉試，中了浙江省第一百零四名舉人，是餘杭縣唯一一名中舉的才子。

按照慣例，中舉者必須在張榜後的兩三個月內辦理確認和報到手續，否則將視為棄權處理。楊乃武的岳父詹耀昌病故後，雖然早已落葬，卻還未曾除靈。因為詹家的兩個兒子都已病故，沒有子嗣，詹家就討論把其兄的兒子詹善政過繼給他為嗣。早就定好十月初三除靈，初五舉行詹善政過繼禮。於是十月初二，楊乃武就到杭州辦理中舉事宜，初三辦理完畢，就從杭州直接趕往南鄉岳母家中。當時同去祭奠的有詹耀昌的乾兄弟、監生吳玉琨、還有沈兆行、孫殿寬等人，楊乃武初三日下午趕到祭奠，晚上住在岳母家。初五日舉行詹善政過繼禮，諸人都在過繼書中畫押作證。一切手續辦完後，楊乃武於初六日返回家中。

劉知縣公報私仇

劉錫彤聽了陳竹山的說法，派人出去調查，果然有新科舉子楊乃武與小白菜葛畢氏私通殺了葛品連的傳聞，於是立刻來了精神，他一心想把楊乃武牽扯進案子，以報楊乃武曾經兩次整治自己之仇。

劉錫彤與楊乃武是如何結仇的呢？

原來在劉錫彤還是餘杭縣城外一處關卡的九品稅吏時，對待百姓就極為苛刻，極盡敲詐勒索之能事，一時間劉錫彤管轄的關卡曾被戲稱為「雁過拔毛」關卡。當時還是秀才的楊乃武任性好事，對劉錫彤的惡行憤恨不已，於是一直想找個機會為百姓出口氣。這次楊乃武用了一個不太光彩的辦法——誣告，通過在杭州任知府的老師罷免了劉錫彤。

當時地方要修橋鋪路，需要派人到杭州府去採購基建材料。楊乃武於是自告奮勇到杭州府去走了一趟，楊乃武到杭州府購置建材裝完船隻後，趁機拜望了任知府的老師，請老師出具了一份免稅的公文，用以對付劉錫彤。楊乃武押運貨船回到餘杭關卡時，既不對查稅的稅吏講明船上是為公益之用的建材，也不出示杭州府免稅的公文，卻佯稱自己是商船，繳了稅銀，拿了憑證。過了關卡，楊乃武立刻從陸路乘快馬返回杭州府。途中他將杭州府發的免稅公文拿出來擰成兩截，一截立即銷毀，另一截揉揣在懷裡去見自己的老師。楊乃武見了老師，便稱「劉錫彤扣船敲詐，見了免稅的公文欲奪取撕掉，幸虧自己搶得快，才搶到這半截」，說完從懷裡取出剩下的公文呈給知府過目，又將繳稅憑證遞上。知府看後大怒，於是將此事立刻上報巡撫。沒過幾天，就將劉錫彤的九品頂戴給摘了。

劉錫彤的頂戴丟得糊裡糊塗，後來得知是當地的楊秀才從中搗鬼，劉錫彤恨得咬牙切齒，發誓要報仇雪恨。

這劉錫彤也不是個省油的燈，他又花了五千兩銀子通過他在北京的同學捐了個浙江餘杭的縣官。劉錫彤到了餘杭縣之後，貪性不改，對餘杭的百姓更加橫徵暴斂，瘋狂剝削。倉前鎮是漕米集中的地方，百姓完糧，陋規極多。交銀子有火耗，交糧米有折耗，這也就罷了。劉錫彤為了增加賦稅，竟然還對農民採用了「淋尖踢斛」的辦法來剋扣糧稅。

「火耗」起源於明代萬曆年間，原指碎銀熔化重鑄為銀錠時的折耗。張居正推行「一條鞭法」，賦稅一律徵銀上交國庫，把百姓交的碎銀熔化重鑄為上交的銀錠就有了火耗。徵稅時加徵的「火耗」大於實際「火耗」，差額就歸官員了。清初的官員沿用了這種做法。而且，「火耗」不斷加重，一般州縣的火耗，每兩達二三錢，甚至四五錢。偏僻的州縣賦稅少，火耗數倍於正賦。雖然順治、康熙年間也發過禁令，但並不起作用，以後也就默認了。

「淋尖踢斛」又是怎麼回事呢？原來百姓交納糧食的時候，官府是用斛來裝的，百姓將糧食放進斛裡，再秤重，計算自己完成的糧食份額。穀堆要按尖堆型裝起來，會有一部分超出斛壁，就在百姓為交完公糧鬆一口氣時，意外的事情發生了。官吏用迅雷不及掩耳之勢對準斛猛踹一腳！此時超出斛壁部分穀粒會倒在地上，這就是「淋尖踢斛」，踢出的部分就是所謂糧食運輸中的損耗，不許納糧人掃回去，這部分就成為官吏的合法收入。其實一向都由官府留下按職務高低、親疏關係等私分了。

因為清朝明令禁止量米時用腳踢，撫台也有布告，溢出的米准許糧戶掃取，但是餘杭縣卻仍舊不改。這些受欺負的農戶叫苦連天，求楊乃武出面與劉知縣交涉，於是楊乃武又與劉錫彤針鋒相對地鬥了一場。

楊乃武代農民寫狀子，向衙門陳訴糧胥剋扣浮收，請求官府剔除錢糧積弊，減輕糧戶額外負擔。指使淋尖踢斛的正是劉錫彤，楊乃武這麼做無異於與虎謀皮，反而被倉前鎮收糧官何春芳反咬一口，說他鼓動農民抗糧不交，代農民包交漕米，從中漁利。劉錫彤立即傳楊來訊問，楊乃武據理力爭，劉錫彤理虧，便說他吵鬧公堂，目無王法，將他驅逐了出去。楊乃武又上告杭州府，但此時的知府已不是他老師的知府了，換上了一個叫做陳魯的人。狀子遞上去之後，如泥牛入海，毫無聲息，餘杭錢糧舞弊如故。

楊乃武憤憤不平，於夜間在縣衙的牆上貼上一副對子：「大清雙王法，浙省兩撫台。」這個對聯傳到巡撫耳朵裡，竟然有了作用，還專門派人來餘杭縣查問此事。幸虧劉錫彤上下打點，才沒有再被罷官免職。

自此以後，新仇舊恨加在一塊兒，這冤仇便結得更深了。

劉錫彤一直苦於沒有機會收拾楊乃武，現在，正好葛家來到衙門登堂叫冤，不覺心中大喜，他知道這次公報私仇的機會來了。

我們再說劉知縣。中午，劉錫彤帶著一行人來到葛家，此時屍體腐爛加劇，肚腹膨脹。仵作沈祥驗得葛品連屍身仰面作淡青色，口、鼻內有淡血水流出，身上起有大泡十餘個。但用銀針刺探喉部卻呈青黑色，擦之不去，不似是砒霜中毒，心下疑惑。門丁沈彩泉問沈祥是死於什麼毒，沈祥想起自己曾勘驗一個自服生煙土致死的死者屍體，其特徵與此相似，於是就對沈彩泉說是服生煙土中毒而死。沈彩泉認為服生煙土皆為自服，是自殺，不是他殺，葛品連肯定是砒霜毒死。沈祥不服氣，於是二人爭執起來。本來試毒的銀針應該用皂角水多次擦洗，結果也都忘了。爭執的結果是誰也說服不了誰，沈祥思慮再三，就報結論說，是中毒而死，但未說明中的是何種毒。

劉錫彤因為有陳竹山之言先入為主，再有仵作的驗屍報告，於是堅信葛品連是被人用砒霜毒死，當即將小白菜叫來訊問，問她「毒從何來？」小白菜答「不知」。劉錫彤即將小白菜帶回縣衙審問。

葛品連事實上就是病死，但牽扯到新科舉人楊乃武，出於公報私仇的目的，劉錫彤便順水推舟地製造了一起轟動全國的冤案。

經三審冤案未明

劉錫彤將小白菜帶回衙門，下午立即升堂審問。追問小白菜毒藥從何而來，小白菜供不知情。劉錫彤百般勸誘，小白菜仍說不知是服毒身死，更不知毒藥從何而來。劉錫彤見問不出頭緒，就直奔主題，逼問其是否認識楊乃武，與其什麼關係。又問在楊乃武家住時是否與楊乃武有私情，小白菜說楊乃武只是教她識字讀經，並無私情。用了一下午時間，審問依然毫無進展。

夜間再審，劉子翰、何春芳害怕逼問姦情，小白菜會說出他二人來，當夜立即叫阮桂金到獄中誘騙恐嚇小白菜說：「葛品連是被毒死的，驗屍已經確認。現在四鄰、干證連同原告都證明你與楊乃武有私情。待三審之後，判你個謀殺親夫，就要騎木驢受千刀萬剮，凌遲處死，連個屍首都留不下！要想活命，只有說是別人叫你毒死的。你在楊乃武家住過，外面早就說你和楊乃武有關係，如果你說出是楊乃武叫你毒死的，你就不會判死罪了。楊乃武是新科舉人，面子大，也不會死。也就是把舉人的頭銜革掉，明年再考，還是舉人。可是如果你說出劉公子之事，毫無對證，那就是誣陷好人，要罪上加罪！你可要想清楚！」小白菜本來沒做虧心事，被阮桂金這麼一嚇竟說不出話來。

《申報》報導

第二天升堂，劉錫彤逼問姦情和毒藥，小白菜仍表示毫不知情，並一再訴冤，想將自己和楊乃武都洗脫了。劉錫彤惱羞成怒，下令用刑。據當年《申報》記載，小白菜除了受拶刑夾指外，還慘受「燒紅鐵絲刺乳，錫龍滾水澆背」的酷刑。小白菜疼痛難忍，幾次昏死，最終難耐酷刑，只好照阮桂金所教招認了與楊乃武因日久生奸，進而謀害親夫葛品連的「實情」：同治十二年（一八七三年）十月初五傍晚，楊乃武交給一包砒霜，囑咐自己方便時下手。十月初九日上午，丈夫因流火疾返家，要我買東洋參和桂圓煎湯服用，自己就將砒霜倒入湯中，毒死丈夫。

小白菜作完口供後，已是次日凌晨三更，劉錫彤一得到小白菜的供詞，立即派一王姓書辦並帶民壯阮德等前往澄清巷抓捕楊乃武。楊家人聽說葛品連被人毒死，正在詫異，阮德帶書辦敲開家門，不由分說，就將楊乃武捆綁結實，帶到縣衙。

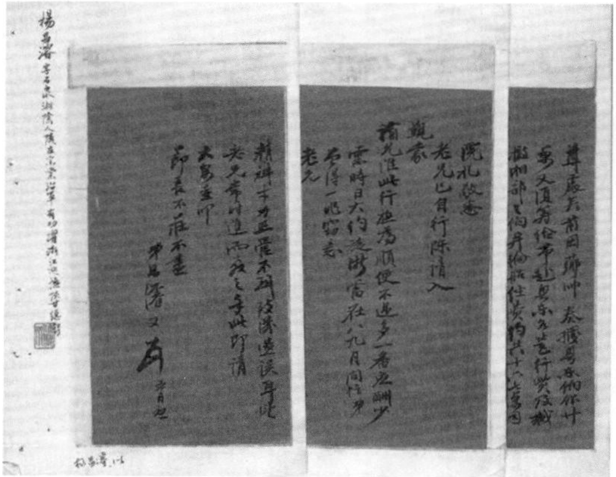

楊昌浚手札

楊乃武一到，劉錫彤便審問，叫他供出如何用毒藥毒死葛品連。楊乃武脾性剛硬，半夜三更平白無故被帶至縣衙，本來就窩了一肚子的火，加上劉錫彤毫無根據的訊問，於是楊乃武不但否認與小白菜因奸謀毒之事，還以粗暴的態度頂撞劉錫彤，使劉錫彤大為惱火。由於楊乃武是新科舉人，是天子門生，按律規定，對有功名的人不得施加刑罰。劉錫彤束手無策，無法獲取定案的口供。於是只得暫時宣布退堂，將楊乃武押入大牢。

第二天，劉錫彤便呈報杭州知府，要求革去楊乃武的舉人身分，杭州知府陳魯又通過浙江巡撫楊昌浚向朝廷具題。

在批文尚未到達之前，楊乃武家人從各種管道探聽消息，得知楊乃武是被小白菜誣陷，並且小白菜的供認說是初五交給其砒霜。於是，楊乃武岳父的乾兄弟監生吳玉琨、楊乃武岳父之侄詹善政、楊乃武的堂兄增生楊恭治及沈兆行、馮殿貴等人向餘杭知縣遞交了公稟，證明楊乃武初五日在南鄉除靈立繼，初六日才回餘杭城內。

劉錫彤提案質訊，小白菜畏刑，仍然照前供說。雖然楊乃武沒有招供，劉錫彤認為案情已查明，便將情況詳報杭州知府，並於十月二十日將楊乃武、葛畢氏及相關案卷解至杭州。但楊家親戚給楊乃武所作的初六日才回餘杭城內的證據卻被劉錫彤壓下了，沒有隨卷宗上呈杭州知府。而且為了不讓上司駁回案子，他把解送杭州的原供作了篡改：死者口鼻流血改為七竅流血；銀針未用皂角水擦洗改為已用皂角水擦洗；初五日給小白菜毒藥改為初三日。

隨著劉錫彤把案件上交杭州知府陳魯，該案初審結束，開始進入二審。與此同時，革去楊乃武舉人身分的請求也得到同治帝的批覆。杭州知府陳魯是軍功出身，看不起讀書人，認為他們終日皓首窮經，無所事事，窮酸風流，只顧聒噪惹事，毫無用處。加之他早聽說楊乃武慣作謗詩，譭謗官府，認為楊乃武是個不守本分的人；倉前鎮糧戶鬧糧的事，也知道是楊乃武為首。所以此案一解到府，即對楊乃武嚴刑拷打：跪釘板、跪火磚、上夾棍、吊天平架……一連幾堂，楊乃武熬刑不過，只得承認了與小白菜因奸謀毒之事。當陳魯追問砒霜來源時，楊乃武順口編造了從杭州辦完中舉手續回餘杭的途中，在本已熟識的倉前鎮愛仁堂藥店錢寶生處以毒鼠為名購得。

陳魯得到這一口供，不傳錢寶生來對質，卻叫劉錫彤轉回餘杭傳訊錢寶生，訊問他賣砒霜的經過。這一舉動顯然為劉錫彤作假證提供了機會和時間。

劉錫彤在傳訊錢寶生之前，恐怕錢寶生顧慮受連累不肯承認，就和一個曾任杭州府幕客的倉前人章濬（即章綸香）相商。章綸香曾做幕客多年，當時是餘杭的訓導，為餘杭紳士中的一個頭兒，平日與楊乃武亦合不來，楊乃武寫的謗詩中也曾罵過他。章綸香當即向劉錫彤獻計，由他先寫信通知錢寶生，囑咐其到案說明情況，叫他大膽承認，並明確表示不會連累他。如果不承認，有楊乃武親口供詞為憑，反而要加重治罪。

錢寶生來到縣衙後，說自己不叫錢寶生，叫錢鹿鳴，又名錢坦，愛仁堂是個小藥鋪，從來不進砒霜，也沒有賣砒霜給楊乃武。劉錫彤一再威逼利誘要錢坦做證，錢坦堅決不幹。因為清代證人必須與犯人一樣被關入牢房，隨時準備上堂作證，尤其是賣毒藥給人還要承擔刑事責任。錢坦的弟弟錢塏聽說哥哥被捉到縣衙，趕來打聽內情，設法營救。他知道陳竹山與劉錫彤很熟，就去懇求陳竹山說情。陳竹山私下裡對錢塏說，楊乃武供詞中是買砒霜毒老鼠的。賣砒霜的藥鋪並不知道是毒人，所以承認下來，也沒有什麼罪，至多是杖責。如果拒不作證，楊乃武已經招供，一旦被查實，就是包庇殺人嫌犯，將與之同罪，被處死刑。如果承認，馬上可以請縣衙給一張無干的諭帖，這樣就不會有拖累了。於是錢塏勸錢坦承認，錢坦也就答應了，當即在門房裡出了一張賣砒霜的甘結（舊時交給官府的一種畫押字據）。陳竹山拿了甘結去見劉錫彤，劉錫彤得到錢坦具結，親筆寫下「此案與錢坦無干」的保證，讓錢坦放心回家，並即刻將具結呈遞杭州知府陳魯。陳魯得到「錢寶生」的證詞，又有楊乃武和小白菜的供認，就認為鐵證如山，可以定罪判刑。

同治十二年（一八七三年）十一月初六，杭州知府陳魯以「謀夫奪婦」罪定案，以奸謀殺親夫罪處小白菜凌遲之刑，以授意謀害他人親夫處楊乃武斬立決，並上報浙江按察使。

清朝的審級制度分為四級，即縣級、府級、按察司、巡撫或總督。知縣只有擬結的權力，案件的判決卻要由省裡按察使司來決定。按察使司會把案子交由知縣的上一級即知府來覆審結案。知府審結之後，由按察使司交由巡撫批示，再交刑部覆審，再交三法司終審。

知府陳魯的二審必須確定案情及罪刑才能上報，由按察司進行三審。當時浙江按察司按察使是蒯賀蓀，他出身舉人，不像陳魯那樣𧶼視讀書人。接到杭州知府陳魯呈交的案卷後，開始覺得案有可疑。因為考中舉人在當時殊為不易，一旦中舉，就很可能考中進士，入仕做官，前途無量。他不太相信一個舉人會為一個女子而拋棄自己的前程不說，還得賠上自己的性命。

於是蒯賀蓀組織了兩次訊問。此時，楊乃武、小白菜經過酷刑折磨，均已心灰意冷，毫不抵抗，照前供述。他又找來初審的劉錫彤和二審的陳魯詢問審判經過，是否有不正常的情況。

劉錫彤和陳魯信誓旦旦地說此案鐵證如山，絕無冤屈。蒯賀蓀見此，也就放心了，遂將案件按照杭州知府的意見上報給了浙江巡撫楊昌濬。

浙江巡撫楊昌濬在當地很有聲望，深受百姓的擁戴。收到案件後，為了把案子辦得紮實，他認真閱讀卷宗，親自審訊案犯、證人，但楊乃武與小白菜二人早已屈打成招，料想難以翻案，便依樣畫供。楊昌濬見此，並不草率結案，而決定另闢蹊徑，委派候補知縣鄭錫滜微服到餘杭私訪，探聽民間議論，看是否與案犯所供相符。

鄭錫滜未到餘杭，劉錫彤就得到了消息，於是事先作好了布置，讓陳竹山給錢坦施加壓力，警告錢坦按原供交代。鄭錫滜到後，劉錫彤又重賄鄭錫滜，並設盛宴款待。如此一來鄭錫滜此次微服私訪結果可想而知，所得的都是一些專為他準備的假情報，鄭錫滜卻自認為暗訪很有效果，回到杭州向巡撫楊昌濬稟報該案確實「無冤無濫」，並彙報了暗訪過程。楊昌濬對暗訪結果深信不疑，對鄭錫滜的辦事能力大加讚賞，並加以提拔，去掉了其「候補」，推薦他到外地做了知縣。

同治十二年（一八七三年）十二月二十日，楊昌濬根據審問和暗訪的結果，完成了結案報告，認為該案證據確鑿，維持原判，上報朝廷。按清制，所有的死刑案件最後一審通過後都必須由巡撫或總督上報朝廷，由朝廷批准後執行。

楊乃武從家人口中得知浙江巡撫即將把該案遞交給朝廷審核，心知如果錯過此次機會，將永無翻身之機，就在獄中寫了一篇親筆申訴狀，陳述了自己實因小白菜誣陷而被拘捕，審判官刑訊逼供而屈打成招的事實。楊乃武委託家人將此呈訴材料向各衙門申訴，但都沒有引起浙江巡撫和臬司等地方官員的重視。

告御狀沉冤得雪

楊乃武的親屬都認為沒有生望了，只有楊乃武的姐姐楊菊貞不死心。她入獄探監，與楊乃武商量，決定上京告御狀。楊乃武自擬呈詞，歷述冤情以及各級官府嚴刑逼供屈打成招的經過。呈狀寫好後，由楊乃武的舅父姚賢瑞作「抱告」（明清時原告委託親屬或家人代理出庭的制度），陪同進京。

同治十三年（一八七四年）四月，楊乃武的姐姐楊菊貞與楊乃武的妻子詹氏和一雙兒女，隨帶楊乃武岳母家的長工王廷南、王阿木，歷盡千辛萬苦，走了兩個月，到達北京。經在京的同鄉京官指點，向都察院衙門提出了控訴。在遞交申訴材料時，因為清廷規定女子不能至都察院遞交申訴材料，楊菊貞就和王廷南、王阿木商量，最後確定由王廷南進都察院遞交材料。當時，已經將遞交人情況報告給都察院，正準備遞交時，走到都察院門前，王廷南心裡發怵，突然變卦，藉口說自己目力不濟，要王阿木代替自己遞交，王阿木只得聲稱自己就是王廷南，遞交了申訴材料。

不料都察院以楊菊貞、王廷南、王阿木等人越級上告，違反律制，派人將其押送回鄉，責令以後不准再告。同時，下文給浙江巡撫楊昌浚，要求覆審此案。楊昌浚將此案交杭州知府陳魯覆審，陳魯自己判的案子，回到了他自己手裡，自然是維持原判。這次告御狀以失敗告終。

由於楊乃武之妻小楊詹氏多次在杭州各衙門鳴冤叫屈，杭州城內大街小巷傳言紛紛。此事引起了當時紅極一時的紅頂商人、江南藥王胡雪巖的關注。胡雪巖從小家境貧寒，又是學徒出身，所以對貧苦百姓生活比較關心。胡雪巖在浙江原巡撫王有齡、閩浙總督左宗棠的支持下，開辦錢莊，設舉洋務，後又在杭州開設胡慶餘堂藥店。他用錢捐了個江西候補道的功名，成為煊赫一方的官商。胡雪巖為人樂善好施，仗義疏財。楊乃武案發生時，胡雪巖正在杭州籌辦胡慶餘堂。胡雪巖有個西席（古時尊稱授業之師或幕友為「西席」）叫吳以同，與楊乃武是同學同年，知道楊乃武平日為人正直，這次獲罪一定是有人陷害，他把楊菊貞上京告狀及準備二次進京的情況告訴了胡雪巖。胡雪巖大為觸動，深表同情，委託吳以同把葉楊氏和楊菊貞引薦過來，答應資助他們全家進京上告的路費和在京的所有生活用度。

楊乃武家人得到了胡雪巖的資助，有了再次進京的經濟能力。就在楊菊貞等人準備二次進京告御狀的時候，恰好有個浙江籍的京官、翰林院編修夏同善丁憂服闋後起復回京，胡雪巖為他餞行。席間，胡雪巖、吳以同向夏同善陳述了楊乃武冤案的經過，並懇請他在京設法幫助。

慈禧太后

夏同善深為家鄉有此冤案感到震驚，表示將極盡其所能幫助，並留下了其在北京的住址。

同治十三年（一八七四年）七月，楊乃武的姐姐楊菊貞、妻子詹綵鳳及其娘家的幫工姚士法再次進京上告。兩人按照地址找到了夏同善，在夏同善的指點下，上門遍訪了三十多個浙江籍的在京官員，並向步軍統領衙門、刑部、都察院投遞了冤狀。

夏同善又與大學士翁同龢商量，翁同龢也深表同情，把本案內情面陳兩宮太后，請皇上重視此案。因為有了一些同鄉京官幫忙說話，這次沒有押解回浙。慈禧太后下了一道諭旨，叫刑部令飭楊昌濬會同有關衙門親自審訊，務得實情，同時又叫御史王昕到浙江私訪。

楊昌濬奉諭後，並未親提嚴訊，而是將此案委派給剛到任的湖州知府錫光以及紹興知府龔嘉儁、富陽知縣許嘉德、黃岩知縣陳寶善共同審理此案。幾個下屬深知承審此案萬萬不能審的與上司結果不同，不然純粹是與上司過不去，自討苦吃。基於多種原因，這次審案並未用刑。

楊乃武見此次審訊是朝廷聖旨下令，又沒有動刑，知道所寫申訴材料起了作用，就推翻了原來所有的有罪供認，重新說明自己與此案毫無瓜葛。小白菜也趁機全部翻供，否認自己毒死丈夫。

湖州知府錫光一看情況不妙，這樣下去會無法收拾，審了一次就找了個藉口退出審問團。其後的幾次審訊中，主要由紹興知府龔嘉俊主審，兩位知縣作輔。

審來審去，楊乃武與小白菜就是不供有罪。這樣一來，案件轟動了江南，由於案情複雜，當時的上海《申報》對案情作了跟蹤報導，還就此案發表了不少評論，提出了很多疑問。正在此案既無法維持原來判決，又難以推翻原先審判的尷尬時候，恰逢遇到同治皇帝駕崩，又碰上全國性的考試，所以此案一拖再拖結不了案。

同治皇帝死後，光緒皇帝於次年（一八七五年）正月二十日繼位。按照慣例，新皇帝登基繼位元，為顯示天子的仁愛寬厚，都要大赦天下。但楊乃武與小白菜一案因審而未結，案情重大，悖逆人倫，罪大惡極，不在特赦之列。

由於案件撲朔迷離，久拖不決，社會影響又大，因此引起朝野上下的種種猜測。刑部給事中王書瑞向皇帝遞呈奏摺，彈劾浙江巡撫楊昌浚等人「覆審案件，意存瞻徇，故意遷延時日，謀圖不軌，企圖將楊、畢等犯證斃死獄中，即可草率結案，維持初審判決，以利考成。」，並請求重審此案。經過調查詢問，慈禧太后知道王書瑞奏摺中的「意存瞻徇」確非虛言，就准了王書瑞的奏摺，命浙江學政胡瑞瀾覆審。

在清代，各省、府、縣均設有學政，學政是負責當地科舉考試、遴選人才等事務的官員，通常由飽學之士擔任。浙江學政胡瑞瀾就是一位公認的學富五車的人物，在當地也頗有些名望。

朝廷聖旨欽點他負責審辦楊乃武與小白菜一案時，胡瑞瀾正忙於當年浙江省的考選，楊昌濬把未審結的案件卷宗、案犯及要證等轉交給他時，他正忙得焦頭爛額，急得一塌糊塗，直到他忙完考選事宜後，才開始著手閱覽卷宗，正式審理此案。

胡瑞瀾對楊乃武與小白菜連夜進行熬審，並施用酷刑。最後一堂楊乃武的兩腿均被夾折，小白菜也十指拶脫，二人最終挺刑不過，只得照原供誣服。胡瑞瀾在寫結案報告時，因案件經多人審理，案犯、證人所供各不盡同，甚至前後矛盾。胡瑞瀾在奏摺中陳述案件大概時，頗費了一番心思，極力將案中矛盾之處雕飾圓滑周密。光緒元年（一八七五年）十月初三日，胡瑞瀾結案，上奏皇帝和皇太后「此案無有冤濫，擬按原審判罰定罪」。胡瑞瀾複奏時，對劉子翰的強姦，何春芳的調戲，都一概不提。

同時，胡瑞瀾為了顯示自己沒有徇私舞弊，竟然採用了給皇帝和太后上奏《招冊》的方式。他把案犯楊乃武、葛畢氏的供詞和沈喻氏、王林、錢寶生等證詞都詳盡地記錄下來，隨同其審理結案報告一同上奏。按照清制，清朝巡撫、總督辦理的死刑案件，不需要把犯人供述和證人證詞上報朝廷，只需呈報審結報告即可。胡本不用多此畫蛇添足之舉，他之所以上報《招冊》，無非是因該案轟動朝野，影響太大，而各方傾向又反覆不一，這一公開供詞和證詞的做法可以告知天下，該案審理過程沒有舞弊徇私之處。

至此，楊乃武知是決無生望了，他在獄中作聯自挽云：「舉人變犯人，斯文掃地；學台充刑台，乃武歸天」。因胡瑞瀾是個學台，根本不知理訟，所以說他學台充刑台，冤獄難以平反。胡瑞瀾承審此案，照原擬罪名奏結後，地方士紳奉承胡瑞瀾「明察奸隱」，「不為浮議所動」，「不負皇上委任」。原審各級地方官吏如釋重負，彈冠相慶，設席宴客，認為從此鐵證如山，不會再有反覆了。

然而他們沒有想到的是，胡瑞瀾疏奏維持原判的審結報告和《招冊》一呈遞，《申報》即予以報導，立刻引起朝野上下的議論，頓時輿論大譁。有一些地方人士認為此案必有曲折隱情。於是地方上的有些舉人生員以及楊乃武的好友汪樹屏、吳以同、吳玉琨等三十餘人首先聯名向都察院及刑部控告，揭露楊乃武與小白菜一案縣、府、按察、督撫、欽憲七審七決，都是嚴刑逼供，屈打成招，上下包庇，草菅人命，欺罔朝廷，要求提京徹底審訊，昭示天下，以釋群疑。

浙江籍的京官也非常關心這一起發生在家鄉轟動全國的大案，他們經綜合案件主犯數次翻供，屢翻屢服，楊菊貞兩次上京等各方面的情況分析判斷，認為本案是一起冤案。於是十八名浙江籍京官聯名向都察院提交呈狀，力陳此案查究中的可疑之處，請求由刑部直接審理此疑難大案。

這時汪樹屏、吳以同等的聯名稟帖已到了都察院，汪樹屏的哥哥汪樹棠也在都察院，還有其他的一些浙江人特別是一些舉人、進士、翰林，他們認為這件案子如果真有冤情而得不到平反，這不僅是楊乃武、小白菜兩條人命的問題，而是有關整個浙江讀書人的面子問題。都察院接到呈詞後，立即向兩宮皇太后、皇上奏請。

京中御史邊寶泉也為此鳴不平，早在十月十八日就上奏說胡瑞瀾與浙江巡撫楊昌濬「素日相好」，辦理此案「外示嚴厲，中存偏袒」，並沒有秉公執法，在關鍵情節上不加詳究，模糊視聽。況且，胡瑞瀾本是職掌學政的文臣，從沒辦理過刑案，必然抓不住要害，絕難平反。請求皇上和太后審慎研究，並將該案交給刑部重新審理。夏同善、翁同龢、張家驤（張也是浙江人，當時擔任翰林院編修）等亦一再在兩宮前為此案說話，說「此案如不平反，浙江將無一人肯讀書上進矣」。認為只有提京審訊，才可以澄清真相。

最終楊乃武、小白菜案得以平反，與慈禧太后的直接干預有極大關係。當初由大學士翁同龢向兩宮面陳案情時，就引起了慈禧太后的注意，她沒有直接下達諭旨，而是通過刑部叫浙江巡撫楊昌浚親自審問，但她同時派了御史王昕到浙江私訪案情。對於此案是否提京覆審，一開始慈禧太后是猶豫的，慈禧太后對地方大吏承辦的要案，也不願輕易更張。如果輕易更張，勢必引起地方不服氣，甚至導致朝廷不穩，為了兩個平民百姓的小命導致地方與中央不合，完全划不來。但後來楊乃武冤獄的呼聲越來越高，朝廷內外到處哄傳，又加上官員不斷上疏奏請提京勘查，慈禧太后終於下了決心，於是「叫刑部徹底根究」。

刑部接下此案後，立刻命楊昌濬將本案的有關證人以及主犯楊乃武和小白菜押解進京。楊昌濬在接到上諭說刑部要來提解人犯時，大為不滿，但不敢公然違旨。

刑部在審查案捲過程中發現了一些疑點：一是關於楊乃武購買砒霜的時間問題，先說是初三日，後又說是初二日；二是「錢寶生」是賣砒霜的要證，卻僅在縣審時傳訊過一次，其後各次審訊均未提審，更未讓楊乃武與他當面對質。

於是當本案的涉案人員到北京後沒有幾天，刑部就舉行了大審，又叫三法司會審。當時凡京控大案，由刑部主審，都察院、大理寺會審。當時刑部尚書親自坐鎮主審，然後九卿，就是相關的最高級別的刑訊人員坐在旁邊，來徹審楊乃武、小白菜一案。

楊乃武把案子的發生經過，從頭到尾詳細敘述並加以辯白，說既未與小白菜通姦，更無合謀毒死小白菜親夫葛品連之事，在府在省，都是畏刑誣服，死實不甘。小白菜開始只是口呼冤枉，不敢翻供。主審一再叫她照實直說，她只說以為丈夫是病死，不知丈夫是服毒，毒藥從哪裡來的也不知道，前供楊乃武授給流火藥，也沒有這件事，與楊乃武也無姦情。

由於當時本案的主要證人錢坦已死，刑部也無法依靠證人的證詞和人犯的口供定案。雖然在審理時發現楊乃武和小白菜都受過酷刑，與楊昌浚具題、胡瑞瀾上奏中所說的並無刑訊明顯不相符，並且楊乃武和小白菜也都推翻了原先因奸謀毒的供述，但刑部認為僅憑這些也難以定案。在審問進京人證的過程中，刑部官員發現餘杭縣令劉錫彤所勘驗的葛品連中毒身死的屍體勘驗結論值得懷疑，於是經請旨得到同意，準備將葛品連的屍棺運至北京，重新勘驗葛品連的死因。

葛品連的屍棺裝在船上，每到一個州縣，都要加貼一張封條，有兩個差人看守。因為當時天津鬧過教案不久，路上交通不便，歷經一個多月才到北京。

光緒二年（一八七六年）十二月九日，刑部尚書桑春榮帶領刑部堂官六人，司官八人，仵作、差役四十餘人，以及全部人犯見證，到海會寺開棺驗屍。開棺以前，先叫劉錫彤認明原棺無誤，即由刑部仵作開棺。

由於此案影響很大，所以前來觀看開棺驗屍的人非常多。司官先驗，堂官再驗，驗得葛品連周身大小骨殖均呈黃白色，確屬無毒因病而死。在場的劉錫彤以及原驗仵作沈祥也都不得不認可這一鑑定結論。刑部官員還訊問劉錫彤、沈祥原驗情況，兩人承認在原驗時，試毒銀針並未按要求用皂角水反覆擦洗，不符合朝廷規定的檢驗要求；沈祥向劉錫彤只報服毒而死，卻未報何毒致死等等。據此可見，楊乃武和小白菜確是冤枉。他們原來所作「因奸謀毒」的有罪供述顯然均為虛假。

那麼這樣一個前後延續了三年多，將近四年的案子，終於最後定案，楊乃武、小白菜沉冤得雪。

這個案子平反昭雪以後，在當時清朝的政治環境中引起了軒然大波。

海會寺驗屍後，案情已經大白，刑部將覆審勘驗情況，奏知兩宮。刑部審後，在勘題擬奏時，朝廷的一些大小官員，卻因此案掀起了一次激烈的爭吵。

當時統治集團內部分成了兩派：一派以大學士翁同龢、翰林院編修張家驤、夏同善為首，多是言官文臣，又因為翁同龢是江蘇人，張家驤、夏同善是浙江人，附和的又以江浙人為最多，所以稱為江浙派，又稱朝議派；另一派以四川總督丁寶楨為首，附和的多是湖南、湖北人，稱兩湖派，因為這一派都是封疆大吏，掌握實權，故又稱為實力派。

在是否懲辦各級辦案官吏的問題上，江浙派與兩湖派發生了激烈的爭吵，江浙派力主懲辦這些草菅人命的貪官汙吏，而兩湖派則認為不能為了區區兩個平頭百姓處理這麼多官吏。由於這兩派的爭吵，刑部平反的奏疏，一直拖了兩個月，遲遲未上。兩派之間的爭鬥此消彼長，朝廷兩派都不敢太過得罪。拖到光緒三年（一八七七年）二月十日，刑部的疏奏才上去。但因牽涉到對承審官員的判罰，這篇疏奏的陳述語氣和字裡行間時見輕描淡寫之語，意在開脫承審官員的罪責。邊寶泉、翁同龢、夏同善這一派，知道刑部在為楊昌濬、胡瑞瀾等開脫，就由御史王昕出名上了一個奏摺，彈劾楊昌濬、胡瑞瀾，說這些地方官員，平日草菅人命，而某些封疆大吏，更是目無朝廷，力請重加懲辦。

光緒三年（一八七七年）二月十六日，慈禧以光緒帝的名義發下平反的諭旨：

本案主犯楊乃武與葛畢氏（即小白菜）俱無罪開釋，但葛畢氏因與楊乃武同桌共食、誦經讀詩，不守婦道，致招物議，杖八十；楊乃武與葛畢氏雖無通姦，但同食教經，不知避嫌，杖一百，被革舉人身分不予恢復；餘杭縣知縣劉錫彤勘驗不實，非刑逼供，出入人罪，遠發黑龍江判處流刑；生員陳竹山已在監獄病死，不論；仵作沈祥杖八十，徒二年；門丁沈彩泉杖一百，流放兩千里；葛喻氏不聽信教唆，無事生非，杖一百，徒四年；王心培等證言不實，杖八十。杭州知府陳魯、浙江巡撫楊昌睿、浙江提督學政胡瑞瀾均革職查辦；浙江按察使蒯賀蓀已死免議；湖州府知府錫光，紹興府知府龔同綬、富陽縣知縣許加德、黃岩知縣陳寶善等均降職罰俸。

本案至此結束，但平反昭雪的最後實際上隱藏著深刻、尖銳的官場權利鬥爭。楊乃武與小白菜冤案發生時，大清王朝的社會腐敗已相當嚴重，慈禧太后為了嚴肅法紀，重振朝綱，便借此案懲治貪官汙吏。事實上，楊乃武與小白菜的冤案能夠得以平反，最大原因就在於此。

此外，楊乃武與小白菜這樣的案件只是民間的一個小案，在那個時代其實是不足為怪。但是當時圍繞著這個案件審理，浙江的一干官員，從縣到府到省，全都是曾國藩的湘系軍閥手下，那麼也就是說根據當時的歷史背景，曾國藩率領自己的湘軍鎮壓了太平天國，在當時江南一代，各級的官員基本上都是湘系軍閥，他們憑著軍功擔任這樣的職務，很少受過嚴格的審判經驗教育，也沒有多少知識，因此容易造成很多冤案。

而且冤案之間都同處湘系，官員之間相互扶持，相互地維護，從而使這個案子遲遲難以翻案，面對這種情況，實際上對於清朝的最高統治者而言，早就欲除之而後快，想找到一個機會來彈壓湘系軍閥的勢力，楊乃武與小白菜案件的發生恰恰給慈禧太后提供了這樣一個壓制湘系軍閥氣焰的契機，那麼之所以最後有二十多位官員的頂戴花翎全部被摘掉，永不續用，實際上有壓制湘系軍閥的功能。

楊乃武平反出獄後，去上海拜訪了《申報》的編輯，因為在他蒙冤期間，上海《申報》曾發表過不少主持公道的報導，所以楊乃武前去致謝。《申報》的老闆美查，頭腦靈活，知道楊乃武文采出眾，再加上剛剛結束的冤案轟動全國，認為他有很大的利用價值，於是就挽留楊乃武在《申報》寫新聞評論，楊乃武感恩圖報也就答應了。但楊乃武只工作了一個多月，就因性格剛直，嫉惡如仇，得罪了上司，便辭別《申報》回到了餘杭。

餘杭盛產絲綿，行銷省外。楊家世代養蠶，對育種積有一定的經驗。於是楊乃武就繼承了祖業，種桑養蠶，開發了「鳳參牡丹楊乃武記」的優良蠶種，馳名杭嘉湖一帶。

由於楊乃武的名聲太盛，還是有很多人找他寫狀子，經歷了牢獄之災，他怕再招惹事端，便想出了把狀子寫在水牌上，別人抄好後擦除的方法；或用沙泥鋪地，執棍棒在沙泥上寫狀詞，再由別人繕抄入紙，不留筆跡，以免再遭橫禍。

民國三年（一九一四年）楊乃武患瘡疽不治而死，享年七十四歲。

小白菜出獄後，回到餘杭，在南門外石門塘準提庵出家為尼，法名慧定。小白菜一直因對楊乃武的誣陷深感內疚。多年後，小白菜用黃表紙留下了一段由她口述、妙真執筆的遺言，聲明「楊二爺蒙受天大不白之冤」，「均我所害」，「二爺之恩，今生今世無法報答，只有來生再報。我與二爺之間絕無半點私情，純屬清白。後人如有懷疑，可憑此字條作證」。

民國十九年（一九三〇年），小白菜圓寂，享年七十六歲。

楊乃武與小白菜的冤案，牽出的社會背景紛繁複雜，引發出的案件情節跌宕起伏，並且才子、佳人、冤獄，以及官僚集團的相互衝突等為世人所格外關注的要素無一不備，且有新興傳媒《申報》的關注與追蹤報導，使此案在歷史上留下了重要的影響。

晚清刺殺·第一案

刺殺案背後的軍團秘辛

十九世紀上半葉，英國開始向中國走私鴉片，由於清朝的禁菸行動，導致道光二十年（一八四〇年）中英鴉片戰爭爆發。鴉片戰爭後，清政府被迫與西方列強簽訂了一系列不平等條約，中國開始逐步淪為半殖民地與半封建的社會。同時，國內矛盾也不斷激化，引發了一系列的反抗運動。其中洪秀全領導的太平天國運動，歷時十四年，遍及十八個省，勢如破竹，一度對清朝的統治構成了嚴重威脅。太平天國運動被鎮壓後，晚清雖有短暫的中興，但由於新時代的因素介入，傳統制度已難憑自身走出這一危機。

在內憂外患交加的情況下，封建統治岌岌可危，各種問題充分暴露出來。就在這期間，發生了張汶詳刺殺兩江總督馬新貽的案件，因為此案糾結著湘軍、太平軍、捻軍等眾多集團，牽扯到慈禧、曾國藩、丁日昌等重要人物，包含著反清、報仇、奪妻等諸多傳奇元素，加之內幕真相始終被清廷蓄意隱諱、歪曲，導致各種傳聞蜂起，使案情變得撲朔迷離，因而被後人稱為「晚清第一大奇案」。

總督大人遇刺

兩江總督馬新貽，字穀山，號燕門，別號鐵舫，回族，山東菏澤縣馬垓村人。馬新貽祖輩幾代為清朝官吏。他自幼聰慧好學，熟讀詩書，苦心科舉，道光二十七年（一八四七年）

李鴻章

參加禮部會試，中三甲第六名，賜同進士出身，與李鴻章同榜。歷任安徽建平、合肥等縣知縣、廬州府知府，以勤明稱。咸豐三年（一八五三年）隨袁甲三，翁同龢鎮壓太平軍，累遷安徽按察使。同治二年（一八六三年）任安徽布政使，次年任浙江巡撫。不久任浙江巡撫。同治七年（一八六八年），馬新貽擢任兩江總督兼通商大臣，接替調任直隸總督的曾國藩。兩江總督是個實權職位，所以滿清有句話叫做「國家財富，悉出兩江」。在清代，兩江總督下轄的省分是清廷財政的主要來源，位置雖在疆臣之首直隸總督之下，但手裡的實權卻在直隸總督之上。

同治九年（一八七〇年）七月二十五日，馬新貽在江寧練了四營新兵，規定每天操演兩次，專習洋槍、抬炮、長矛，而每月的二十五日要進行校閱，這是前任兩江總督曾國藩定下的規矩，稱為「月課」。

當時閱兵的校場設在江寧巡撫衙門的舊地。這裡要插一句，當初曾國荃（曾國藩的九弟）率兵攻破了太平天國首都天京（南京）後，放了一把火，這把火不但燒燬了天王府（原來清政府的兩江總督署），同時也燒掉了他私吞國庫銀兩的證據，這在後面還要細說。在新建總督衙門未完工的情況下，就暫時借用巡撫衙門作為總督府。

這個衙門在建築結構上有一個特點，它後院有一個西門，中間有一段路，被稱為間道，從這裡直接可以到達閱兵的地方，換句話說，馬新貽閱兵沒必要走出督撫衙門的正門，只要徒步穿過間道就可以到閱兵的場所。

當時閱兵分為四批，按照慣例總督和巡撫都要參加。馬新貽作為總督，只檢閱第一批（第一批包括射擊等軍事上的訓練）。本來應由巡撫檢閱第二批，但時任江蘇巡撫的丁日昌恰巧頭天奔赴天津，協助曾國藩審理天津教案，故而只得改由洋務局張道台閱第二批，總務巡營處楊道台閱第三批，總理保甲局部部道台閱第四批。

這裡簡單介紹一下天津教案。

第二次鴉片戰爭後，清政府被迫與列強簽訂了《北京條約》，增開天津為商埠。從此，法國傳教士援引有關條約規定，在天津望海樓設立了天主教堂，他們糾集爪牙，形成惡勢力，無惡不作，早為民眾痛恨。同治九年（一八七〇年）六月，教堂育嬰堂收養的嬰兒因流行病傳染而死了三、四十名，附近又不斷發生幼兒被拐事件，於是民間開始傳言懷疑外國修女以育嬰堂為幌子，實則綁架殺死孩童作為藥材之用。同時抓獲的拐犯也供稱「是天主堂主使」。此事哄傳後人心大憤。群眾上萬人自發包圍教堂。教堂人員與圍觀的人群發生口角，引起拋磚互毆。

法國駐天津領事豐大業要求總督崇厚派兵鎮壓，沒有得到滿意的結果，在前往教堂的路上，與知縣劉傑相理論，怒而開槍，擊傷劉傑隨從高昇，祕書西蒙也鳴槍威脅。民眾激憤之下當場擊斃豐大業和西蒙，隨後焚燬法領事署、教堂、育嬰堂，打死打傷法傳教士、修女、教民數十人，又誤殺俄商三人，殃及英美講堂各一所，破壞行動持續了三個小時，這就是天津教案。

天津教案發生後，法英俄等駐華公使聯合抗議，並以軍事威脅。清朝於是派直隸總督曾國藩去天津查辦，江蘇巡撫丁日昌就是在這個時候去了天津協助調查。

我們再說回馬新貽，七月二十五日這一天，偏偏天公不作美，下起了大雨，閱示就推遲了一天。第二天七月二十六日，馬新貽依例行事，到了九點多鐘閱示完第一批，就同往常一樣，從間道步行回署。後面跟著負責警衛的督標中軍副將喻吉三和替總督傳令的武巡捕葉化龍，還有兩三名馬弁。剛走到官署後院門口，馬新貽的同鄉武生王咸鎮跪道求助，此前馬新貽曾兩次予以資助。馬新貽遇到這個人就隨手吩咐，護衛上前就把他攔下去了。馬新貽並未停留，當行至西角門時，突然出現一人，身著短衣，一邊口呼冤枉，一邊拔出匕首，快步衝向馬新貽，在眾人都沒回過神來的時候，這把刀就深深地刺入了馬新貽的右肋。馬新貽猝不及防，應聲倒地。這個時候喻吉三和葉化龍等人一擁而上，刺客也並不掙扎，高喊：「養兵千日，用在一朝。大丈夫一人做事一人當，今日拚命，二十年後又是一條好漢！」隨即仰天長笑，挺身就擒。護衛同時也將告幫的馬新貽同鄉武生王咸鎮一併抓獲。幾個護衛趕緊卸下了一扇門板，把總督大人馬新貽抬到了衙署，抬進他的臥室。將軍魁玉、署理藩司孫依言、臬司梅啟照，還有學政殷兆鏞，聞訊一起趕到督署，只見馬新貽已氣息奄奄。馬新貽自知命不能保，口授遺疏，令嗣子毓楨代書，請魁玉代呈朝廷。因為被刺中要害，群醫也束手無策，延續到第二天，馬新貽傷重去世。

刺客自報姓名叫張汶祥，四十六歲，祖籍是河南汝陽人，史料當中說，他不過是一個市井百姓而已。道光二十九年（一八四九年）南下寧波販賣氈帽，之後又放印子錢，也就是我們說的高利貸，這樣積攢了一筆本錢，開始在湖州府做買賣。據說還當過四年太平軍，做過洪匪李侍賢的裨將，還救過一個叫時金彪的清軍俘虜，後來看到太平軍大勢已去，便與時金彪出逃，回寧波後與南田海盜團夥往來密切，這在後來都被審實。

其實早在同治七年（一八六八年），張汶詳就想要謀刺兩江總督馬新貽，但是這一年來的不是時候，他到了江寧已經進入了陰曆九月，天氣已經很冷了。張汶詳考慮，這個時候衣服都穿得很厚，他用刀謀刺恐怕不容易得手，於是他就又回到了湖州的新市鎮。到了同治九年（一八七〇年）的七月二十六日，張汶詳再度來到江寧，圖謀行刺，這次終於得手。

兩江總督下轄三個省，官比今天的省長還大，然而位高權顯的兩江總督封疆大吏馬新貽竟然在親兵隨從護衛下，被一個大街上躥出來的刺客刺中了，且刺客束手就擒、自報姓名，這是清王朝立國以來，二百七十年左右從來沒有過的事情，這也幾乎成為了清廷歷史上獨一無二的怪事。

這時候社會上傳言，馬新貽被刺源於督撫不和，而當時的江蘇巡撫就是上文提到的丁日昌。當時太常寺少卿王家璧還特意上奏直接指出總督馬新貽被刺與江蘇巡撫丁日昌有關，他上奏說：「江蘇巡撫丁日昌之子被案，應歸馬新貽查辦，請託不行，致有此變。」

「丁日昌之子案」是指丁日昌獨子丁惠衡的一個家奴尋釁滋事，在妓院裡面惹了一個案子。這個案子按照清廷法律迴避的原則，丁日昌是不能審理的，這就交給了當時的總督馬新貽審理，審實的結果是馬對丁惠衡的家奴分別給予了懲處。丁惠衡原本也涉案，但是案發之初，他就跑了。最後，馬新貽因丁惠衡拒不歸案而奏請交朝廷議處。馬新貽、丁日昌二人就此結仇。當時馬新貽被刺，據丁惠衡案結僅四十餘天，而且就在馬新貽遇刺前丁日昌偏偏去了天津，這難免讓人心生猜忌。於是就有人說，丁日昌為報私仇指使張汶詳刺殺馬新貽。而丁日昌曾是曾國藩的幕僚和親信，屬於湘軍集團的人物，因此又有傳言說此案是湘軍幕後策劃的。

三審張汶祥

張汶祥刺馬案發後，江寧將軍魁玉命藩司梅啟照會同江寧知府馮柏年、江寧知縣莫祥芝和署理上元縣知縣胡裕燕等人連夜審訊。刺客張文祥供認不諱，但對行刺緣由閃爍其詞。魁玉又加派臬司賈益謙、江蘇候補道孫依言，山東候補道袁保慶等嚴加審訊，並飛章驛六百里入奏朝廷。

中國古代以驛傳方式通達資訊，隔百十里就設有一個驛站。這個驛站由官方出錢，僱傭驛兵。清代驛站管理嚴密，由兵部負責，京師設皇華驛，各省腹地及盛京地區設驛，軍報所設為站。凡是通過驛站發遞的，都要分緩件、急件，驛遞有一定規矩，軍機處檔，往往在公文上註明「馬上飛遞」字樣，規定每天三百里，如遇緊急情況，可每天四百里、六百里，最緊急的用「六百里加緊」，就是一天必須要跑六百里，換馬不換人。這限於奏報督撫、將軍、學政，在任病故，以及失守或者光復城池，不得濫用，驛六百里在當時已經是跑得很快的規定了。

魁玉的奏摺八月二十八日到京，同治皇帝覽後「實深駭異」。兩江總督竟在督署重地被刺身亡，實在是對風雨飄搖的清王朝的一次衝擊。為此，二十九日朝廷連發四道諭旨：

第一，命「魁玉督同司道各官趕緊嚴訊，務得確情，盡法懲辦。」

第二，「曾國藩著調補兩江總督，未到任以前著魁玉暫行兼署。」

第三，密旨安徽巡撫英翰加強長江防務和地方治安，以備不測。

第四，「著魁玉督飭司道各官，設法熬審，務將因何行刺緣由及有無主使之人一一審出，據實奏聞。」

同治皇帝還為馬新怡親賜祭文、碑文，特贈太子太保，予騎都尉兼雲騎尉世襲，謚「端敏」。江寧、安慶、杭州，海塘以及菏澤都為他建有專祠，有地方還規定每年春秋，官為之祭。同時下令對他的嗣子給予恩蔭，也就是任命他為六部的主事官爵，這相當於是一個正六品的官員。

在此期間，魁玉派人緝拿了收容張文祥的店家朱定齋、周廣彩等嫌犯。但審訊張文祥的工作毫無進展，即使晝夜嚴鞫，案犯只對行刺供認不諱，言及行刺原因則語焉不詳。

清廷一開始就意識到此案的嚴重性，並懷疑非張汶詳一人所為，因此死死抓住魁玉不放，連下諭旨，口氣越來越嚴厲，一定要追出幕後主使之人。魁玉審理刺馬案月餘，每次奏報幾乎不離「一味閃爍」，「語言顛倒」，「一味支離」。不過，魁玉多少還是向朝廷報告了一些進展，這就是我們在前面提到的，張汶詳曾經一度為「發逆」，也就是參加過太平軍。曾在太平軍侍王李世賢名下領兵打仗，進攻漳州，轉戰安徽、江西、廣東、福建、浙江等地。那麼張汶詳有這樣的出身經歷，當然就對朝廷更加憤恨，所以魁玉認為這應該算是一個不小的審出成果。魁玉又通過手下，把張汶詳的兒子張長幅，張汶詳的女兒張寶珍，同居之舅嫂羅王氏拿獲，但此案的核心即行刺緣由以及幕後主使仍無確供。

但朝廷對這一結果仍不滿意，王公大臣也紛紛議奏，給事中王書瑞奏請派遣親信大

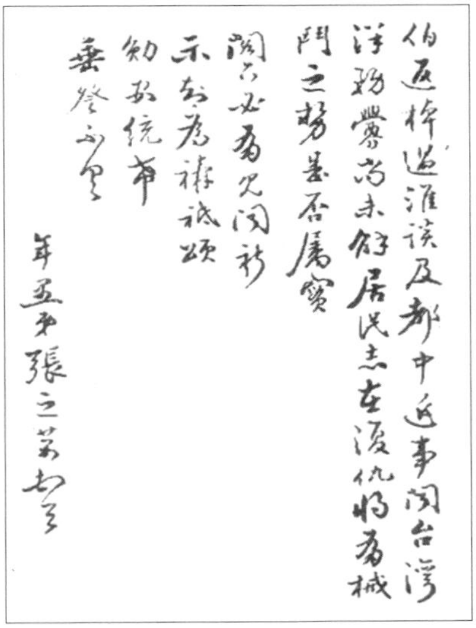

張之萬筆跡

臣親自前往徹查。太后、皇帝認為有理，於是委派漕運總督張之萬赴江寧會審，並下旨「將該犯設法熬審，務將其中情節確切研訊，奏明辦理，不得稍有含混。」「熬審」有兩種不同的解釋，一種解釋是按照當時的法律制度進行嚴刑審訊；另一種說法就是不能對他用刑，以免犯人在重刑之下暴斃，而是要連續、煎熬性地不斷審問他，但是又不能放過他，總之朝廷讓魁玉通過熬審一定要審出這個案子背後的真相。

這時候，江寧那邊的審訊還是沒有進展。實際上，魁玉也顯得很無奈。至於張汶詳在被抓當場大聲喊，「養兵千日，用在一朝。」，難免讓人聯想其背後另有主使。可是在審理過程當中，張文祥除了信口侮衊馬新貽以外，對於行刺的原因，是否有人指使，堅不吐實。地方官會審時，其態度桀驁不馴，將軍魁玉親自審問時，他只說了一句：「我為天下除了一個通回亂的叛逆，有何不好？」馬新貽雖是回教家世，但從洪武初年由武昌遷居山東曹州府，到馬新貽已傳了十八代之久，是道道地地的山東土著，與陝甘回民風馬牛不相及，可知張文祥的話，完全是誣衊。但又不敢對其用刑，怕有人趁機在獄裡動手腳，滅張文祥之口，把欽命要犯報個「刑傷過重，瘐死獄中」，這個責任誰也擔不起。

張之萬奉了皇帝的諭旨，赴江寧與魁玉會審張汶祥。張之萬是直隸南皮人，道光年間的狀元，其弟就是後來支持新法、操練新軍、在兩廣大敗法軍、建造中國第一個兵工廠，大名鼎鼎的張之洞。張之洞是同治二年（一八六三年）的探花，時任湖北學政。張之萬與其弟張之洞雖是同胞，但脾氣大不相同。張之萬做事沉穩，學問精深，在官場之中上下通融也頗有幾分能耐。但此人膽子極小，非常怕事，為人深通以柔克剛的黃老之學，所以也是個「不倒翁」。

這個時候社會上對刺馬一案的風傳，張之萬也有所耳聞，他知道此行實在是有點風險。如果真像傳聞說的，背後由湘軍主使，他作為一個直隸人，又要到湘軍控制的地盤去審實這樣一個案子，如果遵旨根究到底，一定會成為馬新貽第二。果然，不久就接到了間接的警告，勸他不可多事。這一下，張之萬越發膽顫心驚，一直拖延著不肯到江寧。無奈朝旨督催，魁玉又行文到清江浦，催「欽差」快去，張之萬只好準備動身，他將漕標的數十號官船，上千名兵丁都調來，護著自己順運河南下，他自己一直躲在艙裡不露面。

當時正值深秋，紅蓼白蘋，運河兩岸的風光頗為不錯。這天由河入江，到了瓜州地方，張之萬在船裡悶了幾天，想上岸走走，剛下船走了一陣，忽然內急，看看四周，蒿草高過人頭，四周裡除了自己的人寂寂無音。只在遠處有些農人正在田野勞作。本來隨便找個地方如廁是不難的，但張之萬深怕這裡藏著刺客，於是命漕標參將，親自帶領兩百親兵，拿槍的拿槍，拿刀的拿刀，團團將他圍住，才放心出恭。正在收割稻子的老百姓，大為驚異，不知道那裡出了什麼事？跑去一打聽，才知道是「漕帥張大人」上茅廁，這事兒一時被傳為笑談。

張之萬到了江寧，他很清楚，這個案子不管怎樣審，怎樣結，都是兩頭不落人。審不出主使人，馬家不願意，朝廷更不滿意；審出主使人，這些人也可能把自己「做掉」，豈不更悲？

於是他與將軍魁玉和當時江蘇的布政使梅啟照密謀，最後他們彼此通過一番言談，心照不宣地達成了協議，這就是往下拖。因為這個時候他們已經知道，曾國藩要重回兩江，他是湘軍首領，不管怎麼審，都比他們審要好得多。

張之萬採取拖延戰術，在江寧連審數日，並沒用刑。馬新貽的親信、參與會審的孫依言、袁保慶十分不滿。袁保慶時任營務處總辦，平日抓散兵游勇，頗為嚴厲，是馬新貽的親信之人。那孫依言與馬新貽也處得不錯，馬新貽對其有知遇之恩。兩人對馬新貽之死耿耿於懷，不追出主使的人來，決不甘休，於是極力主張張之萬對張汶祥嚴刑訊究。張之萬不軟不硬地說：「案情重大，不便徒事刑求。儻未正典刑而瘐死，誰負其咎」。就這樣張之萬一邊慢慢地審理，一邊耐心等待調補兩江總督的曾國藩的到來。

在這樣的情況下，朝廷也早有所顧及，所以早在張之萬還在路上的時候，朝廷就再次下旨給魁玉，明確告之魁玉，在這個案件的審理過程當中，一定要抓緊時間，絕不能夠心存由大化小的心態，更不能夠因為藉口等待張之萬而稍有遲緩。

到了十月月十二日，張之萬才送出第一道奏章：「該犯張汶詳自知身罹重解，凶狡異常，連訊連日，堅不吐實，刑訊則甘求速死，熬審則無一言。既其子女羅跪於前，受刑於側，亦復閉目不視，且時復有矯強不遜之詞，任意汙衊之語，尤堪令人髮指。臣又添派道府大員，並遴選長於聽斷之牧令，晝夜熬審，務期究出真情，以成信讞。」同時與魁玉聯銜報告，質訊中軍副將喻吉三，以及武巡捕候補都司葉化龍等，追究防護失職之責。

由於張之萬、魁玉拖延太久，朝廷震怒，下諭旨責問張之萬和魁玉，怎麼還沒有結果？而且案子拖延不結，招致了更多的傳聞物議。朝中一些所謂的言官，如給事中等也都紛紛上摺，認為朝廷指派的這兩個人太不盡責了，張之萬、魁玉一時成了眾矢之的。

迫於壓力，到了這一年的閏十月二十日，也就是距案發差不多有四個月之久，張之萬和魁玉兩個人聯名上奏，向朝廷寫了一道這個案件奏結的奏摺。奏摺中稱：「兇犯張汶詳曾參加太平軍，效力於侍王李世賢帳前。在離家從軍期間，他的妻子被當地一個姓吳的人霸占為妻。戰亂平息之後，張文祥回到家中看見妻子別嫁，到縣衙投訴。縣官將妻子判回給他，但是被一同占有的家財難再取回。當時，馬新貽正在做浙江的巡撫，張文祥前去告狀。馬新貽並未受理此案，那位霸占他妻子的吳姓人藉機諷刺挖苦，張文祥從此對馬新貽懷恨在心。後又因為生意往來，張文祥認識了一些在浙江沿海搶劫財物的做海盜的朋友。而馬新貽曾經數次出兵剿滅海盜，張文祥的朋友不免牽涉其中，這使得張文祥對馬新貽又結新仇。因此張汶祥於『本年七月二十六日，隨從混進督署，突出行兇，再三質訊，矢口不移其供，無另有主使各情，尚屬可信。』」張之萬和魁玉認為，馬新貽之所以行刺總督大人，完全是因為上述這種個人的冤仇所致。

張之萬、魁玉的奏結看來還算順理成章，但在最後卻露出了破綻。人命關天的法律文書，行文時竟用「尚屬可信」四字，不知是何用心。對這樣四個字，朝廷看到之後，更加的不滿。

說如此一個行刺總督的重案，如此一個受到皇帝朝廷，幾次三番關注的這樣的一個所謂的詔命的欽定案件，怎麼能夠用「尚屬可信」四個字就決定呢？朝廷一氣之下，又發了一道諭旨：「令曾國藩於抵任後會同嚴訊，務得確情。著再派鄭惇謹馳驛前往江寧，會通曾國藩將全案人證詳細研鞫，究出實在情形，從嚴懲辦，以伸國法」。從這裡我們可以看出，此時慈禧太后應該已經得知了幕後有人搗鬼，但是她應該還沒有疑心到曾國藩身上，所以在上諭上雖然有所鬆動，但是還是比較嚴厲的。這回除了要曾國藩速回江寧外，又另委派了刑部尚書鄭惇謹作為欽差大臣攜隨員赴江寧覆審。不僅主審大員撤換，就連司員也全部更換，既顯示出朝廷處理此案的決心，也反映出對前審案人員的不滿和失望。

八月朝廷曾下旨，要調任曾國藩重新出任兩江總督，然而曾國藩卻請辭。他在給朝廷回覆的奏摺裡說了兩點原因：一是，他說自己年歲大了，百病纏身，而且眼疾很重，一隻眼睛幾乎什麼都看不到了；二是，他這個時候在天津處理教案。慈禧哪裡會放過他，一面給這個「中興名臣」戴了頂高帽子，一面堅決不讓他辭官。下懿旨道：「兩江事務殷繁，職任綦重，曾國藩老成宿望，前在江南多年，情形熟悉，措置咸宜，現雖目疾未痊，但得該督坐鎮其間，諸事自可就理，該督所請另簡賢能之處，著毋庸再議。」言外之意是讓曾國藩必須去。

曾國藩請辭江督未能如願，已經交出了直隸總督的關防，正預備入京請訓，就在他出京之前，張之萬和魁玉會銜的奏摺到了，說張文祥挾仇「乘間刺害總督大員，並無主使之人」，同時定擬罪名，凌遲處死。消息一傳，輿論大譁。不但輿論不滿，兩宮太后及朝中大臣，亦無不覺得封疆大吏死得不明不白，不但有傷國體，而且此風一開，中外大員心存顧忌，會不敢放手辦事，否則就可能成為馬新貽第二。於是兩宮太后召見軍機，仔細商量的結果，決定兼籌並顧。一方面尊重曾國藩的地位，一方面另派大員到江寧，重新開審。同時為昭大公起見，決定明發上諭，於是就有了上述的要鄭惇謹會同曾國藩再審張汶祥的諭旨。

時任刑部尚書的鄭惇謹，字小山，是湖南長沙人，道光十五年（一八三五年）進士。因他作中下級地方官的時間長，與百姓打交道的機會也多，憑著他清廉正直，勤政愛民的性子，得了一個「鄭青天」的名聲。同治六年（一八六七年），捻軍渡河進入山西，山西巡撫趙長齡防剿不力，帶兵的藩司陳湜，是曾國荃的姻親，本人性喜漁色，部下紀律極壞，被捻軍連連挫敗。捻軍在山西攻城奪鎮，所向披靡。慈禧太后得報震怒，大年三十派鄭惇謹出京查辦。結果按查屬實，趙長齡和陳湜得了革職充軍的處分，而鄭惇謹其鐵面無私，雷厲風行的名聲，立時傳於朝野。

此次，上諭發抄，輿論都表示滿意，期待著鄭惇謹也像那次到山西查辦事件一樣，將這樁刺馬疑案辦得水落石出，河清見魚。鄭惇謹卻是心情沉重，因為他是湖南人，而江寧是湘軍的天下，但他又不願藉詞規避。

再說這個曾國藩，他請辭兩江總督未被獲准，這之後他就採取拖的辦法。他磨磨蹭蹭，就是不啟程，似乎對回任兩江毫無興趣，其實他一直都在密切關注著江寧的事態發展。張之萬與魁玉但求自保，對刺馬案是一拖再拖，招致朝廷震怒。

清廷為了不激起兵變，穩固國本，一再催促曾國藩回蒞湘軍集團腹地坐鎮，督審此案。一月二日曾國藩抵達江寧，十四日，接印視事。從清廷調他任兩江總督，到他正式上任，歷時三個多月。

曾國藩到江寧後，張之萬急急忙忙交接完案件，就匆匆跑回清江浦去了。曾國藩很沉得住氣，一直到鄭惇謹抵江寧，這兩個多月的時間裡，從未主持過審理案件。只在鄭惇謹來到的前一天，他才調閱案卷，記下有關案犯的名字。

鄭惇謹到江寧的第二天，正是大年初一，也就是到了同治十年（一八七一年）。他此次趕赴江寧，隨行帶了兩個得力助手，也就是刑部的兩個郎中，滿郎中伊勒通阿、漢郎中顏士璋。鄭惇謹只歇了兩天，在正月初二，他就招呼曾國藩這一應人等，開始會審張汶詳一案。

等坐了堂把張汶祥帶了上來，鄭惇謹看他一臉既凶且狡的神色，心裡便有警惕，所以問話極其謹慎，而張汶祥其滑無比，遇到緊要關頭，總是閃避不答。那兩名司員因為已經得到指示，也是採取敷衍的態度，一句來一句去，問是問得很熱鬧，卻非問在要害上面。

按照鄭惇謹當初的打算，他背負著「鐵面無私」的社會清譽，他認為他一定要把這個結果審出來。可是據史料當中說，他連審了十四天，張汶祥一味狡賴，毫無確供。與鄭惇謹並坐正堂的曾國藩，一直默默地聽著很少發問，最後冷冷地對鄭惇謹說了一句話：「將來只好仍照魁、張二公原奏之法奏結。」此時鄭惇謹一切都明白了，原來他們早已設計好了。他心裡涼了半截，原來這案子是不能深究的。

三月十九日，鄭、曾聯銜上奏，奏結比張之萬、魁玉原來的定擬敘述更加詳細，取供、採證、行文更加縝密，但基本內容不出前者。所不同的是，第一，特別強調張汶詳「聽受海盜指使並挾私怨行刺」，「實無另有主使及知情同謀之人」；第二，對張汶詳量刑更加殘酷，除了「按謀反大逆律問擬，擬以凌遲處死」外，又增加了一條「摘心致祭」。

當鄭惇謹、曾國藩擬好奏結，要孫依言、袁保慶簽字畫押的時候，這二位拿出了殺手鐧，拒絕在奏結上「書諾」簽字。不過，曾國藩是何等人物，他有應對的辦法。他在這個奏結上奏給朝廷當中，乾脆就不提兩個人曾經參與了會審一事，把朝廷蒙在鼓裡。直到朝廷批覆下達，會審官孫依言、袁保慶仍抗旨拒不畫押，但此時這個案子已經徹底將他們排斥在外了。

由於鄭惇謹之前上的密摺，以及慈禧通過其他管道對案情的瞭解，慈禧明白此案只能是一個糊塗案，深究無益，反而會給朝廷帶來麻煩，因此她最終也不得不接受這一事實。三月二十六日，諭旨下達，以「漏網發逆，復通海盜，挾嫌洩憤，刺殺總督大員」定讞，肯定了鄭、曾的奏結。

具有諷刺意味的是鄭、曾在另外的夾片中使用的措辭仍然是「該犯供詞，尚屬可信。」這一模棱兩可前後矛盾的措辭曾是張之萬、魁玉在原擬中使用的，為此清廷斥責他們，「不足以成信讞。」而今鄭、曾使用，倒不為過，真可謂是言人人殊。

同治十年（一八七一年）四月初四，曾國藩奉旨監刑，將張文祥凌遲處死，並摘心致祭。據說用的是「魚鱗剮」，一片片細割。張文祥的兒子也一併被殺。轟動一時的張汶詳刺馬案，最終拉下了帷幕。此案完結之後，孫依言倒是不依不饒，因他是個讀書人，有筆在手，可以不爭一時爭千秋，他在給馬新貽寫的神道碑銘中，慷慨激昂，秉筆直書，「賊悍且狡，非酷刑不能得實，而叛逆遺孽，刺殺我大臣，非律所有，宜以經斷，用重典，使天下有所畏懼。而獄已具且結，依言遂不書諾。嗚呼！依言之所以奮其愚戇為公力爭，亦豈獨為公一人也哉？」孫依言的文章一出，震驚朝野，輿論大譁，外界才知別有隱情。同時，對鄭惇謹的聲名，也是個很大的打擊。

鄭惇謹極愛惜自己聲名，當年立志以夔、皋、伊尹為榜樣，銳意進取，欲要陶鑄人心，轉移世風。如今卻做下這種違背良心和本性的事，心情很糟糕，他本來就有難言的委屈，從結案以後，就杜門不出。欽差在辦案期間，關防是要嚴密的，一到結案，便不妨會客應酬。而魁玉邀遊清涼山，曾國藩約在後湖泛舟，鄭惇謹一概辭謝，只傳諭首縣辦差僱船，定在二月初回京復命。其實鄭惇謹心裡很明白，他只能以苦笑對之。

鄭惇謹也不等朝廷的回覆，他就自行離開了江寧。臨走之前，曾國藩給他送了一些程儀。

按照今天的說法，就是給點辛苦費，可這個鄭惇謹是一點不收。曾國藩和司道各員送他到江邊，他板著面孔，頭也不回地揚帆而去。

鄭惇謹並未回京交旨，他決意要離開政壇上的傾軋虞詐，不再涉足官場。於是當他走到了江蘇山東交界的地方，就打發兩個郎中代他回京交旨。他托故有病給朝廷寫了一道奏摺，意思是說他因為有病在身，不能回京復命了。欽差大臣不回京交旨，按清制是要治罪的。曾國藩覺得有點對不住這個湖南同鄉，從中斡旋，京裡頭的恭親王也在暗中出力，方才掩飾過去。但是鄭惇謹並不領情，後來借巡視地方為名，終以有病為託詞，請求開缺，並終生不再為官。

鄭惇謹的兩個助手回京後也悄然而失。六月，顏士璋被調到蘭州，雖是給了一個沒有實缺的知府，與充軍流放所差無幾，不久回籍賦閒。伊勒通阿，八月十九日「給全俸以養餘年」也回老家去了。所有這一切，都使人們感到背後有一股強大的勢力，有一雙無形的手在左右著這一切。

疑案幕後

顏士璋曾寫了一本《南行日記》，記述了赴寧審案的全部過程。據他的曾孫顏牧皋說，日記中寫道：「刺馬案與湘軍有關。刺馬案背後有大人物主使。」這就使得後人懷疑，馬新貽被刺一案，有可能是一起政治謀殺。

湘軍實際上是伴隨著太平天國運動成長起來的一個政治集團。

一八五一年一月十一日，洪秀全在廣西桂平縣金田村率眾起義，建國號「太平天國」。三月，太平軍轉戰到武宣東鄉，洪秀全正式稱「天王」。一八五三年三月十九日，太平軍攻克南京，改名天京，定為都城。太平天國定都天京後，為了鞏固和發展勝利成果，進行了北伐和西征。一八五六年上半年，太平軍又在天京週邊展開了激烈的破圍戰，先後擊破了江北大營和江南大營，在軍事上達到全盛。而清軍的八旗和綠營兵則節節退敗，被太平軍打得潰不成軍。

洪秀全

清廷深感綠營和八旗兵已不足用，便下令各省舉辦團練，以助「攻剿」。清朝統治者的初衷，是把團練當作一劑應急藥物來服用，寄希望於它在國家有事時可以招之即來，天下太平時又可以揮之即去；不用擔心經濟上的負擔，不用顧慮軍事上的失控。但面對組織嚴密、戰鬥力強大、建立了牢固根據地、進退自如的太平天國起義軍，傳統意義上的團練只靠「保甲相連」、「堅壁清野」的老辦法，已經難以發揮作用。於是曾國藩「別樹一幟，改弦更張」，創辦了以「忠義之氣為主」的湘勇（湘軍），他將辦團與辦練分開，著重練勇。湘軍的將領主要是湘鄉人，大多是封建儒生，招募身強力壯的農民為士兵，形成了書生加山農的獨特體制。士兵由營官招募，每營士兵只服從營官一人，上下層層隸屬，整個湘軍只服從曾國藩一人，形成嚴格的封建隸屬關係。

滿清政府雖然對地方漢族武裝不信任，但不得不倚重於湘軍，湘軍遂成為鎮壓太平天國的主要軍事力量。一八六四年，曾國藩指揮湘軍攻克天京，歷時十四年、勢力遍布十八省、攻克城池六百餘座，轟轟烈烈的太平天國運動宣告失敗。

隨著太平軍被剿滅，湘軍如日中天，成了兩江之地一個最大的地方實力派。當時全國各地的優秀人才都願意投到曾國藩麾下，幕僚多達三四百人。據野史記載，許多新科進士不願意履朝廷之任而願意進入兩江總督幕府。曾國藩的一個手令就可以使他們千里趨之。一段時間清朝省級官員接近一半是曾國藩舉薦的湘軍人物。

朝廷對曾國藩也是封蔭有加，領兵部尚書銜，授兩江總督，以欽差大臣督辦江南軍務。後再封為一

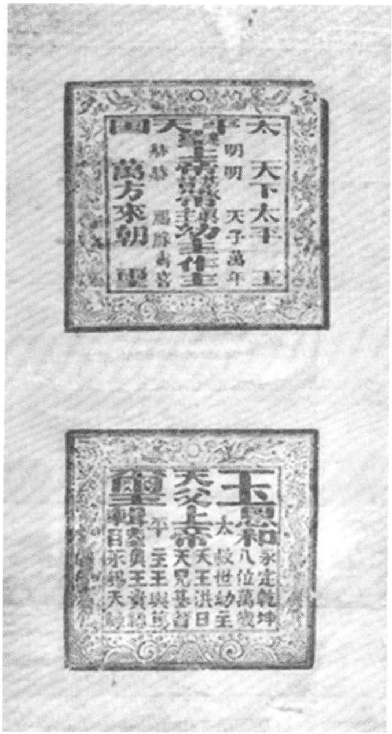

太平天國玉璽

等毅勇侯，加太子太傅，賞雙眼花翎。有清以來，漢臣從來不掌兵權，曾國藩不但擁有兵權，而且掌握地方經政事務，這在清朝是絕無僅有的。

不久朝廷藉口湘軍功績彪炳，將曾國藩調任官位最高的直隸總督以示褒獎。實際上是明升暗降，真正的目的卻是一方面將他調離兩江，不便控制湘軍，另一方面直隸在京城附近，朝廷便於對他本人進行控制。朝廷的所有舉動都表現出對湘軍的不信任。

當初天京被曾國荃攻破，縱湘軍搶掠數天。太平天國經營十年積聚金銀財寶無數，均被湘軍中飽私囊。為了滅跡，曾國荃又放了一把火，大火燒了幾天幾夜不息。事後湘軍子弟搶購土地遍及湘鄂。朝野議論紛紛，恭親王頗有微詞。當時朝廷曾讓曾國藩查報太平天國國庫的下落，曾國藩卻說，天王府已被大大焚燬，瓦礫全無，沒見到金庫。這讓慈禧太后心中大為不快。加之又有傳言曾國藩有野心要謀取帝位，這在清廷看來，曾國藩和湘軍已成為其心腹大患，必欲除之而後快。

但要動曾國藩和湘軍又談何容易，曾國藩不造反朝廷拿他也沒辦法；湘軍勢力盤根錯節，實力雄厚，想要剷除也並非易事。於是朝廷派馬新貽任兩江總督，迅速裁撤湘軍，以牽制湘軍勢力。另外，太平天國巨大的金銀寶庫不明不白，慈禧太后也不想嚥下這口氣，於是她同時密令馬新怡暗中調查湘軍攻陷天京後太平天國財寶去向。

朝廷之所以看中了馬新貽，是因為他雖然起自湘軍，但並不是湘軍的核心人員，而且他為官十幾年，沒有幫派勢力。清廷把無軍權、無派系的馬新貽安插至湘軍腹地，雖然是對他的一個器重，但是在馬新貽看來，這卻是一個非常冒險的差事。湘軍將領皆是殺人如麻的傢伙，一旦清查，激怒他們，輕則殺己，重則兵變，總之沒有好結果。肩負祕密使命的馬新貽汗流浹背地離開了紫禁城，他預料自己此去凶多吉少，因此上任前對其弟說，若他有變絕不可以追究到底，不然全家不保。

由此看來，刺馬案背後的主謀就浮出水面了，正是湘軍的勢力在背後發揮作用，高拜右也在《刺馬案與湘軍》中說：「刺馬案，終清之亡，迄莫詳其真相，實則馬之死，死於湘軍之囂張氣勢。」

馬新貽的到任是朝廷故意往湘軍集團中「摻沙子」，觸動了湘軍集團的利益，而湘軍指使張汶祥刺殺了馬新貽也可看作是還朝廷以顏色。這裡有著很明顯的政治利害關係，因此把「張汶祥刺馬案」定性為一起政治謀殺案也是不無道理的。

張汶詳已死，刺馬案也告一段落，但歷史上關於刺馬案的種種傳說，卻隨著時間的流逝，不斷地延展開來。在民間，張汶祥刺馬案就有三四種說法。但無論是正史還是民間傳說，刺馬案終以其背景之深不可測，牽扯面之廣（宮廷、刑部、兵部、督省、湘軍等環節），案情之錯綜複雜而成為晚清一大奇案。

楊月樓・奇冤

無法跨越的世俗階級，清末的羅密歐與茱麗葉

清同治十二年（一八七三年），這一天上海籠罩在陰雨連綿之中，然而在上海大新街中段，金桂戲園門前，仍然燈火通明，人聲鼎沸。雖然戲院已掛出「客滿」的牌子，但戲迷們仍舊徘徊在戲院門前，久久不願離去。上海人原來看京戲只是看熱鬧，但自從京劇名優楊月樓來滬後，卻是傾倒了無數上海的觀眾，看楊月樓的戲一時成為上海人的時髦。

富家女拋來繡球

楊月樓名久昌，字月樓，譜名久先，安徽懷寧人。楊月樓於咸豐年間隨父親楊二喜來到北京，剛開始在天橋擺地攤賣藝，後來被著名京劇老生張二奎看中，收為弟子，深得真傳，主攻京劇裡面的武生。京劇的行當分為生、旦、淨、末、丑，生主要指的是男演員，扮的是男性的角色。因楊月樓嗓音寬亮，又會拳術，張二奎讓楊月樓學習老生，兼習武生。由於楊月樓勤學苦練，很快成為張二奎門下的出類拔萃者，與另一高徒俞菊笙並稱為「雙璧」。楊月樓有幾齣非常有名的戲，如文戲的《打金枝》、《四郎探母》、《取洛陽》、《五雷陣》等，與武戲的《鬧天宮》、《轅門斬子》、《連環套》等。其中有一齣武戲《長阪坡》，是每年的壓軸戲，他飾演趙雲，英姿颯爽，身在重圍，與魏將十戰十決，揮戈酣戰，遊刃有餘，觀者無不目眩神搖。他對此劇也十分珍惜，每年只演一次，要到臘月封箱前二、三日才演。

《大登殿》中楊月樓（中）飾演薛平貴

楊月樓到了二十多歲的時候，就出了名，在京城名聲很響，後被列為「同光名伶十三絕」。「同光名伶十三絕」是指清朝同治、光緒年間京劇舞臺上享有盛名的十三位演員，他們分別是郝蘭田、張勝奎、梅巧玲、劉趕三、余紫雲、程長庚、徐小香、時小福、楊鳴玉、盧勝奎、朱蓮芬、譚鑫培、楊月樓。晚清民間畫師沈蓉圃，參照清代中葉畫師賀世魁所繪「京腔十三絕」戲曲人物畫的形式，挑選了這十三個名演員，用工筆重彩把他們所扮演的劇中人物繪畫出來，個個栩栩如生。這幅畫的面世，正值京劇盛世的歷史時期，這對瞭解當時演員的扮相、服飾及前輩藝術家的風采，是極為珍貴的文獻資料。

楊月樓於清同治十一年（一八七二年）來到上海。在《安天會》中飾孫悟空，出場連翻一百零八個觔斗，收步不離原地，聲譽大噪。當時開辦不久的《申報》曾經引述一個人所寫的竹枝詞，描述他當時演出的盛況：「金桂何如丹桂優，佳人個個懶勾留，一般京調非偏愛，只為貪看楊月樓。」楊月樓身法步唱功皆為上乘，扮相更是英武陽剛，英俊瀟灑，因此博得上海戲迷，特別是眾多女子的愛慕。然而就在同治十二年（一八七三年）冬天，楊月樓卻因與一商家女子之間發生的一段哀婉悱惻，慘絕人寰的愛情悲劇，從而引發了一場官司，斷送了他的前程。

一八七三年的新春，楊月樓應邀來到上海，當時上海戲劇界有兩個戲園比較有名，一個叫丹桂園、一個叫金桂園，按照以往丹桂園的劇碼往往優於金桂園，所以金桂園為了能夠闖出自己的名聲，就重金禮聘了楊月樓。楊月樓在金桂園連續演出表現男女之情的《梵王宮》等劇，演得非常動人，連演三天。他那英俊瀟灑的扮相，優美悠揚的唱腔，出神入化的武藝，傾倒了許多觀眾。看戲人中有一家廣東富商的眷屬，是兩個中年婦女和一個妙齡少女。這富商姓韋，從事對外貿易，常年奔走於廣州、港澳之間，家中妻女二人住在上海租界內，妻子韋王氏，女兒名叫阿寶，此外還有阿寶小時的乳母王氏幫做家務。當時韋阿寶年方十七，中國古代傳統，稱十三四歲的少女為「荳蔻」，荳蔻是一種初夏開花的植物，初夏還不是盛夏，比喻人還未成年，故稱未成年的少女時代為「荳蔻年華」；女子十五歲稱「及笄」，笄是古代婦女盤頭髮用的簪子，「及笄」指女子至十五歲時，把頭髮簪起，表示已成年；女子十六歲叫「破瓜」，古代文人把「瓜」字拆開，成為兩個八字，因此稱十六歲的女子為「破瓜之年」，又稱二八年華。那麼十七歲顯然正是一個妙齡少女的好時光，這個情竇初開的韋小姐連看了三天戲，竟對這個扮相威武英俊的楊月樓一見鍾情。這一行為在當時要冒很大的風險，中國傳統社會中「男主外，女主內」的規範，使得婦女多禁錮在家庭之內，很少涉足公共場所。戲館、茶樓都是男人娛樂和社交的天地。十九世紀後期，隨著沿海城市的開埠通商，與社會交往的擴大，這種情況也有所改變，婦女開始出入公共娛樂場所，但像韋家母女這樣無所顧忌，公然在戲館觀看三天，也不多見。之後，韋阿寶便私下修書，「細述思慕意，欲訂嫁婚約。」送上自己的生辰八字，這是要求締結婚約的庚帖，派貼身奶娘王氏交給楊月樓。什麼叫庚帖？庚帖是訂婚時用來記載年歲生辰八字和籍貫的帖子，男女雙方作為訂婚的憑證，這是不可以輕易示人的，所以這種種舉動都在表露著韋阿寶對楊月樓的傾慕之情和下嫁的決心。

上海自從開埠設立租界以後，洋人就不斷湧進這個海邊城市，自然帶來了洋人的商業貿易與文化藝術。西洋文化既然已經滲透進了這個城市，以往依據傳統社會身分和特權地位而形成的上下尊卑身分等級關係便大為鬆弛，以往的封建禮教思想也漸漸退出主導地位。韋阿寶出身富豪之家，自然耳濡目染，頗受影響，在當時寫出這樣一封求愛信就不足為怪了。楊月樓接到了這封信，看完了之後是「既驚且疑」，驚的是一個身分高貴的富家小姐卻看上了一個戲子，這是楊月樓所想不到的；疑的是自古良賤不能通婚，憑著自己的社會地位，自己的身分，如何能與這位小姐相配。

按照傳統的觀念，千百年來有著明確的等級身分，清初制定從事娼、優、隸、卒等「賤業」的例屬「賤民」，與從事士農工商行業的「良人」有明顯的區別。雖然雍正年間豁除了「樂戶」等一些世襲性的「賤籍」，但只要本人還在從事這些「賤業」，就仍被視為「賤民」。自嘉慶二十三年（一八一八年）修定刊行，一直沿用到光緒後期的《大清會典》中，對於良賤之別仍有這樣的規定：「區為良賤：四民為良（四民指農戶、軍戶、商戶、灶戶），奴僕及娼、優、隸、卒為賤。」一定製對「賤民」有種種歧視性的規定。楊月樓雖然唱戲唱成了名角，但是在當時的社會身分結構上，他仍然屬於賤籍，社會地位如同妓女一樣非常低賤。而在這之前也發生過一件良家女子與娼優通婚的事情，使女方備受折磨。浙江有一個已故鹽商的女兒因為愛上了一個伶人，受到阻撓，不能結合，相思之苦使她纏綿病榻，瀕臨死亡，其母無奈，請求族長同意他們成婚，族長回答：「家素清白，安能作此醜事。」後來族裡為了保全家族的名聲，把她們逐出家門，令其改名易姓，永遠不得歸宗，對外佯稱其女已經死亡。浙江少女的遭遇使楊月樓心有餘悸，不忍心就此連累姑娘的一生，因此只好婉言謝絕。

韋阿寶因為向楊月樓求愛遭到拒絕，竟得了相思之病，從此日夜茶飯無心，不久便臥床一病不起，其母韋王氏十分著急，韋阿寶的奶娘王氏只得向韋王氏講出實情。這韋王氏也是楊月樓的忠實戲迷，其欣賞楊月樓的程度不亞於其女。一聽是為了楊月樓，心中便有幾分願意，再說為了女兒，哪裡還能顧得上考慮許多。長期在外經商的父親鞭長莫及，韋王氏救女心切，於是決心成就這樁姻緣。韋王氏請人轉告楊月樓，可以「延媒妁以求婚」，希望通過明媒正娶的辦法，用合理合法的婚約以減少社會的阻力。「明媒正娶」是傳統婚姻的習俗，媒人在傳統婚姻當中，占有非常重要的地位。中國古代的《詩經》裡面就有：「娶妻如之何？匪媒不得」的詩句。意思是說娶妻這樣的大事，一定是要有媒妁之言的！因此古書上有許多諸如「天上無雲不下雨，地上無媒不成親」等通俗的說法。

在中國的古代婚姻中，禮數是絕不可少的。古代婚姻的「六禮」就反映出這些堂皇的規矩。正所謂「婚姻之道，謂嫁娶之禮」。那麼「六禮」的第一禮「納采」，就跟媒人有關係。「納采」是指男方請媒人到女方家提親，並以大雁為禮。古人認為，大雁「夫唱婦隨」，而且還有一種天性，就是一生只尋求一個配偶，那麼這喻示著專一，因此以大雁為禮。同時媒人要詢問女方的姓名和生辰八字，這是「六禮」的第二禮「問名」。接下來，把占卜八字的好消息告知女方家人，這叫做「納吉」。「納吉」之後，就要下聘禮，舉行一個訂婚儀式，這就是「納徵」。「納徵」之後，雙方就要選擇結婚的良辰吉日，即「請期」。最後一禮是「親迎」，也就是迎娶新娘，舉行婚禮了。這就是傳統的「六禮」，因此有「六禮不備，不宜成婚」的說法，但據說到了宋代這六禮就簡化成了四禮，但是基本的追求是一樣的。

韋母在通知楊月樓明媒正娶的同時，恰巧這時楊母也到了上海，韋王氏便通過案目陳寶生約見楊家母子，代女求婚。「案目」就是受僱於戲園，向戲園老闆交納一定的押金以後專門承包戲園的座位，由他負責出票和招待客人。楊家母子為情所動，於是就答應了這門婚事，並籌備迎娶韋阿寶。

禍從天降

韋阿寶家與在上海的韋氏家族相交甚淡。為了少生事端，這一回，韋家竟沒有通知在滬的韋氏家族人。不過世上沒有不透風的牆，何況是上海名角與豪門韋家的婚事。韋阿寶的這個婚事就被當時同在上海、她的一個親叔叔知道了。阿寶的叔父得知此事，大為震怒，認為這樣一種良賤通婚，不僅對他的家庭、家族有辱門風，而且甚至影響到整個他們廣東籍的這些粵籍商人，揚言「惟退婚方不辱門戶」，她這個叔叔就堅持說這個事情只能以退婚了結，絕不可以結婚。那麼韋阿寶的母親便想了一個辦法，就是要楊月樓仿效上海民間風俗，進行搶親，借用搶婚習俗，讓韋阿寶的乳母王氏，悄悄地把韋阿寶送到楊月樓的住處，拜天地成婚，使生米煮成熟飯，就此想躲過韋阿寶叔叔的干涉。自古以來在婚姻的締結上，有一種古老的風俗，就是所謂的搶婚，後來經過世代的演化，完全成了婚儀上的一種形式。這搶婚原是兩廣一帶的風俗，上海的一些兩廣人結婚時也偶爾會用這個儀式，它體現的是婚姻過程當中的那種熱鬧的氛圍。新郎官搶了新娘往家跑，而送親人在後面追趕，裝著要搶回姑娘的樣子，是圖個歡樂熱鬧吉祥的意思。

那韋家叔父在廣東商界也是個頗有影響的人物，而且據說通過贖錢捐官謀得了一個官方的身分，因此為人專橫跋扈，哪能就此甘休。他於是聯合廣東香山籍的商紳，以族親鄉黨的名義，狀告楊月樓拐盜阿寶，起訴公堂。剛剛上任的知縣葉廷眷也是廣東香山人，而且他對戲子的偏見，比韋家族人還要深，認為凡戲子皆不是好人，品行不端，至淫至賤。於是葉廷眷就在舉行婚禮的當日，派出差役拘捕了楊月樓和阿寶，並起獲了七大箱的陪嫁財物，據傳有四千金，作為拐騙的物證。

因為葉廷眷對戲子本就厭惡，他在浙江做知縣時就多次奏請上級要求限制戲子的一些公民權利，那裡的戲班一提到他，沒有不恨之入骨的。如今遇了這種事，葉廷眷哪能秉公斷案。於是葉廷眷不問青紅皂白，當堂嚴刑逼供，「敲打其（楊月樓）脛骨百五」，「批掌女（阿寶）嘴二百」。要知道楊月樓是唱做念打的藝人，這樣打脛骨，無異要使其致殘，斷了他的前程。面對這樣殘暴的迫害，楊月樓始終不悔，義正詞嚴，申辯婚姻的正當理由；阿寶更是頑強，聲言非楊不嫁，「嫁雞隨雞，決無異志」。葉廷眷哪裡肯甘休，又先後對楊月樓採用夾棍、吊天庭等重刑，即使在獄中也把他反臂吊起來。楊月樓挺刑不過，只得承認是與韋阿寶私奔，並騙其錢財。

同治十三年（一八七四年）葉廷眷判決，阿寶交官媒擇配。楊月樓再行杖責五百，依誘拐罪充軍發遣流配四千里到黑龍江服刑。韋王氏拿著婚書庚帖到縣衙鳴冤，楊月樓的母親也派人帶著婚書、庚帖、聘禮等證物來滬，三慶班班主也出具了做媒的證明，左鄰右舍及參與婚禮的戲園同業也到縣衙作證。但葉廷眷卻強詞奪理，說良賤不能通婚，婚姻須由父親做主，況且楊月樓亦招了供。故堅持不再重審，一切等上級批示及阿寶父親返滬後再行質斷。案件就這樣歷經松江府，江蘇提刑按察使司，江蘇巡撫層層審轉和覆核，楊月樓案最終被坐實，維持原判，楊月樓開始在江蘇巡撫衙門的監牢裡等候刑部的批文。

楊月樓是家喻戶曉的名伶，此案一出，立刻在社會上引起轟動，《申報》在案發後一個月之內，連續刊登了三十餘篇報導、評論和來稿。楊月樓以優伶「賤民」的身分與良家女子韋阿寶結為婚姻，在當時看來顯然違反了「良賤不婚」的禮法習俗。但是他們的婚姻又是韋母做主而明媒正娶的。因此，對於楊月樓以賤民身分與良女結親的行為如何看待？是以良賤有別的身分觀念及道德禮法為價值準則而予以完全否定，還是以人情事理為重而予相對平等的看待？各方人士圍繞此案展開了爭論。

固守傳統的認為楊月樓出身低賤，說楊是「至微極賤之伶人耳」，「不列士農工賈，儕同皂隸娼優，良賤攸分，尊卑各別。」認為楊月樓明知良賤不能通婚，公然違反禮法，即使有婚書為憑，也屬「詭立」，「強婚良戶，既拐其人，複騙其財」，「罪當千刀萬剮」。韋女坦言自己主動求婚，這是由於楊月樓「誘人閨闥」，受到楊的蠱惑，更是要對楊罪加一等。鄉黨稟告於官，是維護禮教家法的義舉。也有人認為：「孟子有言：食、色，性也。一優人耳，忽有配以美色之婦而不願者，夫豈人情？一弱女耳，忽許配以合意之婿而不從者，夫豈人情？」「試思貧士當困頓之時，忽有配以美色之女，斷無不願娶之理，況月樓乎？閨秀當懷春之候，忽令嫁得合意之婿，豈有不願從之理，況阿寶乎？」因此主張「設身處地」觀之。韋女勇敢地在堂上抗辯，「不顧寒苦微賤，願同生死。」為自己爭取自主的愛情，更應博得人們的讚許。

這一案件還引發了中國歷史上前所未有、以上海知識分子為首的同情派與廣東籍商人鄉黨為首的重懲派之間的一場爭論。他們爭論的焦點，集中在對韋楊婚姻正當性的評價、韋商鄉黨公訟於官是否合宜及縣令嚴刑重懲是否公正等，而良賤身分之別則成為此次論爭的焦點所在。

傳統婚姻體現的是一種家族的利益，它非常在意身分的規則。由於良賤身分之別關係到家庭和家族的門第、名譽、地位，乃至個人的命運，因而歷來為人們所看重。民間談婚論嫁講究門當戶對，首重良賤之別，這已是人們世代相傳、被視為天經地義的禮法習俗。「門當戶對」中的門當，指的是大戶人家門前精雕細刻的兩面石鼓門枕，而在大門框上方凸出的四尊木頭雕刻的漆金「壽」字門簪，就是「戶對」。舊時大戶人家財不外露，很難打聽家庭情況，兩家兒女定親之前，一般都暗暗派人到對方家的門前看一看，通過「門當」上雕刻的紋飾來瞭解對方家庭所從事的行當，如果石鼓鐫刻花卉圖案，表明該宅第為經商世家；如果石鼓為素面無花卉圖案，則為官宦府第。由此，「門當戶對」被演化成男女婚配的客觀條件並沿襲至今。

傳說在魏晉的時候，有一個叫王苑的世家大族，他把自己的女兒嫁給了當時的一個富商，這引起了人們的非議。因為在魏晉時期，商業被視為「賤業」，魏晉時的商人要頭裹寫有自己名字的白布，並且要一隻腳穿上白鞋，另一隻腳穿上黑鞋，以區別於其他階層。人們紛紛譴責這個王苑，說他為了貪圖這個商人的財富，才肯自賤其類，把自己的女兒嫁給他，這有辱士人

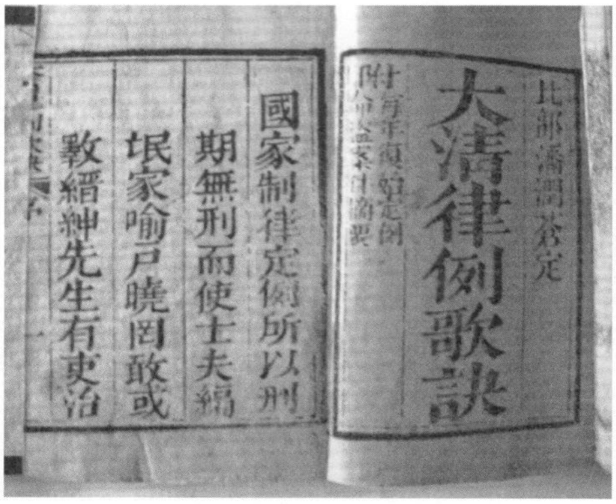

大清律例

的名聲，甚至有人彈劾王苑，要把他免冠轟回家去，讓王苑的這個做法引為一個典型的案例來警示後人。可見門第等級觀念對婚姻的干預影響是何等的嚴重。

清代沿行身分等級制度，良賤之別就是一種比較嚴格的身分區分，人們依不同的身分，形成尊卑上下的等級關係。而且身分等級制度，還被法律予以嚴格的規定。雖然到了清朝商人已經作為一般的良民來看待，但良賤不婚在《大清律例》的戶婚部分裡面，卻有著很明確的規定。清律規定賤民娶良人女為妻者，需離異，並處杖八十。而娼優樂人如娶良人女為妻，因涉及以良為娼，罪重一層，故又規定犯之者杖一百。那麼在人們的社會生活中，良賤之間也有明顯的尊卑等級界線，被嚴加區別對待。比如，凡涉及到個人與官府的正式交涉，如參加科舉考試等，都需要出具「身家清白」的保證，而近親中無人從事「賤業」就是這所謂「身家清白」的一項重要內容。到了清中期以後，隨著社會發展變化，人們在觀念上已經有所轉變，尤其是自雍正以後，採取了開豁賤籍的制度，賤籍不再世代相傳了，那麼在實際生活中良賤不婚的禁令也逐漸鬆弛，如若發生此事，一般也是當事者家族自行解決。

十九世紀末的上海，在當時是一個開放的通商口岸，已不同於中世紀的舊式城鎮，這裡華洋混居，五方雜處，不受中國官府直接管轄，以往依據傳統的社會身分和特權地位而形成的上下尊卑身分等級關係已大為鬆弛。再加上這裡商業是社會活動的中心，商人自然成為社會生活的主角，而金錢的多少意味著商業能力和成功機會，因而越來越被人們所看重。所以，人們的身分地位受到金錢利益的驅動，也在發生改變。身分地位低微的由於擁有財富，令人刮目相看的事例，屢有發生。如大洋行、商行的使役門丁也可能收入不薄，而經營妓館、戲館、煙館的更有發財小富的。這些從身分上說處於低賤的人們，可能會像富人一樣穿戴華麗，出手闊綽，因而也會受到人們的羨慕趨附，在社會交往中占有優勢。而那些無錢的官紳往往會由於貧寒而受到冷落，自慚形穢。因而這一時期社會交往中出現了「輿台隸卒輝煌而上友，官紳寒士貧儒襤褸而自慚形穢」、被時人感歎為世風不古的現象。這恰恰反映了人們的尊卑榮辱觀念，已經突破了身分的限制，發生了深刻的變化。對於楊月樓來說，他的年收入比一般塾師高出十倍之多，他之所以敢於接受韋阿寶的婚約，也是因為經濟地位的提高促使他渴望享有與良人平等的社會地位，爭得與良人自由戀愛的權利。而且自清朝道光朝以後，實際生活中良賤通婚的事例屢有發生，地方官府是對這些事情也常常持睜一隻眼閉一隻眼的態度。然而韋家的鄉黨族親，對楊、韋的婚戀卻深惡痛絕，要求嚴加懲治，而且還在社會上得到眾多的呼應。附和者並不僅僅是為了韋家的榮辱，更多的是為了使「優伶黨毋以效由猖獗，所謂以一儆百」，「庶幾其餘優人，稍知畏懼。」因此，鄙薄藝人的，厭惡自主擇偶的，反對良賤通婚的，維護既定等級不能踰越的，在楊、韋婚戀的風波中紛紛登場，所以這又是中國傳統封建社會向近代化過渡中，尊卑貴賤等級序列失控後，在保守勢力中激起的回應。

那麼對這個案子涉及到的良賤為婚，重懲派認為應嚴守良賤之別，不可混淆良賤尊卑的等級身分。「楊月樓作為一個優伶戲子，身分低賤，不僅不能視同於常人，而且根本就沒有資格與士商民人相提並論，甚至都不值得人們為之談論。楊月樓以優伶賤民之身而娶商家良人之女，明知違背『良賤不婚』的禮法而為之，其居心即屬不良，其品性即為喪德，其行為就是姦拐。」這些對楊月樓的「賤民」身分極盡貶斥，以及對韋、楊婚姻完全否定的言論，依據的就是良賤之別的等級身分觀念和良賤不婚的道德禮法，這些都是歷來被奉為正統的傳統社會倫理準則，一直被人們看作是天經地義的。而同情派的觀點則認為，「對低賤者也應以常人待之，月樓雖然身分低賤，但有良家不嫌棄其身分而願意以女許之，他當然會樂而受之。所以，月樓接受韋家的許婚是合乎常情的。」也就是說楊月樓並沒有強迫女方，而是韋阿寶主動要求與楊月樓成婚，所以雖然楊月樓身處賤籍，他也應該得到平常人應該有的對待。此外，同情派又以父母之命、媒妁之言的法定民間婚姻程式來衡量，認為楊月樓和韋阿寶是「受母命，倩媒妁，具婚書，得聘禮，」一切程式符合於明媒正娶，因此是合法的。即便良賤為婚，也是經過雙方母親做主，因此違反「良賤不婚」的責任，則應由主持締結婚姻的韋母來承擔。

另外一個當時爭論比較大的，就是官府對於楊月樓一案的定罪量刑上。上海縣縣令葉廷眷給楊月樓所定的罪名實際上已經不是所謂的違律嫁娶，良賤為婚了。因為按照韋阿寶叔叔所控告的罪名叫拐盜罪，但是拐、盜兩個罪在《大清律例》裡面並沒有具體的罪名。但是這個縣太爺葉廷眷，卻把掠誘良人子女這樣的一個拐盜罪的指控適用到大清律裡邊，而對這樣一個掠誘罪刑罰的處罰確實是非常嚴厲的，正是因為這個罪名的認定，楊月樓才被判定為流刑。

重懲派從維護良賤之別的社會等級秩序，維護道德禮法，維護鄉黨名譽的立場出發，認為對於楊月樓扮演淫戲誘人婦女，以致使韋女「心屬月樓，以思淫奔」，又與韋女明知違背良賤不婚的禮法而結為婚姻，這些違背道德禮法的做法，就是「奸」，是「拐」，是「大惡」重罪，應當重判、重懲。在他們看來，對楊月樓的懲處重則是強盜、亂倫，應當「斬立決」，輕則是搶盜，應予軍流。總之，他們以男女不能私相議婚及良賤不婚的道德禮法為準繩，認為楊月樓違背道德禮法就是重罪，就應當處以重刑。同情派則認為，應當依據事實和國家律法來定罪。那麼根據具體的法條，無論如何結合楊月樓一案的案情，都不能夠被適用。在他們看來，如果說楊月樓和韋阿寶有罪的話，也只是犯了清律所定的「良賤為婚」或「和奸」之罪。按照清律規定，以良賤通婚罪論處，只該杖打一百板子釋放。同情派還進一步把矛頭指向了縣官葉廷眷，認為葉廷眷「不應當以情代法，為同鄉洩憤而逞己私意，不按國家律法而隨意自定罪名」。他們反對重懲派及縣官以私意代替國家律法、以義憤而隨意擬定罪名的做法，要求對身處低賤的楊月樓，應當以國家律例公正定罪。

時代釀成的悲劇

在案件實際審訊的過程當中，還出現了「楊月樓於問供之先，已將拇指吊懸幾乎一夜，甚至膀肩兩骨已為扭壞，後皆不能使動……，又用架以困之，架口最狹，將脛骨緊壓，幾至不能呼吸。」的嚴刑逼供情況。同情派認為，縣令葉廷眷是代其鄉黨洩私憤，嚴刑過當。為官者應按律例辦案，以體現社會公正。同情派還指出，此案不只是關係楊月樓一人之事，而是關係到「兆民之得失」，即官員執法辦案是否公正，是關係到能否得人心、安天下的大事。重懲派則認為「以鄉誼同憤，況有親叔主張」，楊月樓「汙我粵人」，不嚴懲，不能洩憤。認為縣令葉廷眷對楊月樓和韋女施以刑責並不過重，也沒什麼不妥，有的人甚至還嫌太輕了。在他們看來，楊月樓和韋阿寶既然犯下了「奸」、「盜」大惡，審官施以多麼重的刑責都不過分，二人完全是咎由自取。對這樣徇情枉法之論，《申報》主筆拍案而起，以「持平子」、「不平父」的筆名發表了一系列的評論，抨擊說：「在粵人以為大快人心，在旁人以為大慘人目。」「審人莫有不公於此，殘忍之事從未聞有如此之甚也。」「中國縣官其肆私以殘民，私刑以隨私意而索供，其可忍乎！」

對於楊月樓在酷刑之下被迫誣服，對於這些刑訊所採取的做法，還引起了國外的關注。議論最多的是在華的外國人，他們認為中國官吏「每於犯法之民，不論罪之輕重，動用非刑，毫無哀矜勿喜之心。」「笑華人喜為非分之事，華官好用非法之刑。」當時的倫敦《泰晤士報》也做了這方面刑訊的報導。後來《申報》還專門闢出了《中西答問》的專欄，用西人之口來評價中國的刑訊，認為這種過於殘酷的做法，絕不是中國官員所常標榜的「愛民」之舉。在這裡《申報》主筆顯然是要以作為富強榜樣的西國已廢刑訊，及西人對中國尚刑的批評，作為批評縣、府官員濫施嚴刑的佐論。

在《申報》上展開的這場激烈的爭論時近一個月，重懲和同情兩派各執一詞，愈爭愈烈，兩不相下。由於《申報》發行量大，影響廣泛，所以造成了很大的聲勢。以《申報》主筆為代表的同情派，鋒芒直指官府，且言辭越來越激烈，引起了地方官的惱怒，對《申報》發出威脅。為免事態擴大，《申報》館不顧紛紛來稿，在十二月七日宣布所有來稿「一概不肯再刊」，就此結束了這場筆戰。

那麼這樣的種種議論，都使得當時這個案件，受到了人們越來越大的非議，可想而知，這個葉廷眷縣太爺所承受的壓力也非常之大，正是在這種壓力之下，韋阿寶的父親回來了。韋阿寶的父親回來之後，瞭解到了在阿寶叔叔的主導下，韋氏鄉黨這一派人極力地反對，雖不同意其弟的誣告，但最終也站在了韋氏鄉黨這邊，充當起了封建衛道士的角色。認為良賤不能通婚，並最終拋卻親情，表示不再認阿寶為女兒，願聽憑官府發落之，絕無異議。

這樣一件在國內和國際都深有影響的冤案，發生在一個頗有名氣的藝人身上，又得到權威報紙《申報》和社會輿論的指責，只要官方還有一點理性和良知，也不能無視民情疾苦，草菅人命。然而，二千多年封建專制主義統治發展到清朝末年，極度昏聵腐朽，官吏的貪贓枉法，鄉黨的結私舞弊，已經成為解不開的死結。

到了同治十三年（一八七四年），葉廷眷判決韋阿寶行為不端，發落到普育堂，交由「官媒擇配」；楊月樓再行杖責五百，依誘拐罪充軍發遣；協助楊月樓與韋阿寶完婚的乳母王氏，掌嘴二百，荷枷遊街示眾。韋母受到社會上楊月樓與韋家母女私通謠言的影響，在羞憤中病故。後府、省雖對此案覆審，楊月樓也曾翻供，但怎奈官官相護，仍維持原判。轟動一時的「楊月樓案」終於以官府的權力與鄉黨的勢力勾結壓倒社會輿論的結果而偃旗息鼓了。但在主懲派和同情派論戰的硝煙中，公眾輿論終於在傳媒中得到傳播，市民中終於有了人權意識的萌芽，這是中國前所未有的新事態；雖然這一變化因力量對比懸殊，沒有取得勝利，但卻捅開了封建體制腐爛的瘡疤，埋下了渴望民主、公正的種子。

據說最後為案件澄清冤屈的是慈禧太后。同治十三年（一八七三年）三月份的時候，剛好是同治皇帝的生日，慈禧酷愛京劇，特意命有名的京劇班子在皇家大宴時唱戲。慈禧認為這些劇碼演的「總不如楊月樓演的好」，她就問身邊的大太監李蓮英楊月樓的情況。楊月樓一案李

慈禧太后

蓮英也有所耳聞，而且案件已經由地方上報到了刑部，那麼出於種種的原因，都使得李蓮英有所瞭解，這個時候慈禧問到了，李蓮英就把楊月樓與韋阿寶的事簡略陳述了一番。慈禧聽後，也覺得有點兒奇怪，就隨口說，「不就是良賤通婚嘛，斷離就行啦，不值得用這麼重的刑罰。我看楊月樓也不用遞解回原籍了，該在哪兒唱戲就在哪兒唱，別為這事兒荒了他的戲。」就這樣，楊月樓得到了慈禧的特赦。這雖是傳聞，但第二年，也就是一八七五年，發生的一件事卻是非常湊巧，這一年光緒皇帝登極。新皇帝登極，按照傳統的制度，要大赦天下，楊月樓的這個罪過剛好可以按照原來的法律制度被歸入這種特赦之類，所以楊月最後被判定了杖責八十，遣送回籍，但此時的韋阿寶已被官媒強迫嫁人。

楊月樓在獄中時，曾得到上海說書藝人沈月春的仗義相助，並伴隨其至南京。楊月樓返滬後，沈月春向楊月樓吐露愛意，願結百年之好。於是光緒二年（一八七六年），由戲園和書場老闆為媒，二人結為伉儷。楊月樓回到北京後，從程長庚習老生，並改藝名為楊猴子，其義為戲子如同耍把戲的猴子，任何人皆可欺侮玩弄，改名之舉表達了楊月樓對封建黑暗專制統治的

楊小樓

無比憤怒與強烈抗議！

到了一八九〇年也就是楊月樓四十一歲的時候，得了重病，他在臨死前把自己的獨子楊小樓託付給了另一個京劇名家譚鑫培，他的這個獨子後來也成為了一代國劇宗師，與梅蘭芳、余叔岩並稱為「京劇三大代表人物」。

《蘇報》案

地方小報一朝翻身，滔天文字獄下的民主火苗

在中國歷史上，封建統治階級為了維護專制統治，從不允許有任何「犯上作亂」的言論出現。他們動輒大興文字之獄，加害敢於說話的文人。

近代報刊的蓬勃發展，對幾百年來實行封建專制統治的清朝統治者來說，是無論如何都不能接受的，晚清政府將其視為洪水猛獸，極盡控制、壓制之能事。《蘇報》案便是封建統治者鎮壓廣大民眾和進步文人的一個事件，它也是中國源遠流長的文字獄實施於報界最早、最為典型的案件。

一 《蘇報》異軍突起

在清末資產階級的民主革命中，一些革命黨人和進步的學者利用租界的特殊條件，創辦革命報刊，在中國民眾間傳播民主革命思想。正是由於報刊對資產階級民主革命的竭力鼓吹，使得風氣大開，革命思潮廣泛傳播。

光緒二十九年（一九〇三年），民主革命先驅章太炎、鄒容等人因在《蘇報》上發表鼓吹反清、實現共和的文章而遭到清政府逮捕，《蘇報》也被查封，由此引發了震驚中外的《蘇報》案。《蘇報》案在上海租界審理了七次，這場罕見的審訊極為可笑，執掌億萬國民生死大權的清政府第一次作為被審判的對象（原告）出現在外國租界的法庭上，革命者章太炎、鄒容為被告，外國人為裁判。清政府與革命志士各請洋律師，於法庭上進行了激烈的辯論。在列強的干預下，清政府最終也未能達到按照傳統文字獄的酷刑將章太炎、鄒容等人凌遲處死的目的，這使清政府在全盛時代動輒焚書坑儒的威嚴盡失。

這反映了當時中國半殖民地半封建的社會現狀，也是對腐敗清王朝的絕妙諷刺。因為中國不夠強大，所以只能任由帝國主義列強宰割。喪權辱國的《辛丑合約》簽訂以後，經濟上的巨額賠款，使清政府在財政上陷於空前的困境，政治上也不得不淪為「洋人的朝廷」。為了擺脫危機四伏、社會矛盾日劇的局面，清政府才實行「新政」。上海租界沒有報禁，清朝對新式傳媒的發行限制也較小，因此出版事業得到了蓬勃的發展。當時全國新出版的雜誌和書籍，幾乎全都在上海編輯、印刷和發行。戊戌變法後，梁啟超、汪康年在上海辦《時務報》，一度執全國輿論之牛耳。接跟著，幾乎所有的報紙、雜誌和書籍，都表現出對全國政治的熱烈關心。

《蘇報》原來是一個普通的小報，清光緒二十二年（一八九六年）六月二十六日創刊於上海，由胡璋用他日本籍妻子生駒悅的名字在日本駐滬總領事館註冊，生駒悅任館主，打著日商的旗號出版發行。《蘇報》自創刊至光緒二十五年（一八九九年）期間，雖為胡璋個人經營的商業性報紙，但也受到日本外務省的控制，其內容大多刊載一些市井瑣事和作姦犯科的社會新聞，文字水準低劣，還經常登一些黃色新聞，惹得當時的法租界會審公廨總在處理因這些黃色消息而惹來的官司，弄得聲名狼藉，銷售困難。

光緒二十六年（一九〇〇年），一個叫陳范的湖南人買下了「內容無聊，經營不善」的《蘇報》。陳范有過宦海經歷，曾坐過江西鉛山的知縣，對官場的黑暗深有體會。他曾試圖出汙泥而不染，做一個清正廉潔的父母官，並有所作為，但卻遭到地方惡勢力的對抗，也為上司所嫉恨，於是在光緒二十一年（一八九五年）被落職為民。陳范目睹了朝廷的專制、腐敗，戊戌變法的失敗，讓他希望能以文字宣傳來挽救國家危墮的局面，於是就出錢購得了這份報紙。

陳范剛接手了《蘇報》的時候，以妹夫、也是朋友的汪文溥為主筆，他自己和兒子陳仲彝編發新聞，兼寫論說。他那個十八歲就創辦《女學報》（被譽為《女蘇報》）的女兒陳擷芬也幫忙編小品詩詞之類的副刊，故而熟悉上海報界掌故的包天笑稱《蘇報》為「闔家歡」。

陳范親自執筆作文，發表過《商君傳》、《鐵血宰相俾斯麥傳》、《泰西教育沿革小史》、《論法律與道德之關係》等，旁徵博引，借古喻今，宣導改革。但是這種換湯不換藥的方法對於《蘇報》來說並沒有太大的起色。

為了報紙能夠生存下去，陳范開始致力於保皇立憲的宣傳。談政治雖然危險，但在當時卻是時髦、有市場的。據研究表明，在十九和二十世紀之交，中國的通商口岸，講政治是最受歡迎的，不講政治連小說都沒人看。雖然《蘇報》最初談政治完全是康（有為）黨的口吻（戊戌變法失敗後，逃亡海外的康有為極力宣傳君主立憲，反對革命，頑固堅持保皇立場），但它畢竟開始成為一家具有政論性質的報紙。

當時在上海五家中文日報中，《蘇報》的資本、規模都是最小的，發行量也不大，但其堅持了維新、改革的立場。一九〇一年十二月，流亡日本的梁啟超在《清議報》第一百期發表的長文中稱它和《中外日報》、《同文滬報》「皆日報佼佼者，屹立於驚濤駭浪狂毒霧之中，難矣，誠可貴矣！」

《蘇報》創立之初以汪文溥為主筆，一度致力於保皇立憲的宣傳。然而，在拒俄運動的刺激下，學潮蓬勃發展，於是陳范對汪文溥說：「中國在勢當改革，而康君所持非也，君蓋偕我以文字餉國人，俾無再如迷途。」從此，《蘇報》的立場發生了質的變化，轉而靠近資產階級革命民主派。

拒俄運動是怎麼一回事呢？原來在一九〇〇年，隨著八國聯軍入侵北京，清廷被迫與列強簽訂了《辛丑合約》。同時清廷還和沙俄簽訂了一個祕密條約，這個條約規定允許沙俄在一定的年限內可以享有東三省的權益。但是按照這個條約，從一九〇二年四月開始，侵占中國東北的俄軍應該分期全部撤走。到一九〇三年，沙俄不但違約不撤，反而增派軍隊，並向清政府提出七項無理要求，激起了中國人民的憤慨，特別是學生界的反抗。上海愛國學社召集各界愛國人士幾百人在張園召開「拒俄大會」。

張園是晚清上海市民各界最大的公共活動場所，其最突出的一點，是它作為上海各界集會、演說的場所。一八九七年十二月六日，中外婦女一百二十二人在安塏第討論設立上海女學問題，上海道台蔡鈞夫人等均到會。這是帶有官方性質的集會，也是張園第一次百人以上的大型集會。一九〇〇年以後，集會、演說成為張園一大特色。

在「拒俄大會」上，許多人發表演講，堅決拒絕沙俄的無理要求。北京、湖北、江西等地學生也紛紛集會抗議。雖然拒俄運動遭到清政府的鎮壓，但清政府最終也未敢接受沙俄的七項要求。

在晚清末年，中國的資本主義有了初步的發展，興辦新式學堂和留學的風氣也隨之大盛。新興的民族資產階級要求擺脫封建專制主義的羈絆，抵制帝國主義侵略的願望，在上海表現得日益明顯；隨同這一新的經濟和政治力量迅速成長起來的新式知識分子，也紛紛匯集到了上海。於是，新舊衝突，新興力量反抗封建桎梏的鬥爭，都漸次以「學界風潮」的形式滋生踵接。拒俄運動恰恰成為了「學界風潮」的導火索，從而引發了全國性的學潮。

南洋公學

發生在南洋公學的「墨水瓶事件」，是最早的一次學潮。南洋公學是在清光緒二十三年（一八九七年）創辦的一所訓練洋務人才的學校。該校經費充足，設備齊全，師資也較好，因此出路優越，頗負盛名。校內學生受西方民主、自由、平等、共和等思想的影響，但當時學堂的絕大部分權力被封建傳統勢力把持，嚴重束縛了學生。特別是五班的國文教師郭鎮瀛，學識淺陋，思想守舊，欺壓學生，為學生所不滿。

到了光緒二十八年（一九〇二年），當時擔任總理（校長）的汪鳳藻因壓制學生的言論自由，禁止學生閱讀新書和《新民叢報》等進步刊物，引起師生關係緊張。一天，中院五班國文教師郭鎮瀛去上課，發現教室講臺上放了一個空墨水瓶，郭鎮瀛認定學生有意侮辱他是腹中空空，認為這是嚴重侵犯了他的尊嚴，於是就建議校方開除肇事的學生。汪鳳藻憑郭鎮瀛的一面之詞，以侮辱師長、不守校規的罪名，開除了伍正鈞等三個有新思想的無辜學生。五班學生集體抗議，汪鳳藻卻宣布開除五班全體學生，這引起了全校學生的公憤，由此引起學生風潮，導致上百名學生退學。校方慌了手腳，急忙請學生們尊敬的教師蔡元培等出來調解。蔡元培勸學生姑且等待，自己去與學校協商，結果也未得到滿意的答覆。蔡元培出面調解無效，為了支持學生，

上海張園

蔡元培

也憤然辭職。總理（校長）汪鳳藻迫於學潮壓力，辭職回家。

退學學生又在上海張園集會。經中國教育會幫助，退學學生成立了「愛國學社」，蔡元培被推為總理。學社以灌輸民主主義思想為己任，重精神教育。學社的最大特色是學生自治制度，學生分為若干聯，每聯二十至三十人，學生自己決定加入某聯，每聯公舉一聯長。有關學生的問題，多由學聯開會決議。學生組成評議會，監督學社行政和學生操行，學社一切行政事宜都要由評議會討論。學社每週在張園舉行一次演說會，演說的內容是愛國主義、排滿、革命等等。演說者除蔡元培、吳稚暉、章太炎等教師外，還有一些學生。這是中國學生運動史上一次最早的反封建反專制壯舉，也為全國各地受封建壓制的學生樹立了光輝的榜樣。

南洋學潮後，浙江、江蘇等省很多學校都先後發生學潮。光緒二十九年（一九〇三年）四月，南京江南陸師學堂發生學潮，愛國學社立即派吳稚暉前往聲援，並接納章士釗、林懿均等三十一名退學學生進入愛國學社。四月十三日，杭州浙江大學堂學生也因校方無理開除學生，八十餘人集體退學，並仿照愛國學社，自建勵志學社。中國教育會給勵志學社以資助。五月九日，杭州教會學校蕙蘭書院學生因反對傳教士的虐待，五十餘名學生退學，組成改進學社。此外，還有浙江潯溪公學、上海廣方言館等校也相繼發生學生反抗校方專制而罷課、退學的事件。一時學生運動此起彼伏，風起雲湧。

陳范受學潮的影響，在同革命青年接觸後，思想發生了改變。一九〇三年春節後，報社聘請愛國學生社的師生蔡元培、吳稚暉等人，每天撰寫一篇論說稿。《蘇報》還專門設立了《學界風潮》的欄目，不斷報導各地學潮的消息，支援上海南洋公學、南京陸師學堂學生反對學校當局干涉言論自由引發的退學風潮，在言論上加以同情和支持，使學生的激烈情緒得以宣洩，無形中成為鼓動學潮的旗手。《蘇報》還大量刊出張園集會上發表的演說稿及陳天華的〈敬告湖南人〉、〈軍國民教育會公約〉等。這樣，《蘇報》就逐漸成了愛國學生社的言論機關。五月十三日，《蘇報》發表〈敬告守舊諸君〉，文中提出「居今日而欲救吾同胞，舍革命外無他術，非革命不足以破壞，非破壞不足以建設，故革命實救中國之不二法門也」，公開倡言革命。

五月二十七日，陳范正式聘請愛國學社學生章士釗任《蘇報》主筆。章士釗是湖南善化縣（今長沙市）人，字行嚴，幼讀私塾。一九〇一年離家赴武昌，寄讀於兩湖書院，一九〇二年三月考入南京陸師學堂。一九〇三年四月，拒俄運動發生，上海各學校學生罷課，江南陸師學堂學生積極回應，章士釗作為該校學生運動的領袖，不顧學堂總辦俞明震勸阻，率陸師同學三十餘人赴上海，加入蔡元培、吳稚暉等組織的革命團體——愛國學社，任軍理教習。

接手《蘇報》後，年輕的章士釗以初生牛犢般的猛勁，對報紙進行了大膽的革新。一九〇三年六月一日，《蘇報》便大張旗鼓地公然宣布「本報大改良」，凸顯報紙的特色。六月二日，便在報紙的報首刊出「本報大注意」的啟事，將「學界風潮」移到頭版「論說」後比較明顯的位置，並且增開用來專門發表來稿的「輿論商榷」欄，明確提出「本報當恪守報館為發表輿論之天職」，力圖把《蘇報》辦成一個開放的公共論壇。六月三日，刊出「本報大沙汰」啟事，減少了一些「瑣屑新聞」，並宣布加強「時事要聞」，並增設「特別要聞」、「間加按語」。

在《蘇報》形式革新的背後，更重要的是內容的變化。六月九日，章士釗以「愛讀革命軍者」的筆名發表〈讀《革命軍》〉文，以熱情洋溢的語言對少年鄒容的《革命軍》大加讚賞，稱之為「今日國民教育之第一教科書」。同一天，在「新書介紹」欄刊登出《革命軍》出版的廣告，稱「筆極犀利，語極沉痛，稍有種族思想者讀之，當無不拔劍起舞，髮沖眉豎」。六月十日，發表了章太炎署名的〈《革命軍》序〉，稱之為「雷霆之聲」、「義師先聲」。六月二十日，「新書介紹」欄推薦章太炎的《駁康有為論革命書》，並譽為「警鐘棒喝」。

六月二十二日，發表的論說〈殺人主義〉措辭更為激烈。文中寫到：「此仇敵也，以五百萬麼魔小丑，盤踞我土地，衣食我租稅，殺戮我祖宗，殄滅我同胞，蹂躪我文化，束縛我自由。既丁末運，沐猴而冠，已不能守，又複將我兄弟親戚之身家、性命、財產，雙手奉獻於碧眼紫髯下。奴顏向外，鬼臉向內。嗚呼！借花獻佛，一身媚骨是天成；斬草除根，四海人心應不死！

今日殺人主義，即復仇主義也，公等其念之。」」論說中尤其有「殺盡胡兒才罷手」、「借君頸血，購我文明，不斬樓蘭死不休，壯哉殺人！」這樣激進的詞句。

《蘇報》在一個多月內，先後發表了十幾篇具有強烈民主革命色彩的評論。至此，《蘇報》終於變為一份真真正正的革命報紙。

《蘇報》之所以如此放言無忌，並非不知道危險，而是因為《蘇報》的報館是設置在外國的租界裡面。租界是西方資本主義國家根據不平等條約在中國通商口岸劃定由他們永久或長期占用的地域，每年交納一定數額年租，無限租用，也可轉租。列強在租界內設立司法、審判、員警、監獄、市政管理機關和稅收機關等殖民統治機構，使租界變成「國中之國」。這「國中之國」也為報人的自由辦報提供了有利的保護。

《蘇報》的言論態度便得到了租界工部局總辦、也是倫敦《泰晤士報》駐滬通訊員濮蘭德等的支持。因此，《蘇報》老闆陳范在經過短暫的緊張後毅然對章士釗表示，報紙隨你怎麼去辦，不要顧慮太多，即使報館有被封的危險，我也無怨無悔。《蘇報》至此迅速向輝煌的頂峰攀升，其發行量迅速飆升，僅發行點就增加到幾十處。其論說被《中國日報》、《鷺江報》等報刊紛紛轉載，大有「鼓動風潮」之勢。

一系列言辭激烈，宣傳反滿、革命的文章在《蘇報》登載後，全國為之譁然，其震撼效果賽過一場颶風。尤其是《蘇報》對民主革命先驅鄒容的《革命軍》及章太炎的《駁康有為論革命書》的極力宣傳，立刻掀起一股狂潮。滿清政府對此惶惶不安，於是醞釀著要採取一些措施加以遏止。六月二十四日，兩江總督魏光燾與湖廣總督端方通電中透露，他已要求工部局查禁《蘇報》，《蘇報》案發在即。

章太炎、鄒容與《蘇報》案

《蘇報》的大膽改革可以說是導致《蘇報》案發生的直接原因，除此之外，《蘇報》案還與我們在上文中提到對鄒容《革命軍》與章太炎《駁康有為論革命書》兩本書的介紹和刊發密切相關。

鄒容是四川巴縣（今屬重慶）人，原名紹陶，又名桂文，字蔚丹，留學日本時改名為鄒容。鄒容從小就有反抗精神，其父要他科舉高中，他卻討厭經學的陳腐。十二歲他第一次參加巴縣的童子試（相當於小學考試），題旨皆《四書》、《五經》，他遂罷考而去，從此不參加科舉考試。鄒容喜讀《天演論》、《時務報》等新學書刊，萌發了革命思想。譚嗣同為變法壯烈捐軀，使少年鄒容敬慕不已。當得知譚嗣同等六君子變法遇難的消息，

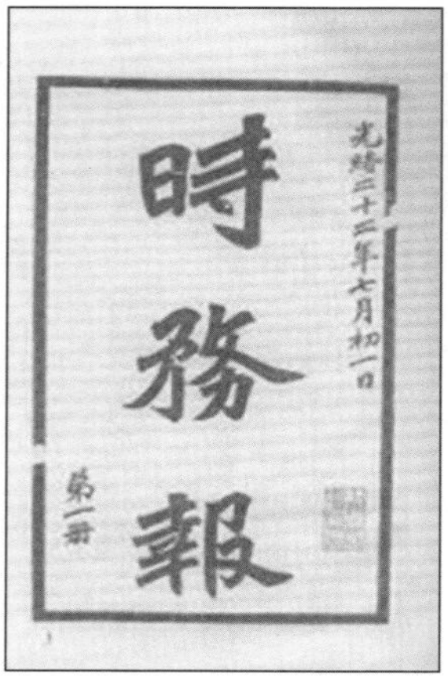

時務報

《蘇報》

他悲憤不已，題詩明志，以譚的「後來者」自居，表示要「繼起志勿灰」。後入重慶經學院讀書，仍關心國家大事，立志救國救民，常侃侃議論政事，以致被除名。

光緒二十七年（一九〇一年）夏天，鄒容到成都參加官費留學日本的考試，被錄取。臨行前，當局以其平時思想激進，取消了他官費留學日本的資格。光緒二十八年春，他衝破重重阻力，自費東渡日本，在日本同文書院學習。學習期間，他一面關注祖國的命運，一面如飢似渴地閱讀資產階級先驅者盧梭、孟德斯鳩的著作和美國、法國資產階級革命的歷史，接受西方資產階級革命時代的「天賦人權」、「自由平等」的學說，並把它們變為掃蕩清朝封建專制統治和反對帝國主義侵略的思想武器。在此期間，他開始著手編寫宣傳革命、號召推翻清王朝的著作——《革命軍》。

在此期間鄒容還結識了一些革命志士，並積極參加留日學生的愛國活動。凡留學生集會時，他常爭先演說，言詞犀利悲壯，為公認的革命分子。當時駐日南洋學生監督姚文甫是清朝政府的忠實走狗，經常排斥和迫害留日愛國學生。一九〇三年三月，鄒容約了幾個留學生，乘姚文

鄒容著《革命軍》

甫有奸私事，排闥直入，持剪刀剪斷了他的辮髮。把姚辮懸掛在留學生會館，並在旁寫到：「南洋學生監督、留學生公敵姚某某辮。」」，鄒容因此受到清政府駐日公使蔡鈞的迫害，於一九〇三年四月回到上海。在上海鄒容加入了愛國學社，並認識了章太炎，二人很快成為摯友。他們雖然年齡相差較大，但革命友情卻親密無間，章太炎親切地稱鄒容為「我的小友」。

在上海，鄒容也積極參與到學潮當中。當時正值拒俄運動開始高漲，四月二十七日，他參加了愛國學社在張園召開的拒俄大會。會後，馮鏡如等發起組織中國四民總會。四月三十日，四民總會集會，各界一千二百多人參加。蔡元培、馬君武等在會上發表演說。會議決定改名國民總會，「以保全中國國土國權為目的」，鄒容簽名入會。接著，他又發起成立中國學生同盟會。國民公會成立不久，內部就發生了分化。康有為的門徒龍澤厚和發起人之一的馮鏡如，把它改名國民議政會，計畫把七月九日作為陳請西太后歸政光緒的日子。鄒容十分憤怒，帶頭痛罵馮鏡如，愛國學社學生紛紛脫會，國民議政會無形解散。

鄒容還在上海完成了他主張反滿革命的小冊子──《革命軍》一書的寫作，並請章太炎幫他審讀。《革命軍》以「革命獨立之大義」為重點，以西方資產階級革命時期提出的「天賦人權」、「自由、平等、博愛」為指導思想，闡述了反對封建專制、進行資產階級民主革命的必要性。

全書雖只有兩萬多字，但語言通俗、明快而且犀利，熱烈頌揚革命是大自然的「公例」（法則），是世界的「公理」，抨擊封建專制主義，大聲疾呼：「我中國今天想要擺脫滿洲人的統治，不可不革命；我中國想要獨立自主，不可不革命；我中國想要與世界列強抗衡，不可不革命，我中國想要傲立於二十世紀新世界上，不可不革命；我中國想要成為地球上名國、地球上主人翁，不可不革命！」號召徹底推翻賣國的清王朝，建立中華共和國。

章太炎越讀越興奮，不由得舉起酒杯喝酒，激動地說：「我的反清文章，閱讀和理解的人都不太多，大約是因為我的文字太艱深了。鄒小弟寫得這樣通俗易懂，激動人心，真是好文章。」

章太炎立即寫了篇〈革命軍序〉，一同交給了上海大同書局。一九〇三年五月，上海大同書局將《革命軍》一書正式出版，書上署名是「革命軍中馬前卒鄒容」。由於思想激進，氣勢磅礴，通俗易懂，《革命軍》一擺上書店書架，就被讀者搶購一空。刊行後，輾轉翻印，銷量超過一百萬冊，成為清末革命書刊中銷量最多的一種書。

《蘇報》在六月九日刊登了章士釗的〈介紹革命軍〉和署名「愛讀《革命軍》者」的〈讀革命軍〉，六月十日又刊登了章太炎的〈革命軍序〉，介紹鄒容所著《革命軍》一書。序文中稱讚它是動員推翻專制政府的號角。

《革命軍》這部著作，在中國近代思想發展史上占有十分突出的地位。這不僅由於它以通俗曉暢、痛快淋漓的筆墨宣傳革命思想，易於為群眾所接受，從而產生了極為巨大的影響；更重要的是，它是中國近代史上第一部有系統、旗幟鮮明、宣傳民主思想、共和革命和號召創建人民共和國的著作，對中國資產階級民主主義革命發揮了促進作用。

與《蘇報》案有直接關係的另一本書是章太炎寫的《駁康有為論革命書》。

章太炎是清末民初著名的學者、思想家，初名學乘，字枚叔，號太炎，後又改名炳麟。章太炎生於浙江杭州府餘杭縣東鄉倉前鎮，一個世代書香門第而後又遭敗落的家庭。章太炎幼年跟隨外祖父讀經，研讀《史記》。早年入杭州詁經精舍，師從俞樾，習史學、經學、文學。光緒二十一年（一八九五年）《馬關條約》簽訂後，在民族危機深重的刺激下，章太炎走出書齋，參加維新運動，加入強學會，編撰《時務報》，希望「以革政挽革命」。

光緒二十五年（一八九九年），義和團運動掀起。光緒二十六年，八國聯軍入侵，進一步暴露了清政府的腐朽無能。章太炎受到極大震動，剪掉辮髮，立志革命。當初滿清入關，為了讓他征服的民眾對他表示臣服，就讓民眾跟他們一樣，剔掉額前的頭髮，在腦後編上髮辮。當時民間還流傳著「留頭不留髮，留髮不留頭」的說法，也就說如果不剃髮，就要被砍頭。那個時候的太平軍，為了表示對清廷的反抗，他們都恢復了漢民族的束髮。那麼到了清末民主革命時期，章太炎等革命志士為了表示反清革命的決心，就剪掉了髮辮，這與太平軍有異曲同工之意。

到了光緒二十八年，章太炎因參與維新被通緝，為逃避江蘇巡撫恩銘的追捕，他東渡日本，借居在位於橫濱的《新民叢報》社內，再次與梁啟超、孫中山相會。四月，章太炎與秦力山等人發起「中夏亡國二百四十二年紀念會」，並撰書告日本留學生，宣傳救亡圖存的危機意識。因清廷駐日使館的干涉，會議並未開成。七月，章太炎回到故鄉杭州，開始手訂《訄書》初刻本。一九〇三年三月，章太炎任教於蔡元培創辦的上海愛國學社，他在學社結識了鄒容、章士釗等人。

陳范《太湖春色圖》

此時，以康有為為代表的改良派影響依然存在。康有為的弟子把他的政治見解合編成了一本叫《康南海論政見書》的小冊子。這個政見書大肆攻擊革命，鼓吹保皇。章太炎針對康有為散布的中國人民「公理未明，舊俗俱在」，因而「只可行立憲，不可行革命」的謬論，撰寫了《駁康有為論政見書》一書，逐條予以批駁。一九〇三年六月二十九日，《蘇報》在頭版顯著位置刊出了節選自章太炎《駁康有為論革命書》的一篇文章——〈康有為與覺羅君之關係〉，此文以極富感染力的文采指出：「公理之未明，即以革命明之；舊俗之俱在，即以革命去之。革命非天雄、大黃之猛劑，而實補瀉兼備之良藥矣」，並把改良派奉為神聖的光緒皇帝斥為「載湉小丑，未辨菽麥。」他熱情歌頌革命為「啟迪民智，除舊布新」的良藥，並深信中國人民在革命勝利之後，完全有能力建立民主共和國制度。章太炎駁斥保皇派、宣傳革命的思想在當時社會上引起了很大的震動。

民主革命思想的傳播，給全國人民極大的鼓舞和教育，同時，也引起了清朝統治者的恐慌。他們對鄒容的《革命軍》和章炳麟的《駁康有為論革命書》極為嫉恨，認為這是大逆不道。上至朝廷，下至地方道台，眾口一詞，咬定章太炎、鄒容犯下「直書廟諱，勸動天下造反」的大罪，定要將其「奉旨拿辦」，「名正典刑」。宣傳革命思想的《蘇報》也成為清廷的眼中之釘，欲除之而後快。於是清政府與帝國主義列強相勾結，對革命志士和宣傳革命的《蘇報》進行了殘酷的迫害和鎮壓。

早在一九〇三年四月底，清廷的商約大臣呂海寰便已看不慣上海志士們的愛國活動，就向江蘇巡撫恩壽建議捉人。他在寫給恩壽的信中說：「上海租界有一些所謂的狂熱青年，在張園聚眾議事，名義上是在拒法拒俄，其實是在尋找機會反上作亂。請立即將為首之人祕密捉拿，嚴加辦理。」。恩壽就命上海道袁樹勳向各國領事照會，指名要逮捕蔡元培、陳范、章太炎、吳稚暉等人，但公共租界工部局以不合租界章程為由沒有同意。

公共租界工部局是設置於上海公共租界內殖民主義的最高行政統治機關，一八五四年七月，由英、美、法三國駐滬領事成立。

鴉片戰爭之後，西方列強以在通商口岸「華夷混居，容易滋事生非」為理由，要求建立租界。而清政府也害怕因華夷衝突引發國際紛爭，授人以柄打起仗自己吃虧，也就聽之任之。一八四五年，英國在上海開闢了第一塊租界。美國、法國也相繼建立了自己的租借地。太平天國時期，李秀成曾率兵攻至上海近郊，由於太平天國早先的政治領袖楊秀清曾公開要求外國不要插手干涉太平天國的活動，因而外國人在租界組織了「洋槍隊」，協同巡捕維護租界安全。

原來租界沒有中國人居住，由於富商逃難而入，導致租界當局藉口人滿為患，擴大地界；藉口維護華洋雜居現象後的治安，設立員警和法庭；這些原本只屬於國家機關的行政機構不斷發展，並最終形成「工部局」。一八六三年，英、美兩租界合併為英美租界，一八九九年改稱公共租界。公共租界的工部局擁有軍隊、員警、監獄和法庭，並進行市政建設、治安管理、徵收賦稅等行政管理活動，成為租界事實上的政府。

一九〇三年四月十九日，正當張園集會演說如火如荼之際，公共租界工部局出臺了新的管理章，章程規定：

一、所有租界內華人和外國人，無論何案，未經會審公廨核明，一律不准捕捉出界。

二、界外差人不准入界擅自捕人。

三、界外華官所出拘票，需送會審公廨定奪，派員協捕。

租界當局這麼做，有維護租界權益的考慮，有英美等國對慈禧太后統治不滿的因素，更有法律上、文化上差異的因素。在清政府看來，隨意批評政府，形同叛逆，罪該殺頭，但在西方人看來，是言論自由，是人人應享的天賦權利，應予以保護。

到了六月二十日，兩江總督魏光燾電陳查禁愛國學社演說，由外務部呈送慈禧太后閱覽，慈禧批覆「嚴密查拿，隨時懲辦」。經過袁樹勳與各國領事多方交涉，終於與工部局達成了協定。

一九〇三年六月二十九日，租界工部局發出了對錢寶仁、程吉甫、陳叔疇、章太炎、鄒容、龍積之、陳范等七人的拘票。就在當天上午，工部局到到《蘇報》館，捕去了報社帳房程吉甫。六月三十日，到愛國學社逮捕了章太炎。同天，又在《女學報》館捕去了《蘇報》辦事員錢寶仁和陳范的兒子陳仲彝。另有龍澤厚，也因自力軍舊案而被指捕，於六月三十日的深夜到巡捕房投案。鄒容也在七月一日白天到巡捕房投案。震驚中外的《蘇報》案就此發生。

鄒容的投案還有一段插曲。章太炎被抓進了巡捕房之後，給鄒容寫了封信。信中說你也到巡捕房來吧，免得在外邊有更大的風險。其實鄒容在巡捕抓章太炎那一天，他就從後門躲了出去。但是接到了這封信後，他就自己到巡捕房去自首了。

鄒容剛到巡捕房自首的時候，巡捕對他說，你一個孩子（鄒容當時只有十九歲）到這搗什麼亂？鄒容說我就是你們要抓的那個《革命軍》的作者，不信你們就拿出書來，我背給你們聽聽。巡捕這才相信是真的，於是鄒容被抓起來，與章太炎一起關在租界的監獄。

與此同時，清政府命令上海道向當時駐上海的英國領事團提出了查封報館的要求，但是卻遭到了租界內華洋各界的一致反對。因為按照租界的舊例，案子未定之前是不能封禁報館的，所以《蘇報》照舊出版，並繼續疾呼「革命排滿」。清政府自然不甘心，便串通當時擔任領袖領事的美國人古納簽發封《蘇報》館令。古納是一個很保守的人，他認為各國列強在租借地內，完全沒有必要維護不安分的中國百姓，所以他就簽署同意封掉《蘇報》館。於是七月七日《蘇報》館終被查封。

章士釗

《蘇報》案發前，愛國學社社員曾有風

章太炎

鄒容

聞。早先，清政府派江蘇候補道俞明震「檢查革命黨事」，俞明震思想開通，對倡言革命的知識分子不無同情。他一到上海，馬上去拜訪陳范，陳推說出門，不見。俞明震通過兒子俞大純約見了愛國學社教員、《蘇報》的重要撰稿人吳稚暉，透露了捕人的信號，吳稚暉出逃，《蘇報》主持人陳范去了日本，蔡元培也避往青島。當時章太炎如果想逃，機會也是有的，但他不逃，租界巡捕來時，他迎了上去，指著自己的鼻子說：「我是章太炎，要抓就抓我，別人都不在。」隨即被捕入獄。

然而作為《蘇報》主筆的章士釗卻不在被捕名單之列，因此他也就沒有被拘捕。後來據章士釗自己在《蘇報案始末記敘》中解釋，他當時一個人掌理《蘇報》筆政，竟然逍遙法外，主要原因是俞明震的有意保護。他原來是南京陸師的學生，深受俞明震的賞識。雖然在一九〇三年的學潮中，他帶三十多名同學集體退學，進入上海愛國學社，還曾多次在報上抨擊俞明震，但俞明震讀了只是置之一笑。拘捕名單上沒有章士釗的名字，顯然是俞明震有意安排的。

隨後不久，帝國主義悍然由租界會審公廨判決章太炎監禁三年，鄒容監禁兩年。陳仲彝、錢寶仁、程吉甫三人，因無關緊要，被關押四個月後即被釋放。

在入獄期間，章太炎和鄒容毫不畏懼，仍與革命派保持聯繫，繼續堅持鬥爭。

《蘇報》案發後，《新聞報》刊載了《論革命黨》一文，誣衊革命。章太炎在獄中看到後，立即作書痛加駁斥，指出蘇報案是「逆胡挑釁」、「盜憎主人」，認定對滿清政府只能進行革命，「不能變法當革，能變法亦當革，不能救民當革，能救民亦當革」。自己入獄並非個人之不幸，而是「滿洲政府與漢種四萬萬人構成此大訟」，他堅信「天命方新，來不復遠，請看五十年後，銅像巍巍立於雲表者，為我為爾，坐以待之，無多聒聒可也。」這篇文章在《蘇報》刊載，文章發表後的第二天，《蘇報》就被查封了。

章太炎在獄中看到了《江蘇》雜誌刊載了自己學生柳亞子的《鄭成功傳》，於是立即給予鼓勵。柳亞子在清光緒二十九年（一九〇三年）加入中國教育會，不久到上海入愛國學社，開始革命生涯。他受教於蔡元培、章太炎，並與鄒容結為好友。蘇報案發生後，他退學回鄉。柳亞子曾為《江蘇》、《蘇報》、《醒獅》、《民籲日報》等革命報刊撰寫了大量宣傳民主民族革命的政論文章和詩詞。章太炎對柳亞子在教育會「愛國諸君，飄搖失所」的情況下，仍能盡力維護並堅持從事革命活動，也給予了肯定和高度的評價。

章太炎還為章士釗在日本出版的《孫逸仙》一書題詞，題詞中稱頌鄭成功、洪秀全，貶損清朝統治者為「索虜」。

一九〇三年七月十九日，參與唐才常主持的自立軍事件的沈藎被人告發，遭到清政府逮捕，七月三十一日在獄中被杖斃。八月二日，《大公報》發表了沈藎的絕命詞四首。消息傳到獄中，章太炎和鄒容無比憤慨，立即同聲譴責清政府的滔天罪行。章太炎寫為此賦詩一首：

不見沈生久，江湖知隱淪。
蕭蕭悲壯士，今在易京門。
魑魅羞爭焰，文章總斷魂。
中陰當待我，南北兒新墳。

此詩發表在八月十四日的《國民日日報》。八月二十三日，上海各界在愚園舉行沈藎追悼會，章太炎以其如椽大筆寫下悲憤的祭文。同年，章士釗編寫的《沈藎》一書出版，章太炎再次提筆作序。

鄒容也寫出了題為《和西狩〈獄中聞沈禹希見殺〉》的詩句：

中原久陸沈，英雄出隱淪。
舉世呼不應，抉眼懸京門。
一瞑負多疚，長歌召國魂。
頭顱當自擲，認為墨新墳。

詩中的沈禹希即沈藎，西狩是章太炎的署名。全詩愛恨分明，從容慷慨。通過這首詩，鄒容表達了自己悼念烈士，痛恨清王朝的感情，表明了為革命犧牲的壯志，呼喚人民繼續他們的革命事業。當時改良派在知識分子中還有一定的市場，他們以維新變法「古有名訓」為名目壓製革命，章太炎在獄中援引古籍對改良派予以了痛斥，公開論戰。

章太炎與鄒容被捕後同囚於捕房，二人互相寫詩鼓勵，激勵鬥志，共作絕命詩三首：

一、

擊石何須博浪椎，
群兒甘自作湘壘。

要離祠墓今何在，
願借先生土一坯。

二、

平生禦寇禦風志，
近死之心不復陽。
願力能生千猛士，
補牢未必恨亡羊。

三、

句東前輩張玄著，
天蓋遺民呂晦公。
兵解神仙儒發塚，
我來地水火風空。

這三首《絕命詩》聯句表達了章、鄒二人高尚的理想，堅強的信念和視死如歸的精神。

在租界監獄，章太炎與鄒容堅持鬥爭，因此受到不人道的待遇，經常遭受獄吏的侮辱，動不動就遭拳打腳踢，吃的是霉爛變質、難以消化的食物。章太炎曾經絕食七天抗議，表示誓死推翻清政府的決心。

一九〇五年二月，離兩年刑期期滿不到三個月的鄒容因不堪折磨而不幸病倒，章太炎再三向監獄長交涉，要求找醫生為鄒容治病，竟被無理拒絕，直到病情十分險惡，才允許保釋就醫。然而會審公廨同意將鄒容保釋出獄的前一天，在服用了工部局醫院的一包藥之後，鄒容竟於四月三日凌晨去世，死時年僅二十歲。人們都懷疑他是被中外反動勢力毒殺致死。噩耗傳出，中國教育會立即為他開追悼會。遺骸由革命志士劉季平冒險運出，安葬於上海華涇鄉。南京臨時政府成立後，臨時大總統孫中山批示：鄒容「照陸軍大將軍陣亡例賜恤」。鄒容以短暫的年華，為中華民族的解放和人民的自由幸福，建立了不朽的動績。

章太炎於一九〇六年刑滿出獄後，被驅逐出租界。孫中山將其迎去日本，參加同盟會，繼續從事革命活動。此後，章太炎曾任《民報》主編、《大共和日報》主編，並參加討袁活動、護法運動。「九一八」事變後，主張抗日救國，譴責蔣介石「攘外必先安內」的政策。一九三六年六月十四日在蘇州病逝。

會審公廨——中國法律的尷尬

《蘇報》案發生之後，為了禁絕反滿革命言論，清政府曾極力主張通過外交途徑從租界引渡《蘇報》案的涉案人員回南京審訊，並想按照傳統文字獄的酷刑予以凌遲處死。中外輿論為之譁然，新聞界開始介入和關注。正所謂「弱國無外交」，由於《蘇報》案發生在租界內，又有會審公廨的存在，這使清政府的絕對權力失去了隨心所欲的用武之地。

清廷總理各國政務衙門雖知國際法中引渡制度的存在，但卻對引渡制度中「政治犯不引渡」的例外條款不甚瞭解。此外，有的國家法律還規定倘若有證據表明被引渡者在引渡國無法受到公正審判的話，可以拒絕引渡要求；還有的國家法律規定對被引渡人可能被判處死刑，也不予引渡。《蘇報》案的涉案人明顯屬因言獲罪，清政府當時提出的引渡理由也是在報紙上攻擊政府。在西方人的人權觀念中，因在報紙上發表對政府不滿的言論而面臨審判，甚至可能遭受凌遲、株連九族這些違反人道主義酷刑的制裁，是不可理喻且難以容忍的，因此遭到租界當局的拒絕。這對於清政府來說是莫大的恥辱，列強的這樣一些主張，分明是在侵奪中國的主權，特別是司法主權。

清政府不肯就此善罷甘休，於是圍繞引渡一事與租界展開了一場馬拉松式的艱難交涉。清廷甚至還想以劫囚的下策把章太炎、鄒容這兩個要犯劫持到手上，但因工部局巡捕房看守得非常嚴密，計畫未能實施。清廷於是又派袁樹勳同各國駐滬領事談判，甚至不惜以出賣滬寧路路權為交換條件，力求把章、鄒等人引渡到手，殺一儆百。正當這時，發生了上文曾提到的沈藎一案。

沈藎是湖南善化（今長沙市）人，字愚溪，原名克誠。戊戌變法時，與譚嗣同、唐才常等交往甚密。變法失敗後，留學日本。光緒二十六年（一九〇〇年）春返回上海。與唐才常等共同組織正氣會，後改名「自立會」，任自立軍右軍統領。事敗後，繼續從事反清活動。一九〇三年初，天津《新聞西報》披露了沈藎蒐集到有關《中俄密約》的內容。國人無不憤怒，指斥清廷賣國，由此還引發了前面提到的南洋公學退學風潮等一系列的愛國學生運動。而當時的日本留學生在日本發起了一個更大的拒俄運動，發展到最後甚至成立了學生軍。由於清廷和日本當局的妥協，日本當局便不允許有這樣的活動。於是這些抗俄學生就成立了一個團體，叫做軍國民教育會。使得國內、國外遙相呼應，給清廷增加了壓力。清政府惱羞成怒，於是將沈藎逮捕入獄，處以死刑。恰逢慈禧萬壽慶典，不宜公開殺人，遂改判立斃杖下。於是，刑部的官吏用竹鞭捶擊沈藎，酷刑連續四小時，打得沈藎血肉橫飛，慘不忍睹，沈藎罵聲不絕，尚未氣盡，最後竟被繩索勒死，時年三十一歲。

沈藎是中國第一位殉職的新聞記者，他為中國近代的新聞事業獻出了自己寶貴的生命。他的死也對租界當局最終拒絕引渡章太炎、鄒容等產生了直接的影響。沈藎慘死後，駐北京的公使夫人曾會同向慈禧施壓。天津、上海、廣州等地的報紙紛紛刊出報導和評論。清廷想以此作為一個例證，給章太炎、鄒容一個壓力，但沒有想到的是，此案在報紙上刊登後，得到的卻是相反的社會評價結果。沈藎一案的結果使得列強更為敏感，也使得清廷和列強的交涉更加困難。

因此，在經過兩個多月翻來覆去地討價還價、密謀籌商之後，清廷最後放棄了引渡《蘇報》案犯的努力。

清廷本擬借《蘇報》案以興大獄，殺害章太炎、鄒容等一干革命人士，使參與愛國學社、張園集會、拒法抵俄等活動的人們畏懼後退，並遏制《革命軍》、《駁康有為書》、《蘇報》等反清書刊的流行。因此，它不惜放棄歷來矜持的天朝體統，僱請律師，與《蘇報》案的「欽犯」章、鄒公堂對簿，在上海租界會審公廨打了一場獨特的官司。

會審公廨又稱會審公堂，是一八六四年英、美、法三國要脅清政府同意，在外國租界地設立的特殊審判機構。會審公廨制度派生於領事裁判權，是由英國政府駐上海領事與清朝地方政府官員以補充章程的方式確立。一八六七年，英國領事文極司脫和上海道應寶時商談組織正式法庭事宜並訂立章程十條，經英領事同意後報總理衙門及各國公使核准。經過兩年的修改，《洋涇濱設官會審章程》於一八六九年四月二十日正式公布生效，此章程成了會審公廨這一公共租界裡畸形司法制度的主要法律依據。當時所謂的會審公廨名義上還是中國上海道在租界開設的機構，專門處理租界中國居民刑民案件的審訊。但由於租界實際上是「國中之國」，不但捕人要經各國領事同意，審訊也要外國領事派人陪審，所謂的「會審」只是空有其名，審判的主動權完全被外國領事所操控，這項制度本身就是對中國司法主權的干涉，中國的法律在這裡遭遇到了前所未有的尷尬。

公廨名義上是清王朝在租界設立的最基層法庭，實際上外國享有治外法權，朝廷的權力難以企及。這樣的案子實際上是個笑話，中國政府在自己的低級法庭與中國人打官司，難怪章太炎會這樣說：「噫嘻！彼自稱為中國政府，以中國政府控告罪人，不在他國法院，而在己所管轄最小之新衙門，真千古笑柄矣。」

一九〇三年七月十五日上海租界會審公廨開始會審《蘇報》案，一場以清政府為原告，以章、鄒等為被告的特殊審訊開始。事實上，事情到了這個地步，審判結果已經不重要了。以堂堂一個至高無上的清政府去狀告它治下的「草民」，不論結果如何，清廷註定是輸家。

清政府指控章太炎《駁康有為書》中直呼光緒皇帝為「載湉小丑」是「大逆不道」，對此，國學造詣雄厚的章太炎當庭辯解：「我寫的《駁康有為論政見書》裡邊確實有這樣的話，叫做載湉（載湉就是光緒帝的名字，在傳統帝制社會，皇帝的名字是不可以直呼的）小丑，未辨菽麥，小丑當『類』字講，當小孩子講，說這沒什麼不可以的，至於名諱，我不知道有什麼名諱？」至於鄒容《革命軍》中的激烈言辭是無可辯解的，可沒想到鄒容只承認著書卻不承認印書，說《革命軍》書稿是放在紙簍中被別人偷去私印的，自己並不知情。此類戲劇性的辯護內容當時被報章廣為轉載。

一九〇三年十二月清政府不顧各界反對，單方面擬定判決章太炎、鄒容終身監禁。也許，比之當年對呂留良們的刨棺戮屍、株連九族來，清政府覺得已經是委曲求全、格外開恩了。但

319

《蘇報》案

地方小報一朝翻身，滔天文字獄下的民主火苗

明清國家檔案
那些影響歷史發展的重大案件

作　　者　楊忠

發 行 人　林敬彬
主　　編　楊安瑜
編　　輯　吳培禎
內頁編排　李偉涵
封面設計　柯俊仰
編輯協力　陳于雯、高家宏

出　　版　大旗出版社
發　　行　大都會文化事業有限公司
11051 台北市信義區基隆路一段 432 號 4 樓之 9
讀者服務專線：(02)27235216
讀者服務傳真：(02)27235220
電子郵件信箱：metro@ms21.hinet.net
網　　　址：www.metrobook.com.tw

郵政劃撥　14050529 大都會文化事業有限公司
出版日期　2021 年 04 月初版一刷
定　　價　350 元
ISBN　978-986-99045-7-5
書　　號　History-129

4F-9, Double Hero Bldg., 432, Keelung Rd., Sec. 1,
Taipei 11051, Taiwan
Tel:+886-2-2723-5216　Fax:+886-2-2723-5220
Web-site:www.metrobook.com.tw
E-mail:metro@ms21.hinet.net

國家圖書館出版品預行編目（CIP）資料

明清國家檔案：那些影響歷史發展的重大案件 / 楊忠著. -- 初版. -- 臺北市：大旗出版：大都會文化發行, 2021. 04
320 面；17×23 公分. -- (History；129)

ISBN 978-986-99045-7-5(平裝)

1. 明清史

626　　109010698